경제학의 관점에서 본 한국의 저출산 고령화 문제

경제학의 관점에서 본 한국의 저출산 고령화 문제

김범수 외

KOREA
UNIVERSITY
PRESS
고려대학교
출판문화원

* 이 책은 2014년도 정부(교육부)의 재원으로 한국연구재단의 지원을 받아 수행된 연구 결과물임 (NRF-2014S1A3A22044238).

책머리에

본 연구단은 한국연구재단으로부터 '저출산과 고령화' 연구의제로 '인구구조 변화로 인한 세대갈등 및 불평등과 공공서비스 및 정책의 역할'의 SSK(한국사회과학연구) 연구과제 지원을 받고 있습니다.

본 연구단은 인구구조의 변화가 사회와 경제의 다양한 부문에 미칠 영향을 정확하기 파악하고 이에 대해 효과적으로 적절하게 대처할 수 있는 정책대안을 찾아내는 것을 목표로 삼고 있습니다. 인구구조의 변화는 점차 낮아지는 출산율로 인해 상대적으로 기존 세대들이 고령화되어감에 따라 사회전체에 다양한 측면에서 충격과 변화를 줄 것으로 예측됩니다. 따라서 인구구조의 변화로 인한 충격과 세대 간 갈등을 해소하기 위해 각 사안별로 정밀한 실태파악이 필요하고, 갈등의 요인을 심층 분석하여 해결방안의 적정성과 실현가능성을 총체적으로 고려해야 합니다. 이와 같은 연구를 통해 지속적이고 안정적인 경제성장을 도모할 수 있으며, 궁극적으로 국민들의 삶의 질을 향상시킬 것으로 기대합니다. 따라서 인구구조의 변화로 인한 충격과 세대 간 갈등을 발전적으로 승화시켜 시장의 효율성 제고와 사회적 형평성을 확보함으로써 모두가 안정되고 행복한 삶을 영위할 수 있는 대한민국 사회기반을 조성하는 데 본 연구단은 기여하고자 합니다.

이 책은 본 연구단이 지난 수년간 수행해온 연구들을 정리해보는 의미를 가지고 있습니다. 수록된 논문들은 경제학적 관점에서 저출산, 고령화 현상을 분석하고, 인구변화가 경제성장에 미치는 영향과 저출산·저성장 경제에서 재정지속가능성을 평가합니다. 제1부에서는 OECD 18개국의 데이터를 이용하여 미래 GDP 성장에 미치는 결과를 예측(projection)하고, 노동공급, 소비, 저축, 투자의 변화를 분석합니다. 그리고 저출산·저성장 경제는 국가채무 비율이 하락하여 정부의 상환능력이 떨어지므로, 이에 대한 개선방안으로 소비세율을 인상하는 정책을 모의실험을 통해 최적 소비와 저축, 노동공급을 측정하고, 세대별 생애순 부담을 측정하였습니다. 제2부에서는 저출산·고령화 과제의 하부주제들을 다루었습니다. 고령화와 국민 의료비, 주택연금 수요 예측, 교통부분 불평등, 고령사회의 노인 돌봄에 대한 논문이 수록되어 있습니다. 그리고 한국 정부의 저출산 및 인구고령화에 대비한 중·장기 정책추진 방향의 5개년 계획에 따라 주요 정책과제를 보여주고 있습니다.

미약하나마 이 책이 우리 사회가 겪고 있는 인구구조의 변화가 가져오는 사회경제적 변화에 조금이라도 미리 대처할 수 있는 데 도움이 되기를 소망합니다. 이 책의 저술에 참여한 모든 연구진과 편찬에 도움을 준 모든 분들께 그리고 이 책을 출간해 준 고려대학교 출판문화원에도 감사드립니다.

2017년 6월
연구책임자 김범수

차례

1부

제1장

인구변화가 경제성장에 미치는 영향*

OECD를 중심으로

김진일

1. 개관

지난 수십 년간 많은 선진국의 경제성장은 하락세를 보여 왔다. 특히, 일본의 경우에는 확연한 하락세가 있었다. [그림 1]은 10년 단위로 한국, 미국 그리고 일본의 총국민소득(total GDP)이 얼마나 성장하였는지를 보여준다. 본 연구는 인구변화가 얼마나 경제성장의 하락세를 설명할 수 있는지를 분석한다. 구체적으로 보자면, 우리는 (0-14세, 15-39세, 40-64세, 그리고 65세 이상 4개 그룹의 비중으로 정의된) 인구의 인구구조의 변화가 얼마나 GDP 성장에 영향을 주었는지를 OECD 18개국의 데이터를 이용하여 추정한다. 그리고 우리는 이것이 미래 GDP 성장에 미치는 결과를 예측(project)하기 위해 유엔의 인구추계(population forecast) 데이터를 사용한다. 추정한 결과, 인구구조 변화가 지난 수십 년간 일본과 미국을 포함한 OECD 18개

* 본 논문은 2014년도 정부(교육부)의 재원으로 한국연구재단의 지원을 받아 수행된 연구임(NRF-2014S1A3A22044238).

[그림 1] 실질 경제성장률

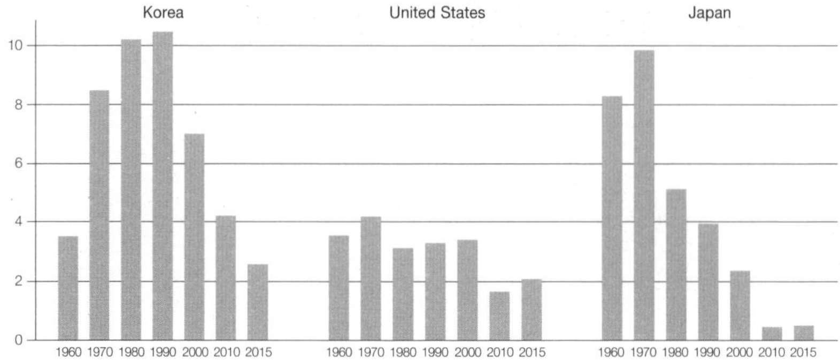

* 각 바(bar)는 10년간 평균 GDP 성장률을 나타냄. 2015년 바(Bar)는 2011~2015년까지의 평균 GDP 성장률임.

국의 경제성장 하락세의 많은 부분을 설명함을 발견했다. 더욱이 노령인구로의 계속된 인구이동이 향후 수십 년간 OECD 국가에 경제성장을 저해하는 중요한 요소가 될 가능성이 농후하다.[1]

2. 인구변화의 추세와 GDP 성장에 갖는 잠재적 관련성

과거 인구구조 변화는 경제성장의 근원에 대한 논의에서 핵심적인 사안이었다. 18세기 토마스 맬서스(Thomas Malthus)는 1인당 GDP 성장이 지속적인 세계인구의 급감으로 인해 감소할 것이라는 비관적인 예측을 했다. 그러나 1960년대 출산율이 급락했고, 1950년 이전 5-6%였던 세계 출산율(여성 1인당으로 정의된)은 2000년에 3% 이하로 감소했다. 그리고 2050년에는 겨우 2%를 나타낼 것으로 예상된다. 이런 흐름에 대응하여, 1950년에 약

1 본 연구는 GDP 성장에 초점을 맞추었다. 한편 IMF(2014), Rachel and Smith(2015), 그리고 Carvalho, Ferrero and Nechio(2016) 등은 실질 이자율에 대한 인구구조 변화 효과 분석에 초점이 맞추어져 있다.

1-3/4%였던 세계 인구성장률이 2000년에 1-1/4% 아래로 감소했다. 그리고 2050년까지 기대수명 증가에 기인하여 세계 인구성장률이 영보다 조금 높을 것으로 또한 예측된다.[2] 더딘 세계인구 성장과 더불어, 65세 이상 인구 비율은 급격하고도 지속적으로 증가했다. 그리고 이러한 인구구성 변화는 경제성장, 재정지속성에 중요한 영향을 미쳤다. 세계인구 중 65세 이상의 비율이 1950년에 5%에서 2000년에 8% 이상으로 증가했고, 2050년에는 거의 두 배인 약 15%로 증가할 것으로 예상된다.

인구구조 변화는 몇 가지 경로를 통해 GDP 성장에 영향을 미칠 수 있다. 첫째, 낮은 인구성장은 직접적인 노동투입 감소를 의미한다. 둘째, 또한 이는 개인의 노동공급에 잠재적으로 부정적인 영향을 미친다. 이는 높은 세율로 인한 노동 인센티브(incentive)의 하락에서 기인한다. 셋째, 생애주기가설(the life-cycle hypothesis)에 따르면, 일생 동안의 소비 평탄화(smoothing)는 청년기의 순차입자에서 노동기의 순저축자(net saver)로, 그리고 마지막으로 노년기의 예금 인출자로 이동한다는 것을 함의한다. 그 결과, 노인인구 비율의 증가한다면 총저축은 감소할 것이고, 이에 따라 투자는 감소하고 그 결과 경제성장도 하락한다.

거시경제변수(특히GDP)에 대한 인구구조변화의 연구는 과거에도 많이 있었다. IMF(2004)는 세계경제 성장에 대한 인구구조 변화의 중요성을 분석했다.[3] 이 연구는 다국가(multi-country) 패널회귀분석 방법을 이용하여 인

2 인구구조 분석은 인구(population)를 일정하게 유지하도록 하는 출산율이 약 2.1%라는 것을 보여준다. 본 연구에서 사용된 모든 인구 추계(projection)는 2014년 유엔 자료이다.

3 인구구조라는 주제는 2004년 Jackson Hole 심포지움 "Global Demographic Change : Economic Impacts of and Policy Challenges"의 주요 관심사였다. 심포지움의 내용 중 Ralph Bryant의 연구("Cross-Border Macroeconomics Implications of Demographic Change")는 구조모델링접근법(structural modeling approach)으로 GDP에 대한 인구구조 변화의 영향을 분석했다.

구구조 변화와 경제성장의 관련성을 분석했다. 이 연구에 따르면, 노동인구(15-65세) 비율의 1bp(basis-point) 증가는 1인당 PPP로 표시된 실질 GDP 성장을 8bp 가까이 증가시키는 것으로 나타냈다.[4] 반대로, 65세 이상 인구 비율의 1bp 증가는 경제성장을 약 4bp 감소시키는 것으로 분석됐다.[5] 한편, 본 연구는 IMF(2004)와 기타 여러 연구와는 달리 OECD 선진국들을 대상으로만 분석을 했고, 2010년까지의 최근 데이터를 분석에 반영하였다.[6]

3. OECD 국가들에서 인구구조가 경제성장에 미친 영향

본 연구에서는 다음과 같이 1인당 실질 GDP의 수준(level)이 다른 변수들과 인구구조 변수들에 의존한다고 가정한다.

$$y_{i,t} = X_{i,t}\beta_{i,t} + \alpha_1 p_{1,i,t} + \alpha_2 p_{2,i,t} + \cdots + a_J p_{J,i,t} \quad (1)$$

식 (1)의 $y_{i,t}$ 는 t기에 i 국가의 1인당 실질 GDP(level), $X_{i,t}$ 는 인구구조 변수 이외의 변수이다. $p_{ji,t}$ 는 전체인구 중 j번째 인구그룹의 비율(그러므로 $\sum_j p_{ji,t} = 1$)이고, α_j 는 GDP에 대한 j번째 인구그룹의 영향력을 나타낸다. 마지막으로 집단 내 추정(within group estimation) 방법을 사용해서 OECD 국가 간 인구구조 변화가 GDP에 미치는 영향은 동일하다.

4 IMF(2004)는 전체인구를 3개의 그룹으로 나누었다. 3개 그룹분류는 중간계층(소위 노동인구비율)을 포함한 유년부양비율(전체인구 중 0-14세 인구비율), 노령자피부양률(전체인구 중 65+ 인구비율)이다. 이와는 대조적으로, Fair and Dominguez(1991)는 인구범주를 12개 이상의 소그룹으로 나누었고, 이 각각의 그룹이 총 소비에 대해 미치는 영향을 추정했다.

5 World Bank(2016)는 경제발전이라는 목적 달성에 관한 인구구조 변화의 효과를 연구했다.

6 IMF(2004)는 시간고정효과(time-fixed effect)를 배제하고 추가로 다른 설명변수를 포함시켰다.

[그림 2] 일본, 미국, 그리고 한국의 인구구조 변화 (1950년과 2000년 비교)

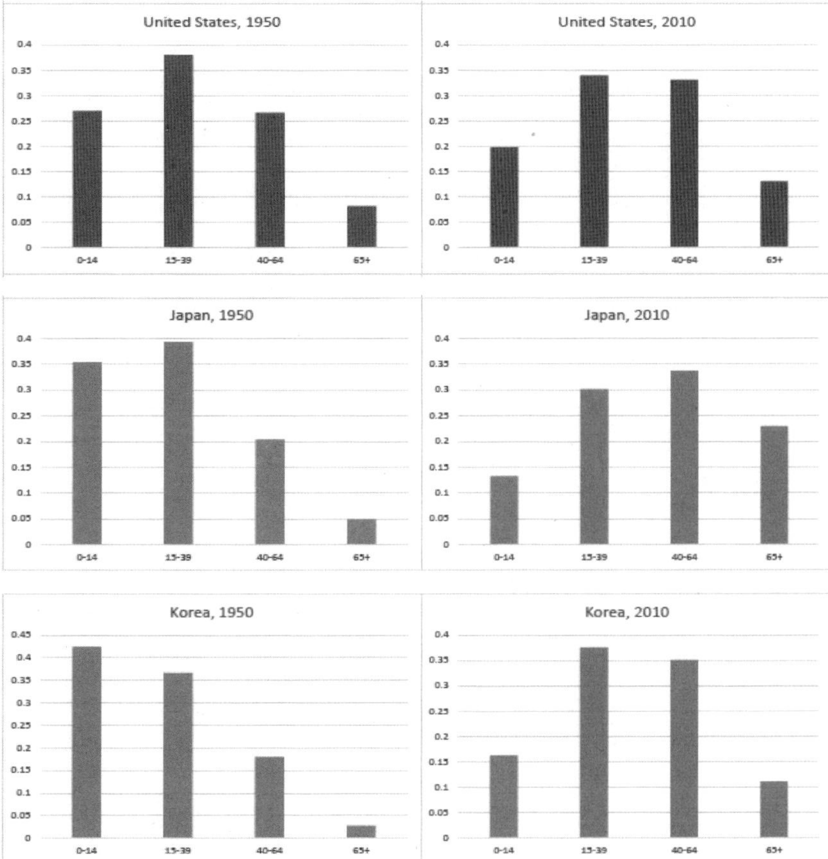

[그림2]는 1950년과 2010년 간 미국, 일본, 그리고 한국의 전후 시기 (post-war period)의 인구변화를 각각 나타낸다. 차례로 첫번째는 1950년, 2010년 사이에 미국에서 인구구조가 어떻게 변화했는지를 나타낸다. 1950년대 미국의 0-14세, 15-39세, 40-64세, 그리고 65+ 연령 그룹의 비율은 각각 약 25%, 40%, 25%, 그리고 10%이다. 한편, 오른쪽 그림은 지난 60년 동안 미국에서 진행된 현저한 인구 노령화를 보여준다. 2010년 까지 0-14세, 15-39세 인구비율은 10%p 이상 하락한 반면, 노년층 비율은 약 5%p

증가했다.

잘 알려진 대로 일본은 아주 급격한 인구고령화를 겪었다. 2차 세계대전 종전에 일본은 미국보다 훨씬 젊은 인구구성을 갖고 있던 아주 젊은 국가였다. 1950년에 각각의 0-14, 15-39세 연령그룹 각각은 전체인구 중 35% 이상을 차지하는 한편, 40세 이상 인구는 겨우 0.25%뿐이었다. 그러나 60년 후, 40세 이하 인구는 전체인구 중 절반에도 못 미친다. 즉, 약 인구 3명당 1명이 40-64세이고, 거의 인구 4명당 1명(0.25%)이 65+ 노인인구다. 많은 연구들이 일본에서 이러한 신속한 고령화가 일본 GDP 성장의 하락세를 설명하는 중요한 요소였음을 뒷받침한다.

통계분석을 하기 위하여, 본 연구는 5년 단위로 OECD 18개국의 GDP 성장률을 추정하는 패널회귀(panel regression) 모형을 사용했다. 기본(baseline) 추정모형은 다음과 같다.

$$g_{i,t} = c_i + b_t + \alpha_1 + \Delta\ p_{1,i,t} + \alpha_2 \Delta\ p_{2,i,t} + \ \dots + \alpha_J \Delta\ p_{J,i,t} + e_{i,t} \qquad (2)$$

위 식(2)의 $g_{i,t}$ 는 5년 동안에 i 국가의 1인당 GDP 성장률의 평균이다. 예를 들면, 2000년, 2005년 사이에 평균 성장률이 3%일 때 $g_{i,t}$ 는 0.03이다. c_i는 GDP 성장에서 지속적인 국가 간 차이를 고려한 국가별(country-specific) 상수항이다. b_t는 성장에서의 차이를 설명하는 5년 간격을 시차를 둔 시간더미이고, 모든 OECD 국가들에게 동일하게 해당된다. 그리고 $e_{i,t}$ 는 국가별 잔차다. 본 분석에서 최초의 기간은 1951-55년이고, 마지막은 2006-2010년이다.[7]

---

7 본 분석에서 이용한 GDP 성장, 인구구조 데이터는 2014년 유엔 자료이다.

[표 1] 추정 결과

a_2	a_3	a_4
0.14(0.076)	0.28(0.088)	-0.19(0.14)

* ( )는 표준오차

하나의 인구집단에서 다른 집단으로의 변화의 영향력을 의미하는 계수(coefficients)의 해석을 위해, 연령 민감도(age sensitivity) 계수들의 합은 0으로 표준화(normalized) 되었다(즉, $\sum_j \alpha_j = 0$). 이러한 제약하에 [표 1]에서 볼 수 있듯이, 15-39, 40-64, 그리고 65+의 추정 결과는 각각 0.14, 0.28, 그리고 0.19이다. 0-14세 인구집단의 추정 계수는 앞서 언급했던 제약을 적용하면 −0.23으로 계산된다. 예상했던 것처럼, 유년층(0-14)과 노년층(65+) 인구비율 증가는 GDP 성장률을 하락시키는 경향을 보이는 반면, 15-64세 사이에 두 그룹의 인구비율 증가는 성장률을 증가시키는 경향을 보인다. 추정결과의 해석은 다음과 같다. 예를 들면, 다른 조건이 일정할 때, 40-64세 인구집단에서 65세 이상 고령층으로의 인구비율 1%p 변화는 GDP 성장을 0.47%p 감소시킨다(즉, -1*.28+1*-.19=-.47).[8] 본 연구와 IMF(2004)의 연구결과를 비교 할 때, 본 연구는 IMF(2004)의 연구결과보다 인구변화에 대한 경제성장의 탄력성(elasticity)이 더 작은 것으로 나타났다.

다음으로, 우리는 변화하고 있는 인구구조 변화가 어떻게 OECD 국가들에 경제성장률에 영향을 주었는지를 측정하기 위해 앞의 추정치(estimates) 결과를 이용한다. 먼저, 일본의 경우에는 인구구조 변화(앞서 언급한 그림2, 그림3 상단)와 경제성장 모두에서 큰 변혁을 겪었다. 가령, 일본의 매년 GDP 성장률은 1970년대 초반까지 5%을 초과했다. 구체적으로, 1965년과 1970

8 일반적으로 본 연구에서 정량적(quantitative) 결과를 도출하는 데에는 다른 두 개의 비율이 어떻게 영향을 받는지에 대한 가정에 크게 의존한다.

년 사이에는 평균적으로 거의 10%에 육박하는 성장을 이루었다. 그런데 1970년대, 1980년대에는 2-5%대의 성장률 하락을 보였고, 그 후 1990년대에는 겨우 0%를 약간 웃도는 성장을 유지했다.

[그림3]의 중간은 일본의 GDP 성장에 대한 인구변동의 기여분(contribu-

그림 3 : 인구구조 변화의 효과(일본)

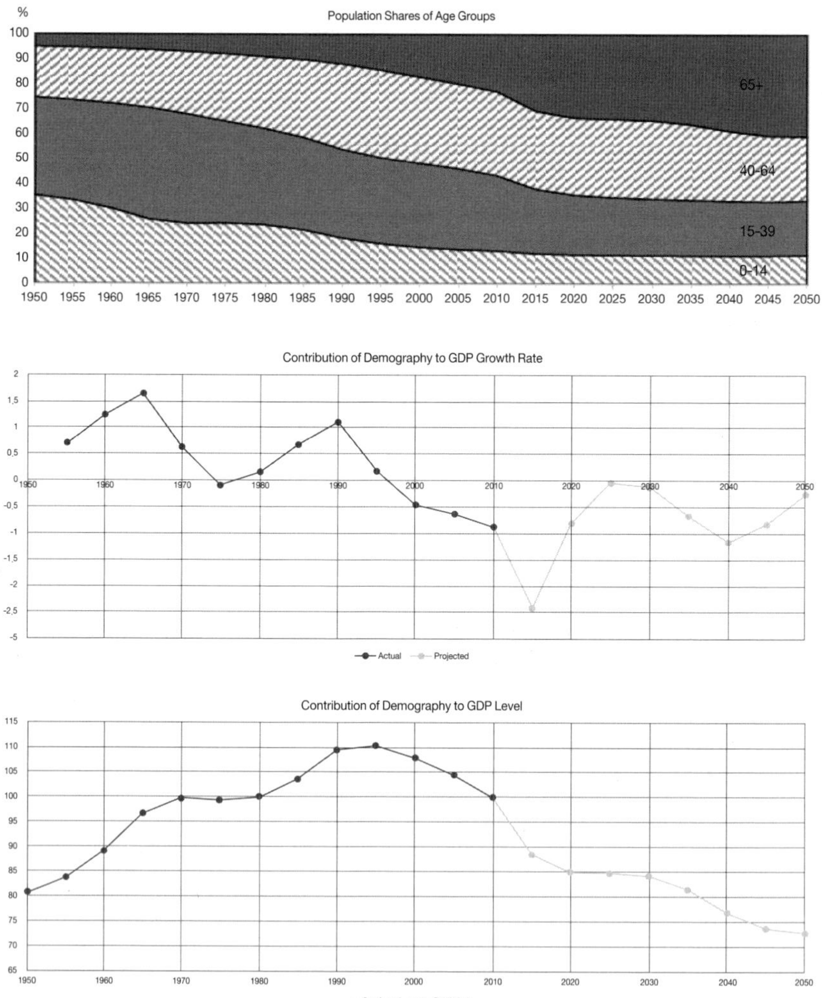

tion)을 나타낸다. 2000년 이전에 대체로 양을 보였던 일본의 성장은 그 후에 급격하게 음으로 하락했다. 이는 일본의 빠른 고령화를 감안하면 예상될 수 있는 문제일 것이다. 일본의 GDP 성장에 대한 인구구조의 영향은 최근 10년에 가장 눈에 띈다. 이 기간 동안 일본의 GDP 성장률은 베이비붐 세대의 급격한 은퇴에 기인하여 2011-2015년 동안 GDP 성장률을 −2%p 하락했다([그림 3] 상단에 노년 인구비율의 증가). 인구연령구조는 향후 15년 동안 많이 바뀌지 않을 것으로 예상되기 때문에 GDP 성장에 대한 효과는 감소하는 것으로 나타난다. 그러나 노년인구 비율이 2030년대에 다시 상승할 것으로 나타나는데(1970년경 높은 출산율에 비추어), 이는 2040년경 예측(projection) GDP 성장률이 하락을 설명한다.

[그림 3]의 맨 아래는 GDP 성장률을 GDP 수준(level)으로 바꾼 것이다. 2010년의 수준을 100이라고 가정하였다. 1990년대 일본의 실질 GDP는 인구통계학적 요소 때문에 1950년 보다 약 1/3 더 높았다(2010년 GDP의 약 80%에서 2010년 GDP의 약 110%로 상승). 그러나 인구구조 변화로 인해 GDP 정점(1995년)에서 2015까지 GDP는 20% 이상 감소한다. 그리고 GDP는 2050년까지 통틀어 상당히 감소할 것으로 예상된다.[9]

[그림 4]는 미국에 대해 동일한 분석을 실시한 결과를 보여준다. [그림 2]와 같이 차례로 연령별 인구구조의 변화, GDP 성장률에 미치는 효과, 그리고 GDP 수준에 대한 영향력을 보여준다. 연간 1%p 이하지만, 1960년대와 2010년 사이에 GDP에 대한 인구구조 변화는 미국 경제성장을 증가시켰다([그림 3]의 중간). 그러나 일본처럼, 65+ 인구비율은 2010년, 2015년 사이에 상당히 증가하는데, 본 연구 모형에 따르면 이는 미국 경제성장률을

9 인구추계는 2012 개정(revision)을 기초로 한 유엔(United Nations, 2014) 예측 데이터를 사용했다.

[그림 4] 인구구조 변화의 효과(미국)

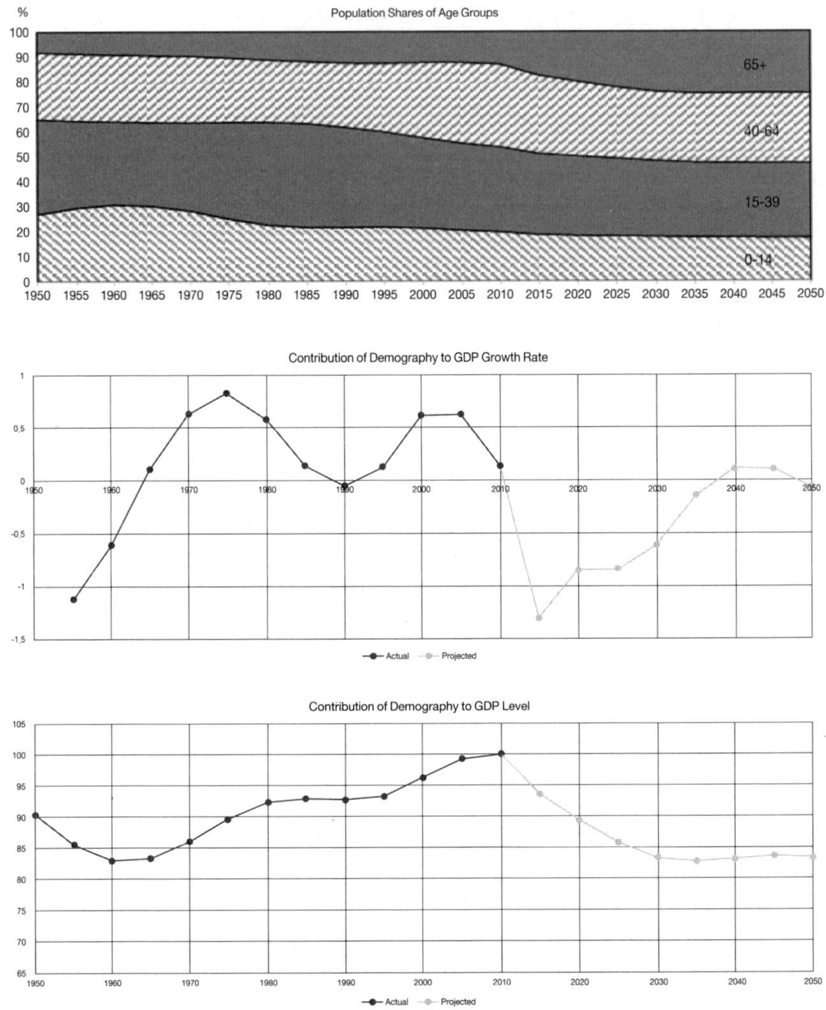

1%p의 떨어뜨린다. 미국 GDP 성장에 대한 효과는 예상치(projection)의 끝 부분에서 0%에 가까워지는데, 이는 향후 고령화의 진행이 최근만큼 큰 변화를 보이지 않기 때문이다.

그림 5 : 인구구조 변화의 효과(한국)

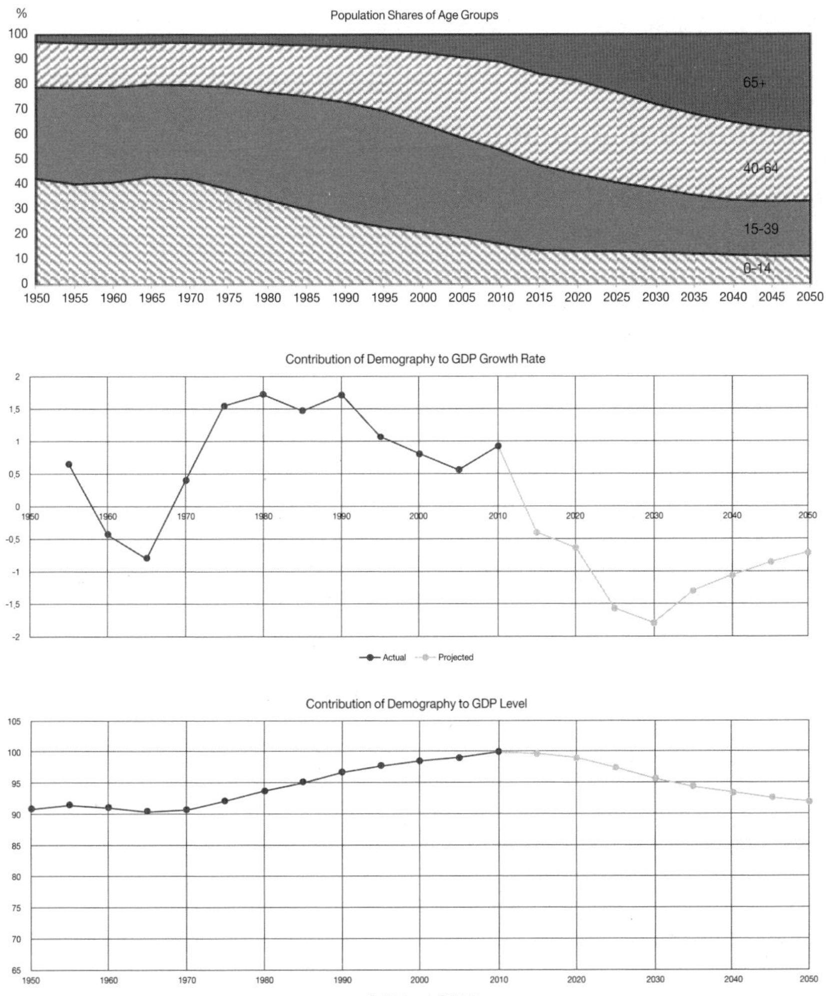

[그림 5]는 한국의 사례이며 차례는 앞선 그림과 같다. 한국의 인구구조 변화는 일본과 비슷한 양상을 보이는데, 이에 상응하여 한국이 일본보다 약 20년 뒤처진 간격으로 GDP 성장률도 비슷하게 보인다. 베이비붐 세대가 노동시장에서 활발하게 활동을 하던 시기(2010년 이전)에는 인구구조 변화

로 인한 GDP 성장률 효과가 대체로 양으로 나타났다. 그러나 2010년부터 베이비붐 세대의 은퇴가 본격화 되면서 65세 이상 고령층이 급격히 증가한다. 추계에 따라 2050년까지 하향세가 지속될 전망이고 65세 이상 인구는 전체 인구 중 무려 약 40%가 된다([그림 3] 위). 이러한 급격한 인구구조 변화에 기인하여 2010년부터 2030년까지 GDP 성장률은 약 2.5p% 이상 감소를 보인다(*[그림 3]중간*). 그리고 2035년부터 15-64세 생산가능인구의 유지로 인해 GDP 성장률의 하락폭이 감소한다.

[그림 3]의 하단은 경제성장률을 GDP 수준(2010=100)으로 나타낸 것이다. 1970년부터 상승세를 지속하던 경제성장은 2010년 정점에 오른다. 2010년 경제성장은 1970년 보다 약 10% 정도 높다. 그러나 급격한 인구구조 변화로 인해 2050년까지 GDP는 하락세를 지속할 전망이다.

다음으로는 다른 OECD 국가들에서 GDP에 대한 인구구조 변화의 영향을 볼 것이다. [그림 6]은 미국과 일본을 제외한 OECD 16개국들의 GDP 성장률에 대한 인구구조 변화의 효과를 나타낸 것이다. 대부분의 국가에서 경제성장률에 대한 인구구조 변화의 효과는 추계(projection) 데이터 사용 기

그림 6 : GDP 성장률에 대한 인구구조 변화의 효과(OECD 국가)

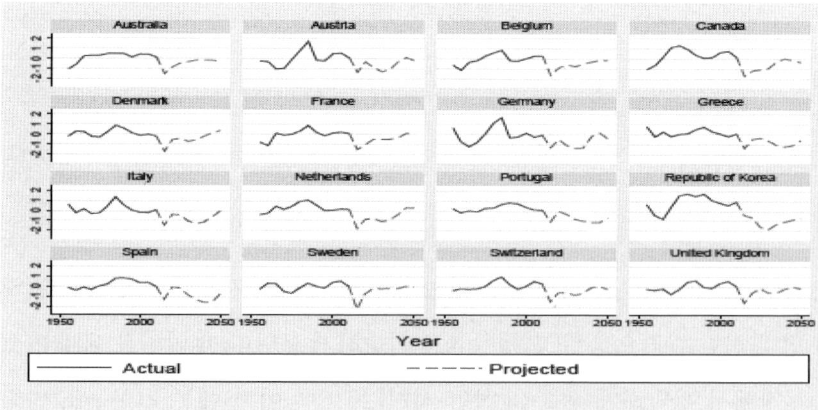

그림 7 : GDP 수준에 대한 인구구조 변화의 효과(OECD 국가)

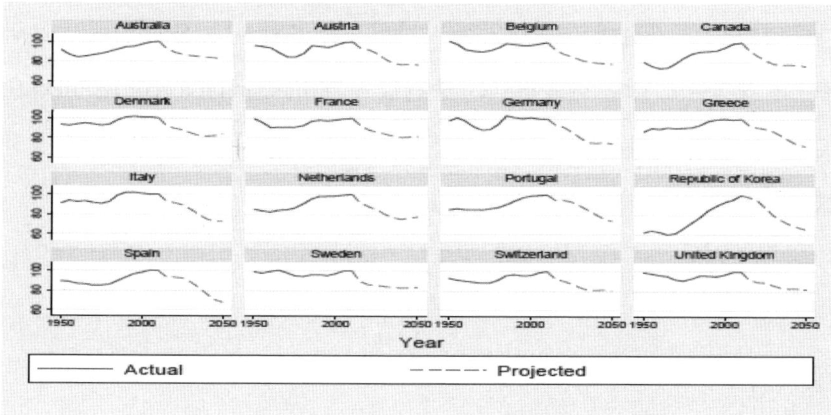

간에서 대체로 음(negative)이다. 특히, 최근 10년 동안의 캐나다와 2020년대 한국에서는 GDP가 무려 2%p가량 하락한다. [그림 6]은 그림 5의 성장률을 수준(level)으로 변환한 것이다. 대부분의 OECD 16개국에서 인구구조 요소의 영향이 2010년에 경제성장에 가장 크고, 그 후 예상치(projection)의 끝부분인 2050년까지 크게 하락한다.[10]

위 추정치(estimate)를 해석하는 데 몇 가지 주의가 필요한데, 이는 추정치들이 매우 중요할 수 있는 인구구조 변화의 영향을 고려하지 못하기 때문이다. 특히, 패널 추정방법은 경제활동참가율에서 국가 간 차이 혹은 한 국가 내 경제활동참가율의 시간에 따른 움직임을 제대로 고려하지 못한다. 더 높은 여성경제활동참가 그리고 정년연장의 법제화 같은 정책개혁을 포함한 행태적 대응들(behavioral responses)은 고령화의 부정적인 효과를 상쇄할 수 있다.

더구나, 인구추계는 그 자체로 불확실성을 내재하고 있다.[11] 모든 추계가

10 덴마크, 독일, 그리고 이탈리아는 20세기 후반에 GDP의 수준이 가장 높다.

11 또한, 추계는 시간이 지나면 개정되고 해당 개정은 재정 변수와 이자율을 포함한 경제

그러하듯이, 유엔(United Nations, 2004)은 출산율(높음, 낮음, 상수) 그리고 기대수명에 대한 가정에 따라 다양한 시나리오를 포함한다. 본 논문에서 그림 3-7에 성장률에 대한 예측경로는 중간값 추계(median projection)를 바탕으로 한다. 우리가 다른 가정에서 도출된 시나리오를 사용한다면, GDP 성장률에 대한 효과는 본 연구의 결과와 크게 다를 수 있다.

4. 결론

이 장에서는 OECD 국가들을 대상으로 경제성장에 대한 인구구조 변화 영향을 분석했다. 인구구조 변화는 최근 몇몇 OECD 국가에서의 성장 하락을 일정 부분 유의하게 설명하는 것으로 나타났다. 또한, 연령별 인구 추계를 이용한 모형의 예측(projection)은 인구통계학적 요소들이 적어도 수년간 GDP 성장을 계속해서 억제할 것임을 시사한다.

참고문헌

Carvalho, C., Ferrero, A., and Nechio, F. 2016. "Demographics and Real Interest Rates: Inspecting the Mechanism." Federal Reserve Bank of San Francisco Working Paper. 2016-05.

Fair, R. and Dominguez, K. 1991. "Effects of the Changing U.S. Age Distribution on Macroeconomic Equations." *American Economic Review* 81(5): 1276-1294.

International Monetary Fund. 2014. "World Economic Outlook: Recovery Strengthens, Remains Uneven." Washington, D.C.

International Monetary Fund. 2004. "World Economic Outlook: The Global Demographic

변수의 움직임에 영향을 미칠 수 있다.

Transition." Washington, D.C.

Rachel, L., and Smith, T. 2015. "Secular Drivers of the Global Real Interest Rate." Staff Working Paper, No. 571, Bank of England.

United Nations. 2014. "World Population Prospects: The 2012 Revision, Methodology of the United Nations Populations Estimates and Projections," Working Paper No. ESA/P/WP 235.

World Bank Group. 2016. "Global Monitoring Report 2015/2016: Development Goals in an Era of Demographic Change." Washington, DC: World Bank.

제2장

저출산·저성장 경제에서 재정지속가능성 평가*

김선빈·한종석

I. 서론

한국 경제는 급속한 인구 고령화가 진행되어 2017년부터 생산가능인구의 감소가 전망되며, 이에 따라 성장 잠재력이 하락할 것으로 우려되고 있다. 동시에 의무지출이 빠른 속도로 증가하고 있는데 인구구조가 변화하면서 그 속도는 중장기적으로 더욱 빨라질 전망이다. 성장률이 하락하면서 세입 감소와 의무지출을 비롯한 각종 재정지출이 증가하여 중장기적으로 재정의 지속가능성 문제가 제기되고 있는 상황이다.

장기적으로 지속가능한 재정의 담보 여부를 평가하기 위해 기획재정부는 2015년 정부 최초로 2060년까지의 장기재정전망을 발표했다.[1]《2060년 장기재정전망》결과에 따르면 잠재성장률이 둔화되어 재정수입 증가 추세

* 본 논문은 2014년도 정부(교육부)의 재원으로 한국연구재단의 지원을 받아 수행된 연구임(NRF-2014S1A3A22044238).

* 이 장은 한국조세재정연구원이 발간한 연구보고서〈일반균형 중첩세대 모형을 이용한 재정지속가능성 평가 - 세대 간 분배를 중심으로〉에서 일부를 발췌하여 수정 보완한 것으로 일부 내용이 중복될 수 있음을 밝힌다.

1 기획재정부는 2015년 12월 4일 경제부총리를 위원장으로 하는 재정전략협의회에서 2060년까지의 장기재정전망 결과를 발표하였다.

가 약화되고 복지제도의 성숙과 인구구조의 변화로 복지 관련 지출이 크게 증가하여 미래 재정건전성을 압박하는 등 장기재정 여건이 매우 어려울 것으로 전망하고 있다. 국세 등을 재원으로 지출하는 일반재정부문과 사회보험료를 재원으로 지출하는 사회보장부문[2]으로 구분하여 재정의 지속가능성을 평가한 결과 일반재정부문은 세출구조조정 정도에 따라 2060년까지 국가채무는 38%에서 60% 수준으로 관리 가능할 것으로 전망되나, 사회보험부문은 현 체계에서는 지속가능하지 않은 것으로 전망되어 지속가능성을 확보하기 위해 부담과 급여 체계를 전환하는 개혁이 필요한 것으로 분석되었다. 장기적인 재정건전성을 확보하려면 잠재성장률 제고와 저출산·고령화 문제해결 등과 같은 근본적이고 구조적인 대응이 필요하다고 제시하고 있다. 부문별로 살펴보면 일반재정부문은 신규의무지출 도입을 통제하고 지속적인 세출구조조정을 하는 것이 필요하고, 사회보험부문은 모수 개혁을 비롯한 각종 제도 개선이 필요한 상황으로 진단되었다.

장기적으로 재정의 지속가능성을 확보하려면 근본적이고 구조적인 개혁을 추진하는 것은 당연히 필요하다. 일반재정부문에서는 성장률 둔화에 따라 재정수입 증가 추세가 둔화되는 것에 대응하기 위해서 새로운 세원확보를 모색하는 것이 필요하다. 일본에서는 재정건전성을 회복하기 위해서 부가가치세율을 점진적으로 인상하는 등의 정책을 도입하고 있다. 이와 같은 정책변화는 개별 경제주체들의 행동변화를 가져오기 때문에 정책 효과를 분석할 때 이 부분이 고려되어야 한다. 정책변화로 인한 개별 경제주체의 행동변화는 경제 전체의 총량변수(aggregate variables)에 영향을 미칠 뿐만 아니라 경제주체 내의 부담에 영향을 줄 수 있다. 따라서 재정지속가능

2 일반재정부문은 예산과 기금을 포함하는 것으로 통합재정수지에서 사회보장성기금수지 부문을 제외한 관리재정수지에 해당하고, 사회보험부문은 국민연금과 건강보험, 사학연금 등이 해당한다.

성을 평가하는 데 있어서 개별 경제주체의 행동변화가 경제 전체에 미치는 영향을 분석하고 재정건전성에 미치는 영향을 분석할 필요가 있다. 특히 인구구조 변화가 장기재정건전성을 위협하는 요인으로 파악되는 상황에서 경제환경이나 정책변화에 따라 발생하는 세대 간 부담 변화에 대한 파악이 중요하다. 총량변수 측면에서 큰 변화가 없더라도 재정 부담이 노년 세대(old generation)에서 젊은 세대(young generation) 혹은 반대로 전가되는 현상이 나타나면 세대 간 부담의 불평등한 재분배로 인해 문제가 발생할 수 있다. 따라서 정책변화에 따른 총량변수의 움직임을 파악하는 것뿐만 아니라 세대 간 재분배가 일어나는 방식을 파악하는 것이 중요하다.

본 연구에서는 일반균형 중첩세대 모형을 이용하여 정책변화로 인한 행동변화와 일반균형 효과를 모두 고려하여 총량변수들과 세대 간 재원배분 변화를 파악하고자 한다. 구체적으로 본 연구에서는 미시적 기초에 바탕을 둔 일반균형 중첩세대 모형을 구성하여 2015년을 기준경제로 설정하여 모수를 산정한다. 출산율과 성장률[3]이 현재보다 하락하는 저출산·저성장 경제에서 국가채무 상환능력과 세대별 생애순부담의 변화를 분석한다.

정책모의실험에서는 국가채무 상환능력을 향상시키는 것을 재정건전화의 지표로 삼고, 재정수지를 개선할 수 있는 정책을 고려한다. 본 연구에서 고려하는 정책대안은 다음과 같은 3가지다. 먼저, 세출 구조조정을 의미하는 GDP 대비 정부소비[4] 감소이다. 다음은 근로소득세에 비해 세원이 넓고 여타의 OECD 국가보다 세율이 낮은 소비세율은 인상하는 정책이다. 소비세율 인상 정도는 최근 일본의 사례를 고려하여 모형 경제의 소비세율을

3 모형은 정상상태 분석을 기본으로 하고 있기 때문에 경제성장률은 기술진보율(총요소생산성 성장률)로 결정된다. 따라서 모형에서 성장률 하락은 기술진보율의 하락을 의미한다.

4 모형에서 정부소비는 경제주체들의 효용함수나 생산함수에 반영되지 않는 것으로 설정되어 있다.

9%에서 11%로 2%p 향상하는 것을 기본으로 한다. 소비세율 인상 모의실험에서는 Altig et al.(2001)과 Conesa and Garriga(2015)의 분석과 동일하게 소비세율 인상을 근로소득세율 인하로 대처하는 정책을 추가적으로 분석한다. 마지막으로 고려하는 정책은 모형에서 설정한 정년퇴직 연령을 65세에서 67세로 2년 연장하는 정책이다. 정년연장은 저출산으로 생산가능인구가 감소하여 근로소득세원이 감소하는 것에 대응하기 위한 정책으로 세율을 직접 바꾸는 정책에 비해서 경제주체들의 행동변화에 왜곡이 크지 않을 것으로 예상되는 정책이다. 이상의 3가지 정책을 저출산·저성장 경제에 도입한 후 총량변수와 세대별 생애순부담의 변화를 측정하여 분석한다. 그리고 기준경제를 중심으로 생성된 개별 경제주체들의 연령에 따른 소비와 자산, 노동공급에 해당 정책들이 도입되는 상황을 적용하여 회계방식으로 세대별 생애순부담을 측정하고 일반균형 모형으로 계산한 결과와 비교한다. 이와 같은 비교는 정책과 가격변화로 인한 경제주체들의 행동변화가 세대별 생애순부담에 미치는 영향을 분석하기 위한 것이다.

본 연구는 다음과 같이 구성된다. 제Ⅱ절에서는 일반균형 중첩세대 모형을 구성하고 제Ⅲ절에서 이론적으로 설정된 모형경제의 모수들을 설정한다. 모수설정은 저출산과 저성장으로 특징되는 한국경제를 잘 반영하도록 설정하며 이를 기준경제라 부르기로 한다. 제 Ⅳ절에서는 기준경제의 균형을 수량적 방법을 이용하여 구하여 총량변수와 연령별 소비, 저축, 노동공급 프로파일 등의 변화를 분석하고, 세대별 생애순부담을 비롯한 각종 세대간 회계지표를 계산하여 지속가능성 변화에 대해서 분석한다. 제Ⅴ절에서는 앞서 설명한 세 가지 정책대안에 대한 시뮬레이션 결과를 기준경제와 비교하여 제시한다. 정책 도입이 총량변수와 세대별 생애순부담에 미치는 영향을 분석한다. 마지막 제Ⅵ절에서 본 연구의 결론을 제시한다.

II. 모형경제

본 연구에서 사용되는 일반균형 중첩세대 모형(General Equilibrium Overlapping Generations Model, OLG)은 단순한 교과서적인 모형(textbook model)으로 학계에서는 이미 널리 활용되고 있는 것이다. 국외 연구에서는 Song et al.(2015)나 Conesa and Garriga(2015) 등에서 이미 사용되고 있으며, 국내 연구에서는 권규호(2015)나 홍재화·강태수(2015) 등에서 활용되었다. 모형에 사용되는 파라미터는 2015년 경제를 기준으로 캘리브레이션을 실시하며 모형경제의 균형을 계산하기 위해 모든 변수를 정상상태에서 유효단위(efficiency unit)로 정규화한다.

본 절에서 구축하는 모형경제를 기초로 저출산·저성장 사회에서 총량변수들의 변화와 세대 간 부담 변화에 대해서 분석한다. 본 연구에서 기준경제를 정상상태 1(steady state 1, SS1)로 상정하고 저출산·저성장 경제를 정상상태 2(SS2)로 상정하여 두 경제 간의 차이를 분석한다. 정책모의실험에서는 정상상태 2의 경제에 정책을 도입하여 분석한다.

1. 기본구성

경제 내에는 무수히 많은 경제주체들이 연령별로 존재하며 J 기까지 생존하고, 인구증가율이 n 으로 주어진다. 한 시점에서 연령이 j 인 인구 수를 N_j 로 정의하면 해당 시점에서 총인구는 모든 연령 인구의 총합으로 나타난다.[5]

5 본 연구는 정상상태 분석을 하고 있기 때문에 시점 간 변화를 표현하기 위한 시간첨자를 생략한다.

$$N = \sum_{j=1}^{J} N_j$$

인구증가율이 n 으로 주어져 있기 때문에 매기 1세 연령 인구가 전기보다 (1+n)으로 증가한다. 이번 기에 연령이 j 인 인구 수를 N, 다음 기에 같은 연령인 인구 수를 N' 이라고 하면 다음과 같은 관계를 갖는다.

$$N_j' = (1+n)N_j$$

이번 기에 생존한 경제주체가 다음 기에 생존해 있을 확률인 조건부 생존확률(conditional survival probability) ϕ_j 를 정의하면 다음과 같다.

$$\phi_j = \Pr(j\text{ 연령 생존 } \mid j-1\text{ 연령 생존})$$

연령 j 의 비조건부 생존확률(unconditional survival probability, S_j)은 1세부터 j 세까지 생존할 확률을 의미하고 조건부 생존확률과는 다음과 같은 관계를 갖는다.

$$S_j = \prod_{k=1}^{j} \phi_k, \quad S_1 = 1$$

인구증가율과 조건부 생존확률을 이용하여 경제 전체의 연령별 인구구성(μ_j)은 다음과 같이 표현된다:

$$\mu_j = \frac{\phi_j}{1+n}\mu_{j-1}$$

위 인구구성비는 연령 $j-1$과 연령 j 의 관계를 나타낸다. 인구증가율이 감소하면 연령 j 인구비중은 $j-1$ 보다 높아지게 된다. 반면 조건부 생존확률이 증가하면 연령 j 인구비중이 증가하는 것을 의미한다. 즉, 인구증가율이 감소하거나 조건부 생존확률이 증가(기대수명 증가)하면 높은 연령의 비중이 늘어나게 되는데, 현재 한국의 고령화는 인구증가율 감소와 조건부 생존확률(기대수명) 증가로 인한 것임을 보여준다.

모든 경제주체는 $j-1$기에 노동시장에 진입하여 l_j 시간만큼 노동공급을 하다가 $j=J_R$ 기에 노동시장에서 은퇴한다. 노동시장에 편입되어 있는 가구(생산가구, $1 \le j \le J_R - 1$)는 노동공급을 통해 발생하는 근로소득과 보유하고 있는 자산에서 발생하는 자산소득으로 총소득(gross income)을 구성하고, 각종 조세를 부담한 후 남는 가처분소득을 바탕으로 효용을 극대화하는 소비와 저축, 노동공급을 결정한다. 반면, 은퇴가구($J_R \le j \le J$)는 더 이상 노동공급을 하지 않기 때문에 근로소득이 발생하지 않는다. 대신 자신이 소유한 자산으로부터 자산소득과, 생산가구가 부담하는 연금기여를 통해 연금소득이 발생한다. 은퇴가구 역시 조세[6]를 납부한 후 가처분소득을 바탕으로 효용을 극대화하는 소비수준을 결정한다. 개별 가구의 평생 효용함수는 다음과 같다:

$$U(c,l) = \sum_{j=1}^{J} \beta^{j-1} \phi_j u(c_j, 1-l_j),$$

여기서 β 는 주관적 할인율(discount factor)이고, ϕ_j 는 조건부 생존확률이다. 개별가구는 소비(c_j)와 여가($1-l_j$) 를 통해서 효용을 얻는데, 은퇴 이후에는 노동공급을 하지 않기 때문에 $j \ge J_R$ 인 경우 $l_j = 0$ 이다. 생산가구의 가치함수는 다음과 같다:

$$V_j(a) = \max_{c,l} \{u(c,l) + \beta\phi_j V_{j+1}(a')\}$$

subject to

6 자산소득은 과세대상이나 연금소득은 과세대상이 아닌 것으로 설정한다.

$$c + a' = w\epsilon_j l + (1+r)a - \Phi_j,$$
$$\Phi_j = \tau_c c_j + \tau_k r a_j + \tau_w (1-\tau_p) w\epsilon_j l_j + \tau_p w\epsilon_j l_j$$

생산가구는 주어진 예산제약하에서 효용을 극대화하는 소비와 노동공급, 다음 기 자산 수준을 결정한다. 연령에 따라 노동생산성(ϵ_j) 수준이 상이하므로 같은 노동량을 공급하더라도 근로소득의 크기가 달라질 수 있다. 예산제약식을 살펴보면, 가구소득은 근로소득과 자산소득으로 이루어지며 Φ_j 만큼의 조세를 지불한다. 조세의 구성에 대해서는 아래 정부의 행동에 대한 논의에서 상세히 설명한다.

은퇴가구의 가치함수는 다음과 같다.

$$V_j^R(a) = \max_c \{ u(c) + \beta s_j V_{j+1}^R(a') \}$$

subject to

$$c + a' = (1+r)a + p - \Phi_j^R,$$
$$\Phi_{j,t}^R = \tau_c c_{j,t} + \tau_k r_t a_{j,t}$$

은퇴가구는 생산가구 기간 동안 스스로 축적한 자산으로부터 발생하는 자산소득을 소모(decumulation)하면서 소비를 하며 추가적으로 생산가구가 부담한 사회보장기여금으로부터 연금(p)을 받는다. 연금급여액은 연령과 상관없이 동일하다. 은퇴가구도 생산가구와 유사하게 조세를 부담하는데, 근로소득이 발생하지 않기 때문에 소비세와 자산소득세만 부과한다. 연금소득에 대해서는 과세하지 않는 것으로 설정한다.

최근 거시경제에서 활용되는 중첩세대 모형은 생존확률을 고려한다. 이로 인해서 경제 내에 마지막 기까지 생존하지 못하고 사망하는 경제주체가 연령마다 일부 발생한다. 매기 각 연령에서 ($1-\phi_j$)만큼 사망자가 발생하게 되면서 이들이 보유하고 있던 자산(accidental bequest)에 대한 처리문제가 발생하게 된다. 중첩세대 모형에서는 개별 경제주체는 생애주기에 따라 소비와 저축에 대한 의사결정을 하고 마지막 기에는 보유한 모든 소득과 자산을 처분하고 사망하기 때문에 다음 세대로의 상속이 발생하지 않는다.[7] 따라서 확률적으로 사망하는 경우 이들이 남긴 자산을 상속받을 가구가 존재하지 않는다. 그러나 자산 자체는 경제 내에 존재하기 때문에 이에 대한 처리가 있어야 경제 전체의 자원제약식을 만족한다. 우발적 유산을 처리하는 방식은 대표적으로 두 가지다. 첫 번째 방식은 우발적 유산을 경제 내에 생존해 있는 모든 경제주체들에게 재분배하는 것이고, 두 번째 방식은 우발적 유산을 정부의 조세수입으로 편입하는 방식이다. 이들 방식은 모두 기본적으로 발생한 유산을 상속세의 형태로 정부에 귀속시키는 형태이다. 첫 번째 방식은 이를 모두 이전지출로 경제주체들에게 재분배하는 반면, 두 번째 방식은 이전지출 대신 정부소비로 활용하는 것이다.

생산부문 경제 내에 대표기업(representative firm)을 설정하고 총자본(K)과 총노동(L) 을 이용하여 생산하는 것으로 설정한다. 대표기업은 총요소생산성(A)이 노동에 결합된 labor augmented Cobb-Douglas 생산함수를 사용한다.

$$Y = K^{\alpha}(AL)^{1-\alpha},$$

여기서 α 는 자본소득분배율로 산출물의 자본탄력성을 의미하고, $1-\alpha$ 는 노동소득분배율을 나타낸다. 경제에서 총요소생산성은 g(기술진보율)로 성장하고, 자본은 δ 로 감가상각된다. 주어진 생산요소 가격을 바탕으로

7 가구의 유산문제를 다루기 위해서는 같은 뿌리에서 나온 가구인 가문(dynasty)을 추적하는 Dynasty 모형으로 확장이 필요하다. 중첩세대 모형은 한 개인 생애주기에 따라 최적화를 하고 매 시점에 다양한 세대가 중첩으로 존재하나 매기 새로 경제에 진입하는 경제주체와 사망하는 경제주체 사이에 연관관계가 존재하지 않는다. 유산상속 등으로 발생하는 불평등이나 상속세, 부모자식 간의 양도소득세로 인한 효과 분석을 위해서는 Dynasty 모형으로 확장하는 것이 필요하다.

이윤극대화 달성하는 기업의 총자본과 총노동에 대한 수요는 다음과 같이 결정된다.

$$MP_K = \alpha\left(\frac{K}{AL}\right)^{\alpha-1} = r+\delta$$

$$MP_L = (1-\alpha)A\left(\frac{K}{AL}\right)^{\alpha} = w$$

생산요소별 한계생산성과 생산요소가격 간의 관계를 살펴보면 이자율은 기술진보율에 영향을 받지 않지만 임금수준은 기술진보율과 동일한 성장률로 성장하는 것을 볼 수 있다.

정부부문은 사회보장부문과 일반재정부문으로 구성된다. 사회보장부문은 생산가구로부터 연금재원을 확보해서 은퇴가구로 재분배하는 역할을 한다. 연금기여는 근로소득에 부과되며, 은퇴가구는 연령이나 과거 근로소득수준, 현재 자산수준과 상관없이 동일한 액수를 지급받는다. 본 연구에서는 연금기금 동학에 대한 분석이 목적이 아니기 때문에 연금재정은 항상 균형수지를 달성하는 것으로 가정한다. 즉, 연금은 부과방식(Pay-as-you-go)으로 설계한다.

$$\tau_p \sum_{j=1}^{J_R-1} \mu_j(w\epsilon_j l_j) = p \sum_{j=J_R+1}^{J} \mu_j \;\Rightarrow\; p = \left(\tau_p \sum_{j=1}^{J_R-1} \mu_j(w\epsilon_j l_j)\right) / \sum_{j=J_R+1}^{J} \mu_j,$$

여기서 $\sum_{j=J_R}^{J}\mu_j = \mu_{old}$ 는 전체 인구 중 은퇴가구 비중을 나타낸다. 1인당 연금 수령액(p)은 은퇴가구 비중이 증가하면 감소하게 되는데, 수령인원 수가 증가할 뿐만 아니라 생산가구 비중 감소로 인한 근로소득 감소에도 영향을 받는다. 연금재원은 근로소득에 기여율 τ_p 를 적용해서 충당되는데, 경제 전체의 근로소득은 총생산 중 노동소득분배 부분과 동일하기 때문에 다음과 같이 표현된다.

$$p = \left(\tau_p \sum_{j=1}^{J_R-1} \mu_j (w\epsilon_j l_j)\right) / \sum_{j=J_R+1}^{J} \mu_j = (\tau_p (1-\alpha) Y) / \sum_{j=J_R+1}^{J} \mu_j$$

일반재정부문은 외생적으로 주어진 정부소비(G)와 개별 세목(소비세, 근로소득세, 자본소득세)으로 구성된 총수입(T), 정부채무(D)로 구성된다. 조세 총수입은 다음과 같이 구성된다.

$$\begin{aligned} T &= \sum_{j=1}^{J} \mu_j \Phi_j + \sum_{j=1}^{J} \mu_j (1-\phi_{j-1}) a_j \\ &= \tau_c \sum_{j=1}^{J} \mu_j c_j + \tau_w (1-\tau_p) w \sum_{j=1}^{J_R-1} \mu_j \epsilon_j l_j + \tau_k r \sum_{j=1}^{J} \mu_j a_j + \sum_{j=1}^{J} \mu_j (1-\phi_{j-1}) a_j \end{aligned}$$

총조세는 기본적으로 예산제약식에 반영되어 있는 연령별 조세부담(Φ_j)을 연령 비중을 고려하여 가중평균한 것이다. 개별 경제주체의 예산제약식에서 소비세와 근로소득세, 자산소득세로 구분되기 때문에 세목별로 구분이 가능하다. 마지막 항은 경제에서 발생한 우발적 유산을 귀속시킨 것이다.

국가채무에 대한 채무동학(debt dynamics)은 다음과 같다.

$$D' - D = rD + G - T$$

좌변은 국가채무 변화를 나타내고 우변은 이번 기 국가채무에 대한 이자 지출과 기초재정수지($G-T$)로 구성된다.

경제주체들이 자산을 보유하는 방식은 Aiyagari and McGrattan(2009)을 따라 설정한다. 자산은 대표기업에 생산자본과 정부채권 두 가지 방식으로 보유할 수 있다. 그러나 가구 문제에서 생산자본과 정부채권에 대한 의사결정을 세분화에서 모형화하지 않는다. 본 연구에서 생산자본과 국가채무는 동일한 수익률을 가져다주는 것으로 가정하기 때문에 가구 입장에서는 자산에 대한 포트폴리오 구성비가 중요하지 않게 된다. 가구자산의 규모에 대해서만 결정하고 생산자본과 국가채무에 대한 배분은 GDP 대비 국가채무비율을 통해서 결정되도록 구성한다. 정책효과 분석에서는 기초재정수지가 계산되면 GDP 대비 국가채무비율이 결정되는 방식을 통해서 생산자본과 국가채무를 배분하는 방식을 취한다.

시장청산 경제 내에서 총량변수와 시장 균형은 다음과 같이 결정된다. 생산성단위 총노동과 총자본 및 경제 전체 자원제약식은 다음과 같다:

$$\sum_{j=1}^{J_R-1} \mu_j \epsilon_j l_j = L$$

$$\sum_{j=1}^{J} \mu_j a_j = K + D$$

$$\sum_{j=1}^{J} \mu_j c_j + (K' - (1-\delta)K) + G = Y$$

2. 정상상태의 유효단위 표준화

이상에서 구성한 모형을 계산하기 위해서는 정상상태에서 자본축적 변화가 없도록 설정해야 된다. 이를 위해서 모형 내의 변수들을 성장률이 있는 변수들로 표준화하는 작업이 필요하다. 본 모형에서는 인구와 총요소생산성이 일정한 성장률로 성장한다. 따라서 유효노동력(AL) 으로 표준화하는 작업이 필요하다. 그러나 경제 내의 인구구성비는 $j=1$ 의 measure를 1로 표준화하면서 인구증가율에 영향을 받지 않도록 구성하고 있다.[8] 따라서 기

8 본 연구는 정상상태에서 분석하고 있기 때문에 인구구성비가 안정적으로 설정되어 있다. 기준경제 분석에서 인구성장률 변화 시나리오를 고려하는데, 이들 시나리오 역시 정상상태에서 분석하기 때문에 해당 인구성장률에 의해서 변화된 인구구성비를 적용하여 분석하므로 인구성장률을 고려해서 표준화할 필요성이 존재하지 않는다.

술진보율에 의한 성장 부분만 표준화한다. 표준화에 앞서 표현방식을 설정한다.

$$\tilde{x} = x/A, \quad \tilde{X} = X/A$$

소문자는 개별 경제주체와 관련된 변수이고 대문자는 총량변수를 의미한다. 이를 동일 시점의 총요소생산성으로 나눈 것으로 $\tilde{x}$와 $\tilde{X}$로 나타낸다. 여기서 X를 동일 시점의 A가 아닌 전기 총요소생산성 (A_{-1})로 나누면 다음과 같은 관계를 갖는다.

$$\frac{X}{A_{-1}} = \frac{X}{A}\frac{A}{A_{-1}} = (1+g)\tilde{X}$$

즉, 동일 시점의 총요소생산성으로 표준화된 변수에 기술진보율이 반영된다.

표준화된 변수들을 사용하여 생산가구와 은퇴가구의 가치함수를 다시 표현하면 다음과 같다.

(생산가구)

$$V_j(\tilde{a}) = \max_{\tilde{c}, l, \tilde{a}'} u(\tilde{c}, l) + \beta\phi_j V_{j+1}(\tilde{a}')$$

subject to

$$\tilde{c} + (1+g)\tilde{a}' = \tilde{w}\epsilon_j l + (1+r)\tilde{a} - \tilde{\Phi}_j,$$

$$\tilde{\Phi}_j = \tau_c \tilde{c}_j + \tau_k r \tilde{a}_j + \tau_w (1-\tau_p)\tilde{w}\epsilon_j l_j + \tau_p \tilde{w}\epsilon_j l_j$$

(은퇴가구)

$$V_j(\tilde{a}) = \max_{\tilde{c}, \tilde{a}'} u(\tilde{c}) + \beta\phi_j V_{j+1}(\tilde{a}')$$

subject to

$$\tilde{c} + (1+g)\tilde{a}' = (1+r)\tilde{a} + \tilde{p} - \tilde{\Phi}_j,$$

$$\tilde{\Phi}_j = \tau_c \tilde{c}_j + \tau_k r \tilde{a}_j$$

표준화된 가치함수를 살펴보면 예산제약식에서 다음 기 자산 수준($\tilde{a}'$)에 기술진보율인 $(1+g)$가 반영되어 있는 것을 볼 수 있다. 현재 시점의 총요소생산성으로 표준화하는 과정에서 기술진보율이 반영된 것이다. 이로 인해서 표준화된 다음 기 자산은 $(1+g)$만큼 가격이 상승한 것으로 나타나고 표준화된 경제에서 성장률이 높아지면 자산을 더 많이 축적해야 되는 것으로 나타난다.[9]

표준화된 변수로 표현된 생산함수, 생산요소의 한계생산성은 다음과 같다.

$$Y = K^{\alpha}(AL)^{1-\alpha} = A(K/A)^{\alpha}L^{1-\alpha} = A\tilde{K}^{\alpha}L^{1-\alpha} \Rightarrow \tilde{Y} = \tilde{K}^{\alpha}L^{1-\alpha}$$

$$MP_K = \alpha\left(\frac{K}{AL}\right)^{\alpha-1} = \alpha\left(\frac{\tilde{K}}{L}\right)^{\alpha-1} = r+\delta$$

$$MP_L = (1-\alpha)A\left(\frac{\tilde{K}}{L}\right)^{\alpha} = w \Rightarrow (1-\alpha)\left(\frac{\tilde{K}}{L}\right)^{\alpha} = \tilde{w}$$

이자율과 감가상각률의 합은 표준화가 필요하지 않으나 임금수준은 총요소생산성으로 표준화가 필요하다.

정부의 사회보장부문과 일반재정부문을 표준화하면 다음과 같다.

$$\tau_p \sum_{j=1}^{J_R-1} \mu_j(\tilde{w}\epsilon_j l_j) = \tilde{p} \sum_{j=J_R+1}^{J} \mu_j$$

$$\tilde{T} = \tau_c \sum_{j=1}^{J} \mu_j \tilde{c}_j + \tau_w(1-\tau_p)\tilde{w} \sum_{j=1}^{J_R-1} \mu_j \epsilon_j l_j + \tau_k r \sum_{j=1}^{J} \mu_j \tilde{a}_j + \sum_{j=1}^{J} \mu_j (1-\phi_{j-1})\tilde{a}_j$$

국가채무는 가구 예산제약식에서 나타나는 자산과 유사하게 다음 기 국

9 경제성장률이 높은 경제에서 자산축적이 더 많이 일어난다는 것은 소비가 감소한다는 것을 의미한다. 즉, 성장률이 낮아지면 소비가 증가하는 것으로 나타난다. 이와 같은 관계는 Brueckner(2016)에서도 확인할 수 있다.

가채무수준은 기술진보율에 대한 조정을 반영하여 다음과 같이 표준화한다.

$$(1+g)\widetilde{D}' - \widetilde{D} = r\widetilde{D} + \widetilde{G} - \widetilde{T}$$

표준화된 국가채무를 GDP 대비로 나타내면 다음과 같다.

$$(1+g)\widetilde{d}' - \widetilde{d} = r\widetilde{d} + \widetilde{gc} - \widetilde{tt}$$

마지막으로 총량변수와 자원제약식을 표준화하면 다음과 같다.

$$\sum_{j=1}^{J} \mu_j \widetilde{a}_j = \widetilde{K} + \widetilde{D}$$

$$\sum_{j=1}^{J} \mu_j \widetilde{c}_j + \left((1+g)\widetilde{K}' - (1-\delta)\widetilde{K}\right) + \widetilde{G} = \widetilde{Y}$$

III. 캘리브레이션

기준경제를 설명하기 위한 모형의 파라미터들을 설정한다. 기준경제는 경기변동 영향을 제거하기 위해 2011년부터 2015년의 평균값을 활용한다. 저출산·저성장 경제는 인구증가율과 총요소생산성의 성장률이 기준경제보다 낮아진 경제를 의미하며 이들은 장기전망에서 사용하는 2060년의 수치를 활용한다.

중첩세대 모형에서 인구구조와 관련된 파라미터는 인구증가율 n과 연령별 조건부 생존확률 (ϕ_j)가 있다. 이를 바탕으로 $j=1$의 measure가 1로 표준화된 인구구성을 도출한다. 모형에서 사용하는 인구증가율은 0.5%이고, 연령별 생존확률은 [그림 1]과 같다. 생존확률을 살펴보면 여성이 남성보다 높은 것을 확인할 수 있다. 본 연구에서는 경제주체의 성별 구분을 하지 않기 때문에 남녀 전체 생존확률을 사용한다. 인구증가율과 생존확률을 바탕

[그림 1] 인구구조: 연령별 생존확률, 연령별 measure (단위: %)

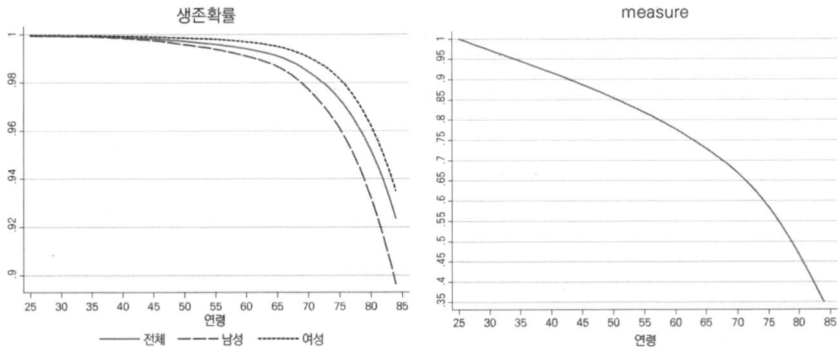

자료: 통계청

으로 연령별 measure(μ_j)를 계산하면 다음과 같다.

저출산·저성장 경제는 동일한 생존확률하에서 1기 인구증가율이 0%인 상황으로 적용한다. 인구고령화는 저출산과 모형에서 연령별 생존확률로 나타나는 기대수명의 증가가 모두 영향을 미친다. 낮은 출산율은 주어진 이자율과 임금수준에서 개별 경제주체들의 행동변화에는 영향을 주지 않는다. 경제 전체의 노동공급과 자본축적이 변화하면서 균형이자율과 임금수준의 변화로 인해서 소비와 저축, 노동공급의 의사결정에 영향을 받게 된다. 모형을 통한 실험에서 일반균형 효과만을 반영하기 위해서 생존확률 변화는 고려하지 않는다.

가구부문 연령별 노동생산성(ϵ_j)과 효용함수의 형태에 대한 파라미터 값을 설정해야 된다. 노동생산성은 [그림 2]에 나타난 것과 같이 2011년부터 2015년까지의 〈고용형태별 근로실태조사〉 자료를 이용하여 연령별 임금수준을 연간 평균임금수준으로 표준화하여 사용한다.

효용함수는 다음과 같이 소비효용과 노동공급에 대한 비효용이 합의 형태(additive separable)로 구성한다.

[그림 2] 가구부문: 연령별 노동생산성과 고용률

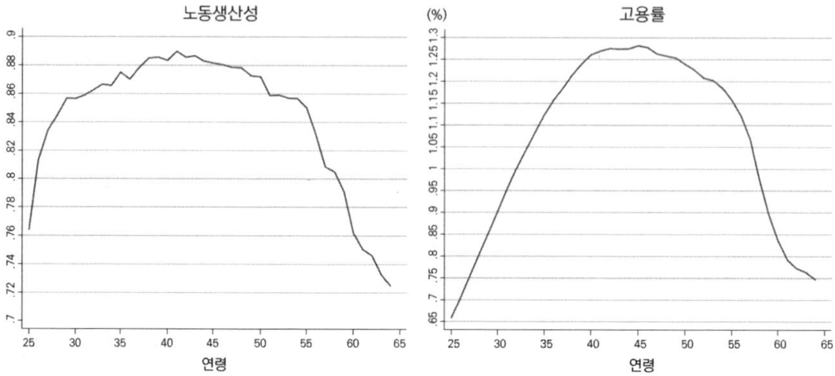

자료: 고용형태별근로실태조사, 경제활동인구조사

$$\log(c_j) - \psi_j \frac{l_j^{1+1/\gamma}}{1+1/\gamma},$$

여기서 ψ_j 는 연령별 노동공급 비효용수준을 의미하고 γ 는 노동공급에 대한 기간 간 대체탄력성을 나타낸다. Frisch 탄력성이라고도 일컬어지는 이 탄력성은 임금 변동 시 소비가 일정한 경우의 노동공급 탄력성을 의미하는 것으로 경기변동 또는 생애주기상에서 노동공급의 대체 정도를 측정하는 파라미터이다. 본 모형에서는 근로소득세율이나 연금기여율의 변화로 인해 실질임금에 왜곡이 발생하는 경우 노동공급의 반응 정도를 결정하게 된다.[10] 노동공급탄력성은 기존 문헌(김선빈·장용성(2008))에 따라 0.4로 설정한다. 연령에 따른 노동공급 비효용은 연령별 고용률수준을 맞추도록 모형 내에서 내생적으로 결정한다. 캘리브레이션에 사용된 연령별 노동생산

10 생산가구의 기간 내 1계조건(intratemporal F.O.C.)은 다음과 같다.

$$\frac{(1-\tau_p)(1-\tau_w)\tilde{w}}{1+\tau_c}\frac{1}{\tilde{c}} = \psi_j l_j^{1/\gamma} \implies \log\left[(1-\tau_p)(1-\tau_w)\tilde{w}\right] - \log(1+\tau_c) - \log\tilde{c}_j = \log\psi_j + \frac{1}{\gamma}\log l_j$$

양변에 로그를 취하면 실질임금 변화에 따른 노동공급 변화를 결정하는 탄력성임을 쉽게 확인할 수 있다.

성과 고용률은 다음과 같다.

생산부문 대표기업은 Cobb-Douglas 생산함수를 사용하여 생산요소를 결합한다. 생산함수에 사용되는 자본소득분배율(α)은 0.345를 사용하고 외생적 기술진보율(g)은 1.5%를 사용한다. 본 모형에서 생산함수에 사용하는 총노동은 연령별 노동생산성을 고려해서 총계하는 방식으로 구성한다. 이는 연령별 노동이 완전대체가 가능하다는 것을 가정한 것이다. 생산에서 연령별로 생산에 기여하는 방식이 다르다면 연령별 노동에 대해서 일정한 함수 형태를 가정할 수 있다. 홍재화·강태수(2015)는 정년연장이 경제 전체에 미치는 영향을 분석하기 위해서 연령별 노동의 대체탄력성을 고려하여 총노동공급을 다음과 같이 구성한다.

$$L = \left(\sum_{j=1}^{J_R - 1} \mu_j \left(\epsilon_j l_{j,t} \right)^{\frac{\rho - 1}{\rho}} \right)^{\frac{\rho}{\rho - 1}},$$

여기서 ρ는 연령별 노동의 대체탄력성으로 $\rho = 1$이면 연령별 노동 간 완전대체를 의미한다. 아직까지 한국에서 연령 간 대체탄력성이 추정되어 있지 않기 때문에 홍재화·강태수(2015)에서도 1.1을 사용한다. 따라서 본 연구에서 1을 사용하는 것이 큰 무리가 없다고 판단된다.

정부의 사회보장부문에서는 연금기여율(τ_p)이 정해지면 균형재정에 의해서 1인당 급여율(p)이 결정되는 구조이다. 연금기여율은 현재 9%를 적용하였다. 일반재정부문에서 정부소비는 총수입과 국가채무가 결정된 상태에서 채무동학을 만족하도록 모형 내에서 결정한다. 국가채무는 현재 GDP 대비 국가채무 비율 40%로 설정한다. 총수입은 GDP 대비 총국세 비율로 설정하고 세목별 세율은 GDP 대비 세목별 비율을 맞추도록 모형 내에서 결정한다. 소비세는 부가가치세와 특별소비세, 주세를 포함하여 측정한다. 자

[표 1] 캘리브레이션 결과

모수	설명	값	목표 모멘트, 출처
		가구부문	
n	인구증가율	0.5%	2011년~2015년 평균 인구증가율
ϕ_j	조건부 생존확률	〈부표〉	연령별 사망률, 통계청
μ_j	연령별 분포	〈부표〉	
β	시간선호율	0.9906	$K/Y=3.00$, 조태영 외(2012)
γ	시점 간 노동탄력성	0.5	김선빈·장용성(2008)
ψ_j	연령별 노동비효용 계수	〈부표〉	연령별 고용률, 통계청
ϵ_j	연령별 노동생산성	〈부표〉	연령별 임금수준, 통계청
		생산부문	
α	자본 소득분배율	0.345	이병희(2015)
δ	자본 감가상각률	0.066	조태형·이병창·도경탁(2015)
g_A	총요소생산성 성장률	1.5%	권규호(2015)
		정부부문	
τ_c	소비세율	9.79%	GDP 대비 소비세
τ_k	자본세율	27.58%	GDP 대비 자산소득세
τ_w	근로소득세율	6.54%	GDP 대비 근로소득세
τ_p	연금기여율	9.00%	국민연금 기여율

산소득세는 법인세와 소득세 중 이자소득세, 배당소득세, 사업소득세를 합산하여 계산한다. 마지막으로 근로소득세는 소득세에서 이자소득세와 배당소득세, 사업소득세를 차감하여 측정한다. 이와 같은 방식으로 측정된 소비세와 자산소득세, 근로소득세를 모두 GDP 대비로 환산한 후 모형에서 나온 GDP 대비 소비세와 자산소득세, 근로소득세가 자료에서 측정한 값과 일치하도록 소비세율과 자본세율, 근로소득세율을 결정한다. 2011년에서 2015년까지 소득세와 법인세, 부가가치세가 총국세에서 차지하는 비율을 바탕으로 GDP 대비 총국세를 세 가지 세목에 대해서 조정하여 설정한다. 캘리브레이션 결과 설정된 모수들은 [표 1]과 같다.

캘리브레이션에서 일부 모수는 모형 외부에서 주어진 값을 활용하고 나머지 모수들은 모형 내부에서 목표하는 모멘트를 맞추도록 설정이 된다. 모형 내부에서 결정되는 모수는 β 와 ψ_j, τ_c, τ_k, τ_w 이고 나머지 모수들은 모형 외부에서 결정된다. 정부소비지출과 1인당 연금급여율은 일반정부부문 균형수지와 연금부문 균형수지를 맞추도록 설정되기 때문에 다른 모수들처럼 고정된 값이 아니고 설정에 따라 변화하는 값이다.

Ⅳ. 기준경제 분석

기준경제 분석을 통해서 모형경제의 설명력을 점검하고 저출산·저성장 경제의 결과를 기준경제와 비교·분석한다. 저출산은 인구증가율이 0%인 경제를 의미하고, 저성장은 총요소생산성 증가율이 1.3%로 하락한 경제를 의미한다.[11]

1. 기준경제와 데이터의 비교

[표 2]는 모형에서 얻어진 총량변수 결과를 데이터와 비교한 것이다. GDP 대비 자본 비율(K/Y)부터 GDP 대비 국가채무 비율(D/Y)은 캘리브레이션 과정에서 직접 목표로 한 모멘트들이고 GDP 대비 소비(C/Y)와 GDP 대비 정부소비(GC/Y)는 직접 목표로 하지 않은 모멘트들이다.

기준경제에서 GDP 대비 자본비율은 시간선호율(β) 값을 설정하기 위해 3.00을 목표로 하였다. 모형을 통해서 얻은 값이 3.00으로 나타나는 것은 β

11 총요소생산성 성장률 1.3%는 장경제전망에서 사용하는 수치로 조동철 편(2014) 〈표 1-2〉에서 제시하는 수치이다.

[표 2] 총량변수 비교: 모형 vs. 데이터

	K/Y	TR/Y	TC/Y	TK/Y	TW/Y	D/Y	C/Y	GC/Y
모형	3.00	0.1419	0.0569	0.0459	0.0389	0.400	0.5821	0.1574
데이터	3.00	0.1420	0.0570	0.0460	0.0390	0.400	0.5060	0.1490

출처: 한국은행, 경제통계시스템

값이 의도한 대로 설정되었음을 의미한다. 소비세율과 자본소득세율, 근로소득세율은 GDP 대비 세목별 비율을 목표로 하고 있는데 모형과 데이터가 일치하고 있음을 확인할 수 있다. GDP 대비 국가채무 비율은 40%를 맞추도록 설정하고 있으며 모형을 통해서 제대로 생성되고 있음을 확인할 수 있다. GDP 대비 민간소비와 정부소비는 모형에서 직접 목표로 삼고 있지 않은 변수들이다. 모형에서 측정된 GDP 대비 소비는 데이터보다 8%p 정도 낮은 것으로 나타나는데 이는 모형이 현실과는 달리 폐쇄경제로 설정되어 있음을 감안하면 차이가 크게 나타나는 것은 아니라고 판단된다. GDP 대비 정부소비는 GDP 대비 총국세 비율을 14.2%, GDP 대비 국가채무 비율을 40%를 달성하도록 채무동학을 만족시키는 값을 찾은 것이다. 모형을 통해 얻은 GDP 대비 정부소비는 실제 자료와 0.8%p 정도 차이가 나는 것으로 확인되는데 정부소비를 외생적으로 사용하지 않고 모형을 통해서 내생적으로 결정되도록 한 값이 이 정도로 근사하는 것은 모형이 상당히 설명하고 있다고 판단할 수 있다.

2 저출산·저성장 경제에서 인구구조 변화

모형의 첫 번째 연령을 1로 표준화하여 연령별 인구 크기를 측정하면 각 연령의 인구는 1세 이전 연령의 크기를 인구증가율(n)로 할인한 인구 중 생존한 인구로 나타낼 수 있다. 따라서 연령이 높을수록 인구 크기 할인율이 높아지고 생존확률이 떨어지기 때문에 전체 인구에서 차지하는 비중이 낮아지게 된다. 여기서 생존확률이 증가하면 1세 이전의 인구에서 현재 연령 인구로 넘어오는 과정에서 유출되는 인구 수가 감소하기 때문에 높은 연령 그룹이 전체 인구에서 차지하는 비중이 커지게 된다. 즉, 기대수명 증가로 인해 고령인구의 비중이 증가하게 되는 것을 의미한다. 그러나 생존확률이 변하지 않더라도 인구증가율이 감소하면 1세 이전 인구와 현재 연령 인구의 크기가 같아지기 때문에 고령인구의 비중 역시 증가하게 된다.

[그림 3]은 인구증가율에 따른 연령별 인구의 크기와 전체 인구에서 각 연령이 차지하는 비중을 나타낸 것이다. 왼쪽 패널은 기준경제($n = 0.5\%$)에서 25세 인구를 1로 표준화했을 때 연령별 인구의 크기와 저출산경제($n = 0.0\%$) 에서 연령별 인구의 크기를 나타낸 것이다. 기준 연령을 기준경제 1세 연령으로 했기 때문에 저출산 경제의 1세 연령의 인구 크기는 1보다 적게 나타나는 것을 볼 수 있다. 연령별 인구 크기를 살펴보면 저출산 경제에서 낮은 연령대의 인구가 급격히 감소하는 것으로 나타난다. 오른쪽 패널

[그림 3] 인구구조 변화: 기준경제 vs. 인구증가율 감소 경제

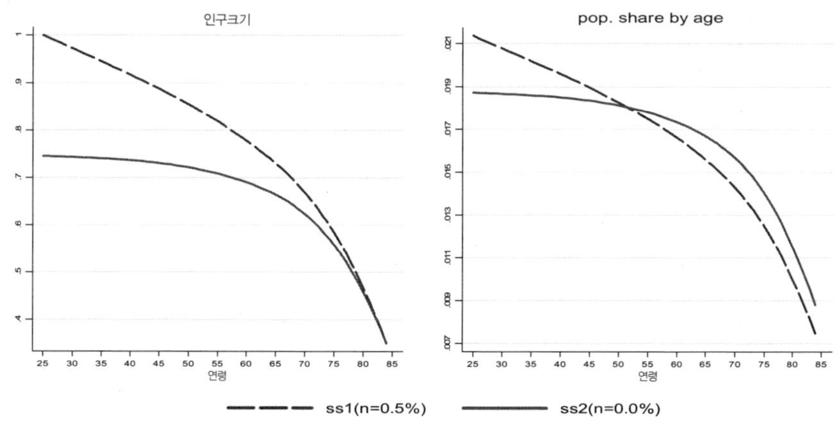

[표 3] 인구구조 변화: 기준경제 vs. 저출산·저성장 경제

	기준경제(SS1)	저출산·저성장 경제(SS2)
인구증가율	0.5%	0.0%
총인구	100.00 (SS1 총인구 기준)	85.04 (SS1 총인구 기준)
65세 미만 인구	75.49 (SS1 총인구 기준)	61.79 (SS1 총인구 기준)
65세 이상 인구 비율	24.51%	27.34%

은 전체 인구 대비 각 연령의 비중을 나타낸 것이다. 저출산 경제에서 55세 이하의 인구 비중은 감소하는 반면 55세 이상 인구의 비중은 커지는 것으로 나타난다. 즉, 기대수명이 동일하더라도 출산율이 하락하면 인구구조가 고령화가 되는 것을 확인할 수 있다.

[표 3]은 이와 같은 인구구조를 바탕으로 총인구와 생산가능인구, 노인인구비율을 계산한 것이다. 기준경제의 총인구를 100으로 표준화했을 때 저출산 경제의 인구는 85.04로 인구가 감소하는 것을 확인할 수 있다. 동시에 65세 미만 인구는 기준경제 75.49에서 61.29로 감소하는 것으로 나타난다. 출산율 저하로 생산가능인구가 감소하는 것으로 나타난다. 따라서 경제 전체에서 65세 이상 인구가 차지하는 비중은 기준경제 24.51%에서 저출산 경제는 27.34%로 증가하게 된다. 이와 같은 인구구조의 변화는 노동공급을 감소시키고 노인인구를 증가시키면서 경제 전체의 총량변수들에 영향을 미치게 된다.

3. 저출산·저성장 경제에서 총량변수 변화

[표 4]와 [표 5]는 기준경제의 총량변수를 100으로 표준화하였을 때 저출

[표 4] 총량변수 변화: 기준경제 대비 저출산·저성장 경제

변수	설명	저출산·저성장 경제($g = 1.3\%$, $n = 0.0\%$)
$\tilde{Y}$	총생산	99.07
$\tilde{K}$	총자본	103.86
L	총노동	96.64
$\tilde{C}$	총소비	100.71
$\tilde{A}$	총자산	102.86
$\tilde{D}$	국가채무	95.41
$\widetilde{TR}$	세수입	97.36
$\widetilde{BQ}$	유산	109.04
$\widetilde{TT}$	총수입	99.22
$\widetilde{GC}$	총지출	99.07

[표 5] 가격 변수: 기준경제 vs. 저출산·저성장 경제

변수	기준경제 ($g = 1.5\%$, $n = 0.3\%$)	저출산·저성장 경제 ($g = 1.3\%$, $n = 0.0\%$)	
	수준	수준	기준경제 대비
r	0.0490	0.0437	89.19
w	1.1683	1.1977	102.51
$\tilde{p}$	0.1149	0.1020	88.81

산·저성장 경제에서 총량변수의 변화 정도를 나타낸 것이다.

저출산으로 생산가능인구가 감소하여 총노동이 기준경제보다 감소한 것을 확인할 수 있다. 반면, 경제주체들의 자산축적의 총합인 총자산은 소폭 증가하는 것으로 나타난다. 이는 고령인구의 증가로 자산축적을 상대적으로 많이 하는 연령대의 비중이 증가하면서 자산축적이 증가한 것이다. 총자산은 균형이자율과 균형임금, 채무동학을 만족시키도록 생산에 활용되는 총자본과 총국가채무로 나눠진다. 총노동의 감소로 균형임금이 상승하여 노동비용이 증가하는 반면 이자율은 하락하기 때문에 자본에 대한 수요가 증가하면서 총자본도 증가하는 형태로 나타난다. 모형에서 세목별 세율

[표 6] GDP 대비 변수: 기준경제 vs. 저출산·저성장 경제

변수	기준경제 ($g=1.5\%$, $n=0.3\%$)	저출산·저성장 경제 ($g=1.3\%$, $n=0.0\%$)	
	수준	수준	기준경제 대비
C/Y	0.5821	0.5917	101.65
K/Y	3.0000	3.1449	104.83
D/Y	0.4000	0.3852	96.30
A/Y	3.4000	3.5301	103.83
TR/Y	0.1420	0.1395	98.27
TC/Y	0.0570	0.0579	101.65
TW/Y	0.0390	0.0390	100.00
TK/Y	0.0460	0.0426	92.60
BQ/Y	0.0270	0.0297	110.06
TT/Y	0.1689	0.1692	100.15
GC/Y	0.1574	0.1574	100.00
PB/Y	0.0116	0.0118	102.22

注: C: 총소비, K: 총자본, D: 국가채무, $A(=K+D)$: 총자산, TR: 총조세, TC: 소비세, TW: 근로소득세, TK: 자산소득세, BQ: 우발적 유산, TT: 총수입, GC: 총지출, PB: (기초) 재정수지

과 GDP 대비 정부소비는 기준경제와 동일하게 설정되어 있다. 따라서 세수 변화는 경제주체들의 소비와 저축, 노동공급의 변화에 따른 세원(tax base) 변화로 인해 발생한다. 정부소비는 GDP 대비 비율이 기준경제와 같게 설정되어 있기 때문에 총생산의 변화에 맞추어 정부소비가 조정된다. 저출산·저성장 경제에서 총생산이 감소하기 때문에 정부소비수준 역시 소폭 감소한다. 세원의 감소로 인해 세입은 감소하나 자산을 축적한 고령인구의 비중이 증가하여 우발적 유산(accidental bequest)이 증가하면서[12] 세입과 우발적 유산의 합으로 결정되는 총세입은 기준경제보다 증가한다. 그 결과 재정수지

12 생존확률은 기준경제와 저출산·저성장 경제가 동일하기 때문에 주어진 이자율과 임금 수준하에서 개별 경제주체의 저축량은 동일하다. 그러나 저출산으로 고령자 인구의 비중이 증가하기 때문에 우발적 유산의 크기는 저출산·저성장 경제에서 더 높아진다. 일반균형 효과를 고려하면 저축 행태가 변화에 따라 우발적 유산의 크기가 감소할 수도 있으나, 모형 결과 총자산이 증가하고 있기 때문에 이자율 하락에 따른 저축 감소보다 고령자 비율 증가에 따른 자산축적 증가가 더 크게 나타나는 것으로 보인다.

는 기준경제보다 소폭 증가하는 것으로 나타나고, 균형 국가채무 수준은 감소한다.

저출산으로 생산가능인구가 감소하여 총노동이 기준경제보다 감소한 것을 확인할 수 있다. 반면, 경제주체들의 자산축적의 총합인 총자산은 소폭 증가하는 것으로 나타난다. 이는 고령인구의 증가로 자산축적을 상대적으로 많이 하는 연령대의 비중이 증가하면서 자산축적이 증가한 것이다. 총자산은 균형이자율과 균형임금, 채무동학을 만족시키도록 생산에 활용되는 총자본과 총국가채무로 나눠진다. 총노동의 감소로 균형임금이 상승하여 노동비용이 증가하는 반면 이자율은 하락하기 때문에 자본에 대한 수요가 증가하면서 총자본도 증가하는 형태로 나타난다. 모형에서 세목별 세율과 GDP 대비 정부소비는 기준경제와 동일하게 설정되어 있다. 따라서 세수변화는 경제주체들의 소비와 저축, 노동공급의 변화에 따른 세원(tax base) 변화로 인해 발생한다. 정부소비는 GDP 대비 비율이 기준경제와 같게 설정되어 있기 때문에 총생산의 변화에 맞추어 정부소비가 조정된다. 저출산·저성장 경제에서 총생산이 감소하기 때문에 정부소비수준 역시 소폭 감소한다. 세원의 감소로 인해 세입은 감소하나 자산을 축적한 고령인구의 비중이 증가하여 우발적 유산(accidental bequest)이 증가하면서 세입과 우발적 유산의 합으로 결정되는 총세입은 기준경제보다 증가한다. 그 결과 재정수지는 기준경제보다 소폭 증가하는 것으로 나타나고, 균형 국가채무 수준은 감소한다.

$$\frac{D}{Y} = \frac{PB/Y}{r-(g+n)}$$

즉, GDP 대비 국가채무는 GDP 대비 재정수지나 성장률(g), 인구증가율(n) 과는 양(+)의 관계를 갖는 반면, 실질이자율과는 음(-)의 관계를 갖는다. 먼저, GDP 대비 재정수지의 변화를 살펴보면 저출산·저성장 경제에서 2.22% 증가하는 것으로 나타난다. GDP 대비 정부소비는 기준경제와 동일하게 되도록 설정하고 있기 때문에 이와 같은 GDP 대비 재정수지의 변화는 GDP 대비 총수입(세입 + 우발적 유산)의 변화에 기인한 것이다. GDP 대비 세입(TR/Y)은 기준경제보다 1.7% 정도 감소하는 것으로 나타나는데 세입 감소는 대부분 자본소득세가 감소했기 때문이다. GDP 대비 소비세는 소폭 증가하는 것으로 나타나는데 이는 경제주체들의 소비패턴에 변화가 없어도 연령 구성비가 낮은 연령대에서 높은 연령대로 이동하면서 1인당 소비수준이 높은 연령대의 비중이 커지기 때문이다. GDP 대비 근로소득세율은 기준경제와 차이를 보이지 않는다. 저출산으로 인한 생산가능인구 감소로 총노동이 감소하면서 근로소득세원이 감소할 가능성이 있다. 그러나 근로소득세원은 임금에도 영향을 받는데 총노동이 감소하여 임금수준이 상승하면서 총노동 감소로 인한 세원 감소를 상쇄시켜 GDP 대비 근로소득세는 기준경제와 차이가 없는 것으로 나타나고 있다. 저출산으로 생산인구가 감소해도 시장임금의 조정이 일어나면 GDP 대비 근로소득세의 변화가 예상보다 크지 않을 수 있다는 것을 시사하는데, 이 과정에서 일반균형에 따른 임금 변화가 중요한 역할을 하는 것을 볼 수 있다.[13] 세입 감소는 대부분 GDP 대비 자산소득세의 감소에서 나타난다. 그러나 GDP 대비 자산 규모는 기준경제보다 증가하고 있다. GDP 대비 근로소득세원과 마찬가지로 자산소득세는 이자율에 영향을 받는다. 그런데 경제 전체의 자산축적이 증가

13 현실에서 이와 같은 결과 반드시 나타나는 것을 담보하기는 어렵다. 본 모형은 완전경제시장을 가정하고 있기 때문에 경제환경 변화가 나타나면 시장가격이 즉각적으로 균형을 찾아가는 것이 가능하다. 하지만 현실에서는 노동시장에 마찰적 요인, 노동시장의 이중구조, 정보의 비대칭성 등과 같이 완전경쟁시장을 담보하기 어려운 여건들이 존재하기 때문이다.

[표 7] 이자율, 성장률, 실효이자율 비교: 기준경제 vs. 저출산·저성장 경제

	이자율(r)	성장률(g_A)+인구증가율(n)	실효이자율($r-(g_A+n)$)
기준경제	0.0490	0.020(=0.015+0.005)	0.0290
저출산·저성장 경제	0.0437	0.013(=0.013+0.000)	0.0307
기준경제 대비	89.19	65.00	105.87

하면서 이자율이 기준경제보다 10% 정도 하락한다. 따라서 이자율 감소로 인한 자산소득세의 감소가 큰 폭으로 나타나면서 전체 세입도 감소하고 있다. 총수입의 증가는 GDP 대비 우발적 유산의 증가로 나타나고, GDP 대비 재정수지 흑자가 기준경제보다 더 크게 나타난다. 저출산·저성장 경제에서 GDP 대비 재정수지가 개선되었음에도 불구하고 GDP 대비 국가채무수준은 감소하는 것으로 나타나고 있는데, 이와 같은 결과가 나타나는 것은 이자율과 성장률이 GDP 대비 국가채무에 미치는 영향이 크기 때문이다.

[표 7]은 기준경제와 저출산·저성장 경제의 균형이자율과 성장률,[14] 이자율과 성장률의 차이를 의미하는 실효이자율의 차이를 나타낸 것이다. 저출산·저성장 경제에서 GDP 대비 자산축적의 증가로 이자율이 기준경제에 비해 10% 정도 낮을 뿐만 아니라 성장률과 인구증가율의 합이 35%(7%p) 정도 하락한 경제이다. 그 결과 실효이자율은 5% 정도 상승하는 것으로 나타난다. 실효이자율의 상승은 같은 수준의 GDP 대비 재정수지를 가지더라도 더 높은 이자율로 할인하는 것을 의미하기 때문에 GDP 대비 국가채무 비율이 하락하게 된다. 이 모형에서 GDP 대비 국가채무 비율의 하락은 재정지

14 성장률은 총요소생산성 성장률을 의미한다. 모형에서 정상상태에서는 유효단위로 표시된 생산요소들의 성장률은 0이고 총량변수들은 총요소생산성 성장률과 동일한 수준으로 성장한다.

[그림 4] 연령별 소비, 자산, 저축, 노동공급: 기준경제 vs. 저출산·저성장 경제

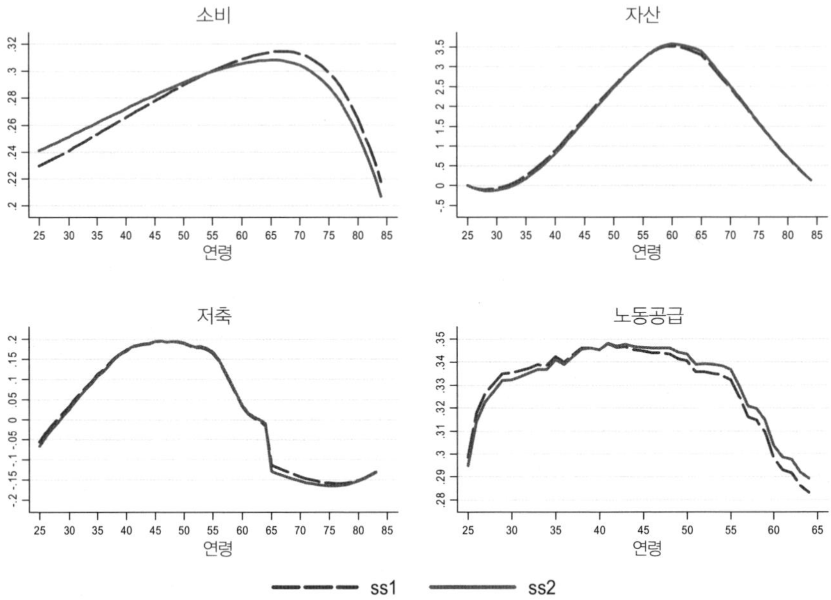

속가능성을 개선하는 것을 의미하는 것이 아니라 오히려 악화되는 것을 의미한다.

경제환경 변화에 따른 세대 간 순부담 변화를 분석하려면 먼저 생애주기에 따른 소비와 저축, 노동공급의 형태 변화를 살펴보는 것이 필요하다. [그림 4]는 기준경제(SS1)와 저출산·저성장 경제(SS2)에서 연령별 소비와 자산, 저축, 노동공급 정도를 나타낸다.

생애주기에서 소비 프로파일을 살펴보면 55세 부근에서 기준경제와 저출산·저성장 경제의 소비 프로파일이 회전하는 모습을 볼 수 있다. 저출산·저성장 경제에서 젊은층의 소비가 증가하는 반면 고령층의 소비는 상대적으로 감소하는 것을 볼 수 있다. 이와 같이 소비 프로파일이 변화하는 원인은 고령층의 소득이 감소하기 때문이다. 고령층의 소득 감소는 두 가지 요

인 때문에 발생한다. 우선 생산가능인구가 감소하면서 은퇴가구에 지급되는 1인당 연금지급액이 감소하게 된다. 〈표 5〉에서 $\tilde{p}$가 은퇴자 한 사람이 지급받는 연금수준이다. 저출산·저성장 경제에서는 기준경제보다 연금소득이 12% 정도 감소하는 것으로 나타난다. 연금소득의 감소로 인한 소비수준 하락을 완화하기 위해서 자산축적을 증가시키게 되고 기준경제보다 높은 총자산수준에 이르게 된다. 총자산 증가는 자산축적 정도가 높은 연령층의 비중이 증가하는 요인과 은퇴 이후 소득 감소에 대비하기 위한 자산축적 증가의 두 가지로 효과로 인해서 발생한다. 총자산의 증가는 생산에 필요한 총자본의 증가로 이어져 경제 전체의 이자율을 낮추는 일반균형 효과를 생성하게 되는데 이자율 하락은 다시 개별 경제주체들의 자산소득을 감소시킨다. 은퇴자들의 소득은 연금소득과 자산소득으로 이루어지는데 저출산·저성장 경제에서 두 가지 소득원이 모두 감소하는 결과를 초래하여 고령층의 소비가 감소하는 것으로 나타난다.

다음으로 연령별 노동공급을 살펴보면 40세 이전에는 저출산·저성장 경제의 노동공급이 기준경제보다 낮게 나타나고 40세 이후에는 기준경제보다 높아지는 것으로 나타난다. 연령에 따른 노동공급 패턴의 변화 역시 소득수준과 연관된다. 저출산·저성장 경제에서는 이자율이 낮은 대신 임금수준이 높게 형성된다. 따라서 적은 노동시간을 투여하고도 같은 수준의 근로소득을 얻을 수 있다. 뿐만 아니라 노동시장 진입 초기에는 근로소득이 없고 축적한 자산이 없기 때문에 생애주기에 걸친 소비를 평탄화하기 위해서 대출을 이용하게 된다. 이자율이 낮기 때문에 대출받을 수 있는 정도가 기준경제보다 더 높아진다. 두 가지 경로로 인해서 저출산·저성장 경제에서 젊은층은 소득수준이 증대하게 되고, 정상재인 소비와 여가에 대한 수요가 높아지면서 노동공급이 기준경제보다 감소하는 것으로 나타나게 된다. 그러나 일정 시점이 지나면 은퇴 이후 소득 감소에 대비하기 위해서 노동공급을 증가시키는 것으로 나타난다.

4. 저출산·저성장 경제에서 재정지속가능성 평가

재정지속가능성은 기본적으로 한 국가의 채무 상환과 관련된 능력을 의미한다. 최근에는 단순히 채무 상환능력만을 의미하는 것이 아니라 재정의 기본 역할을 수행하면서 현재의 세부담을 유지하는 동시에 미래 세대에 부담을 전가하지 않는 것까지 고려하는 다차원적이고 포괄적인 개념으로 이해되고 있다.[15] 즉, 재정지속가능성을 평가할 때 상환능력(solvency)과 현재 세부담 유지(stable taxes), 공평성(fairness) 등을 반영한다. 상환능력은 정부가 현재와 미래의 채무를 상환할 능력이 있는지 판단하는 개념으로 재정지속가능성의 가장 기본적인 개념이다. 상환능력은 정부의 동태적 예산제약식에서 출발하는데 무한기 이후에 재정수지의 현재가치의 합이 현재 국가채무를 모두 상환할 수 있는지를 근거로 재정지속가능성을 평가한다. 여기서 말하는 무한기는 정상상태를 의미하며 정상상태에서 실효이자율(이자율과 성장률의 차이)과 재정수지가 주어진 상태에서 GDP 대비 국가채무가 증가하지 않는 수준으로 이해할 수 있다. 다음으로 현재 세부담 유지는 GDP 대비 국가채무가 정상상태에 도달하는 과정에서 현재 세부담을 유지할 수 있는지를 판단한다. 만약 현재 세부담으로 정상상태의 GDP 대비 국가채무를 유지할 수 없다면 세부담 조정이 필요한데 이는 현재 세대와 미래 세대 모두에게 부담을 증가시키는 결과를 초래한다. 마지막으로 공평성은 정상상태에서 GDP 대비 국가채무를 유지하기 위한 순부담을 누가 부담할 것인지

15 다양한 재정지속가능성 지표에 대한 논의는 한종석·최승문(2015)를 참조하기 바란다.

에 대해 판단한다. 정상상태의 GDP 대비 국가채무 비율을 유지하기 위해서 세부담을 증가시켜야 한다면 추가 부담을 누가 지불할 것인가의 문제에 봉착하게 된다. 이 과정에서 현재 세부담을 유지하게 되면 추가 부담을 현재 세대가 미래 세대에 전가하게 되는데, 이것이 세대 간 부담이 불평등하게 분배되는 것을 의미한다. 즉, 공평성은 상환능력을 유지하기 위한 세부담을 현재 세대는 물론 미래 세대까지 포괄하여 모든 세대가 부담하는 것을 의미한다.

공평성 측면에서는 Auerbach et al.(1987, 1991) 등에서 제시한 세대 간 회계가 상환능력만을 나타내는 GDP 대비 국가채무 비율과는 다른 의미를 갖는다. 세대 간 회계는 세대 간 계정을 구성하여 각 세대가 져야 하는 순부담의 현재가치 합계를 측정한 후 현재 정부가 보유한 자산과 앞으로 지불해야 될 정부지출의 현재가치의 합계 간의 관계를 파악한다.[16] 미래 세대의 순부담은 정부소비의 현재가치에서 정부보유 자산과 현재 세대가 져야 하는 순부담의 현재가치의 차이로 결정된다. 이렇게 측정된 미래 세대의 순부담이 현재 세대 중 가장 어린 세대가 져야 하는 순부담보다 크게 되면 지속가능성이 없다고 판단한다. 따라서 상환능력이 동일한 경제라도 세대 간 회계 측정 결과 미래 세대의 순부담이 현재 세대보다 크면 지속가능성이 없다고 본다. 제Ⅲ장의 단순 모형 분석을 살펴보면 기본적으로 균형재정을 상정하고 있기 때문에 모든 재분배 모형은 상환능력이 동일하다. 하지만 세대 간 이전 지출을 하는 방식과 이전지출 재원을 마련하는 방식에 따라 young과 old의 순부담이 달라지는데 각 세대가 부담하는 순부담의 크기에 따라 지속가능성 여부가 달라지는 것을 확인할 수 있다. 이러한 측면에서 세대 간

16 세대 간 회계는 기본적으로 정부의 동태적 예산제약식을 바탕으로 구성된다. 동태적 제약식의 재정수지 부분을 정부지출과 (순)조세 부분으로 구분하여 (순)조세 부분을 세대별로 측정하는 것으로 이해할 수 있다.

부담을 측정을 하는 것은 GDP 대비 국가채무 비율에만 초점을 맞춘 상환능력과는 다른 측면에서 지속가능성을 평가하는 것이다. 이상에서 논의한 지속가능성 개념에 근거하여 본 연구에서는 상환능력과 세대 간 부담을 지속가능성 지표로 사용한다. 본격적으로 지속가능성을 논의하기에 앞서 모형을 통해서 측정되는 지표의 의미에 대해서 자세히 논의한다.

먼저, 모형에서 계산되는 GDP 대비 국가채무 비율의 의미를 살펴보고 상환능력 측면에서 저출산·저성장 경제의 재정지속가능성을 평가한다. GDP 대비 국가채무 비율은 재정지속가능성 평가에 가장 많이 활용되는 지표이다. GDP 대비 국가채무 비율이 일정 수준[17]을 초과하면 지속가능성에 문제가 발생한다고 판단한다. 2015년에 발표된 기획재정부의 《2060년 장기재정전망》 결과의 내용을 보면 2060년까지 GDP 대비 국가채무 비율이 40-60% 수준으로 EU 권고기준인 60% 수준에서 유지가능하기 때문에 재정 상황이 건전하다고 평가하고 있다. 이와 같은 해석을 하는 과정에서 일본의 GDP 대비 국가채무 비율이 항상 논란으로 대두된다. 일본은 OECD National Account에 따르면 일본의 국가채무 비율은 200%를 넘어서기 때문에 EU 권고 기준인 60%를 3배 이상 초과한다. 이렇게 높은 국가채무 비율은 분명 일본 재정의 위기 신호로 인식되고 있지만 지속가능성에 대해서 논의하면 명확한 답을 내리기 어렵다. 이와 같은 문제가 발생하는 것은 국가채무 비율과 상환능력 간의 관계를 파악하고 있지 않기 때문이다. 앞서 논의한 정부의 동태적 예산제약식을 통해서 도출된 무한기에서 GDP 대비 국가채무 비율과 GDP 대비 재정수지의 관계는 다음과 같다.

$$d_t = \sum_{s=0}^{\infty}\left(\frac{1+g}{1+r}\right)^s pb_{t+s} \;\Rightarrow\; d_t = \frac{\overline{pb}}{r-g}$$

17 가장 널리 활용되는 기준이 EU에서 제시하는 GDP 대비 국가채무 비율 60% 수준이다.

이자율과 성장률, GDP 대비 재정수지($\overline{pb}$)가 일정하다고 가정하면 현재 국가채무수준은 GDP 대비 재정수지를 이자율과 성장률의 차로 나눈 값과 동일하게 된다. 여기서 의미하는 국가채무 비율(d_t)은 주어진 이자율과 성장률, 재정수지하에서 이 경제가 상환할 수 있는 국가채무 비율을 의미한다. 즉, $\frac{\overline{pb}}{r-g}$ 는 상환능력을 의미한다. 현재 국가채무 비율이 상환능력을 초과하면($d_t^{cur} > \overline{pb}/(r-g)$) 상환능력 측면에서 재정은 지속가능하지 않다고 판단한다. 따라서 국가채무 비율의 수준이 높더라도 상환능력이 있다면 지속가능성에는 문제가 없다고 볼 수 있다. 예를 들어 재정수지가 증가하면 국가채무 비율이 증가하는 것을 볼 수 있는데 이는 상환 가능한 국가채무 비율의 증가를 의미하기 때문에 지속가능성이 증가한 것으로 판단하는 것이 타당하다.

이상의 논의를 모형 측면에서 적용하면 다음과 같다. 모형은 정상상태를 상정하고 있기 때문에 무한기에서 국가채무 비율과 동일한 개념이다. 정상상태의 정의에 따르면 국가채무와 총생산은 동일한 성장률을 가지기 때문에 GDP 대비 국가채무는 일정한 수준을 유지한다. 기준경제에서는 국가채무 비율을 40%로 유지하도록 GDP 대비 정부소비를 캘리브레이트한 것이다. 따라서 기준경제의 상환 가능한 국가채무 비율은 40%이고 모형은 균형에서 40%를 달성하고 있기 때문에 기준경제는 상환능력 측면에서 지속가능성을 유지하고 있다고 판단할 수 있다. 저출산·저성장 경제에서는 GDP 대비 재정수지가 기준경제보다 개선되고 이자율이 하락하지만 총요소생산성 증가율과 인구증가율의 합으로 측정되는 총생산의 성장률이 하락하기 때문에 GDP 대비 국가채무가 38.52%로 하락한다. GDP 대비 국가채무 비율의 하락은 저출산·저성장 경제에서 상환능력이 하락한 것을 의미한다.[18]

18 저출산·저성장 경제에서는 상환 가능한 GDP 대비 국가채무 수준이 38.52%이다. 따라

따라서 기준경제의 국가채무 비율 40%는 저출산·저성장 경제에서는 지속가능한 국가채무수준이 아니며 40%를 유지하려면 재정수지의 개선이 필요하고 이를 위해서 정부소비를 감축하거나 세입을 확대하는 정책의 도입이 필요하다.

다음은 세대 간 회계를 통해서 세대별 부담 측면(공평성 관점)에서 지속가능성을 논의한다. 우선, 모형에서 세대 간 순부담을 측정하는 방법을 살펴보자.[19] 세대별 순부담은 기본적으로 개인이 생애주기에 걸쳐서 지불한 총조세와 총이전지출 간의 차에 적정한 할인율(appropriate discount rate)을 적용하여 현재가치로 환산한 후 합계하여 측정한다. 모형 경제에서 경제주체는 소비세와 자산소득세, 근로소득세를 지불하고 은퇴 이후 연금소득을 받기 때문에 세대별 부담(세대 계정)을 나타내면 다음과 같다.

$$GA_g = \sum_{j=g}^{J} \frac{\prod_{s=1}^{j} \phi_s}{(1+(1-\tau^k)r)^j} \left[\tau^c \widetilde{c_j} + \tau^k r \widetilde{a_j} + \tau^w (1-\tau^p) \widetilde{w} \epsilon_j l_j + \tau^p \widetilde{w} \epsilon_j l_j - \widetilde{p} \cdot 1 \ [j \geq J_R] \right]$$

g 세대의 세대 계정(GA_g)은 현재 시점부터 마지막 시점(J)까지의 순부담을 모형 내에서 결정되는 균형이자율로 할인하고 매 시점 생존확률을 반영해서 측정한다. 조세부담 중 소비세와 자산소득세는 모든 연령에서 지불해야 하는 반면 근로소득세와 연금기여는 은퇴 이전에 노동시장에 편입된 시기에만 부담하기 때문에 은퇴 이후에는 조세부담이 감소한다. 반면 연금급여는 은퇴 이후에 지급받기 때문에 은퇴 이전에는 조세부담만 있고 은퇴 이후에는 조세부담에서 연금급여를 제외한 부담만 발생한다. 매 연령에서의 순부담은 은퇴 이전까지는 양(+)의 부담을 내지만 은퇴 이후에는 음(-)의 부담을 지불하는 것으로 나타난다. g 세대의 순부담은 현재 시점부터 J시점

서 기준경제의 GDP 대비 국가채무 수준 40%는 지속가능하지 않는 것으로 평가된다.

19 본 연구에서 모형의 세대 간 회계를 측정하는 방법은 Conesa and Garriga(2015)에서 활용한 방법을 적용한다.

까지 조세부담과 연금급여의 차를 할인율과 생존확률을 적용하여 누적한 개념이다. 따라서 연령이 낮을수록 양(+)의 부담 기간이 길어지기 때문에 세대 순부담이 양(+)으로 발생하고 연령이 높아지면서 부담이 점차 감소한다. 은퇴 이후 연령에서는 앞으로 남은 순부담이 모두 음(-)이기 때문에 누적된 세대 순부담 역시 음(-)으로 결정된다. 반면 은퇴가 가까운 세대는 은퇴 이전까지는 양(+)의 순부담이 발생하지만 은퇴 이후에는 음(-)의 순부담을 지게 되기 때문에 누적되는 과정에서 은퇴 시점보다 조금 이른 시점부터 세대 순부담이 음(-)으로 전환될 수 있다. 이 시점은 적용되는 할인율과 생존확률에 의해서 결정된다.

[그림 5]는 앞서 논의한 방법에 따라 세대별 순부담을 측정한 것이다. 여기서 x축은 연령이 아니라 세대(코호트)이다. 코호트는 (연령 - 84)로 계산하기 때문에 코호트 1은 84세를 의미하고 코호트 60은 25세를 의미한다. y축은 Conesa and Garriga(2015)에 근거하여 세대별 잔여소득 대비 순부담을 나타낸다. 즉, 잔여소득을 1로 했을 때의 순부담의 크기를 나타내는 것으

[그림 5] 잔여소득 대비 세대별 순부담: 기준경제 vs. 저출산·저성장 경제

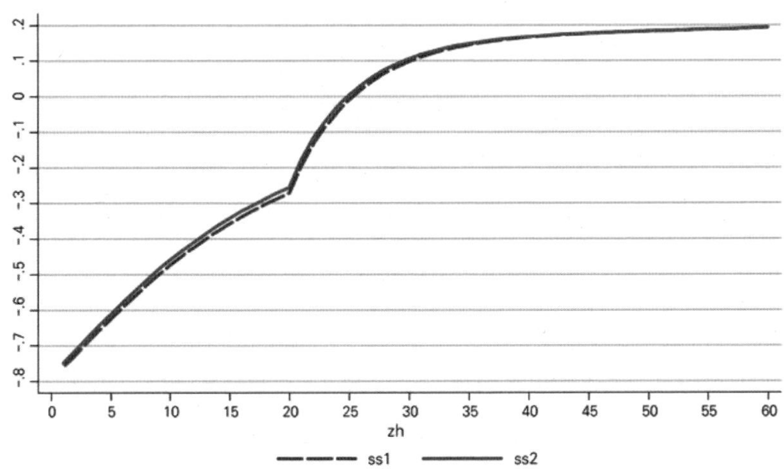

로 해석한다.

먼저, 기준경제의 결과를 살펴보면 연령이 낮은 세대는 순부담이 양(+)으로 부담이 발생하는 반면 연령이 높은 세대는 순부담이 음(-)으로 순부담 대신 순이익(net benefit)을 받는 것으로 나타난다. 이때, 순부담에서 순이익으로 전환되는 시점은 60세로 은퇴 시점보다 4세 정도 일찍 나타나는 것을 볼 수 있다. 은퇴 시점인 65세에는 근로소득과 관련된 부담이 사라지는 반면 연금급여를 지급받기 때문에 순부담 프로파일에 변곡(kink)이 발생한다. 76세가 되면 잔여소득의 50% 이상의 순이익을 받게 된다. 은퇴가구의 소득원은 자산소득과 연금소득으로 구성되는데 마지막 기에 모든 자산을 소비하고 퇴장하기 때문에 자산소진(asset decumulation)이 지속적으로 일어나면서 전체 소득 중에서 연금소득이 차지하는 비중이 커지게 된다. 따라서 자산소득세 부담은 매우 적어지는 반면 연금소득을 일정 수준으로 받기 때문에 순이익이 증가하고 잔여소득 대부분이 연금소득이기 때문에 마지막 기에 이르러서는 잔여소득 대비 순이익이 70%를 넘어서게 된다.

저출산·저성장 경제에서 세대별 순부담을 살펴보면 기준경제보다 프로파일이 상향 조정되는 것으로 나타난다. 이는 모든 세대에서 순부담이 증가하는 것을 의미한다. 순부담이 음(-)으로 나타난 세대는 순부담이 0에 가까워질수록 순이익이 감소하는 것을 의미하기 때문에 순부담의 증가로 이해할 수 있다. 기준경제 대비 저출산·저성장 경제의 세대별 순부담의 변화를 분석하기 위해서 세대별로 두 경제에서 잔여소득 대비 순부담의 차이를 측정한다.

[그림 6]은 저출산·저성장 경제와 기준경제의 잔여소득 대비 순부담 차를 측정한 것이다. 절대적인 측면에서 차이를 보면 부담이 가장 많이 증가하는 세대(63세) 2%p 미만으로 나타난다. 그러나 모든 세대에서 부담이 증

[그림 6] 세대별 순부담 차이: 저출산·저성장 경제 - 기준경제

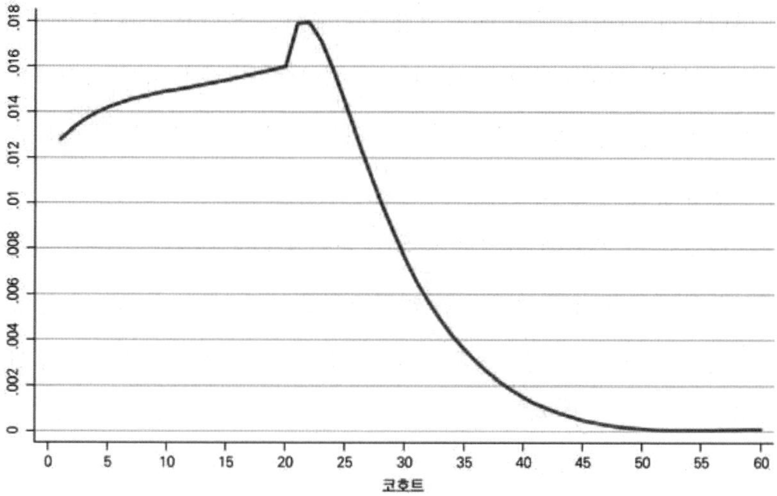

가하고 있기 때문에 순부담 측면에서 저출산·저성장 경제는 기준경제보다 높아지게 된다.[20]

세대별 순부담의 변화를 살펴보면 연령이 낮은 세대에서는 거의 변화가 없으나 연령이 높아질수록 순부담이 증가하는 것으로 나타난다. 순부담의 증가를 살펴보면 43세까지는 순부담 증가가 0.1%p 미만으로 나타나다가 43세 이후부터 기하급수적으로 증가하는 것을 볼 수 있다. 저출산·저성장 경제에서 순부담이 양(+)에서 음(-)으로 전환하는 연령은 61세로 기준경제의 60세보다 1세 늦춰지는 것으로 나타나며 기준경제와의 순부담 격차가 가장 크게 나타나는 연령은 63세다. 은퇴 직전인 63세와 64세에 순부담

20 모든 세대에서 저출산·저성장 경제의 순부담이 기준경제보다 증가한다는 것이 저출산·저성장 경제가 기준경제보다 더 악화된 경제라고 판단할 수는 없다. 두 경제의 우위를 비교하려면 순부담이 아니라 세대별 후생을 측정해서 비교해야 된다. 세대 간 회계는 순부담을 측정하지 후생변화에 대한 논의를 하지 못한다는 단점이 있다. 본 연구는 세대 간 부담 변화가 일반균형과 정책변화를 고려하는 경우 어떻게 변화하는지에 초점을 두고 분석하기 때문에 역시 세대별 후생수준 변화에 대해서는 논의하지 않는다. 세대별 순부담과 후생변화를 종합적으로 고려하여 경제환경과 정책효과를 평가하는 내용은 추후 연구과제로 남긴다.

이 기준경제 대비 가장 높은 것으로 나타나며 은퇴 시점인 65세에는 급격한 감소가 나타난다. 그러나 저출산·저성장 경제에서는 은퇴 이후부터 마지막 시점까지 순부담이 1%p 이상 높게 나타나고 있다. 저출산·저성장 경제는 기준경제보다 모든 세대의 순부담이 증가하는 것으로 나타나는데 순부담 증가가 고령층에서 더 큰 것으로 나타난다.

세대별로 순부담 증가에 차이를 보이는 원인은 다음과 같다. 우선, 저출산은 생산인구 감소를 초래하고 이는 연금소득을 직접 감소시킨다. 은퇴 이후 주 소득원 중 하나인 연금소득의 감소는 잔여소득을 감소시키고 순부담을 증가시킨다. 저출산·저성장 경제에서는 연금소득이 감소하기 때문에 이에 대비하여 자산을 더 많이 축적하는 것이 필요한데 저축 증가(소비 감소)가 은퇴 시점에 가까운 연령층에서 나타나는 것을 볼 수 있다. 앞서 살펴본 연령별 노동공급 프로파일에 따르면 은퇴 시점에 가까운 연령층이 노동공급을 증가시키는 것으로 나타나고 있다. 따라서 은퇴 시점에 가까운 연령층과 은퇴 이후 연령층은 연금으로 받는 이전지출이 감소하는 반면 근로소득세나 자산소득세의 부담이 커지면서 순부담이 증가하는 것으로 나타난다. 반면 젊은 연령층은 저출산·저성장으로 인한 순부담의 증가가 매우 낮은 것으로 나타난다. 은퇴 이후 연금소득은 고령층과 동일하게 감소하더라도 현재가치로 할인하는 기간이 길기 때문에 연금소득 변화가 미치는 영향은 크지 않다. 뿐만 아니라, 노동시장 진입 초기에는 자산축적이 충분하지 않기 때문에 자산소득세 부담에는 변화가 크지 않다. 젊은층의 중요한 소득원은 근로소득인데 연령에 따른 노동공급 프로파일을 살펴보면 40세를 기준으로 이전에는 노동공급을 줄이고 이후에는 노동공급을 증가시키는 방향으로 회전이 일어난다. 하지만 생애 전체에 걸친 노동공급에는 큰 변화가 없기 때문에 근로소득세의 변화가 크지 않다.

이와 같은 현상은 소비에서 유사하게 나타난다. 연령별 소비 프로파일 역시 54세를 기준으로 낮은 연령층의 소비는 증가하고 높은 연령층에서는 감소하는 것으로 나타난다. 따라서 젊은 연령층의 생애주기에 따른 소비수준에는 큰 변화가 나타나지 않으면서 소비세 부담에 변화가 크지 않다. 종합하면 연령이 낮은 계층에서는 전체적인 조세부담의 변화는 거의 없는 상태에서 은퇴 이후 연금소득 감소에 따른 순부담이 발생한다. 하지만 은퇴 시점까지 기간이 많이 남기 때문에 현재가치로 환산된 순부담의 크기가 작아지면서 순부담 증가가 고령층보다 상대적으로 매우 적게 나타난다. 반면 연령이 증가할수록 연금소득 감소로 인한 이전지출 감소가 순부담에 미치는 영향이 커지고, 은퇴 시점에 가까운 연령층은 은퇴 이후 소득 감소에 대비하기 위해 노동공급과 자산축적을 증가시킨다. 따라서 소득세 부담이 증가하여 순부담이 급격히 증가한다. 은퇴 직후에는 근로소득세 부담이 없어져서 순부담 격차가 하락하지만 낮은 연금소득으로 순부담이 기준경제보다 높게 나타난다.

세대 간 회계에서 지속가능성은 미래 세대의 생애순재정부담과 기준연도 출생 세대의 생애순재정부담의 격차로 측정되는 세대 간 불평등도 (Generational Imbalance, GI)로 판단한다.

$$GI = \left(\frac{\text{미래세대 생애순재정부담}}{\text{기준연도 출생세대의 생애순재정부담}} - 1\right) \times 100$$

여기서 $GI > 0$ 이면 미래 세대가 부담해야 하는 생애 순재정부담이 현재 세대보다 큰 것을 의미하기 때문에 현행 제도가 유지할 수 없다고 판단한다. 세대 간 불평등도를 측정하려면 미래 세대 생애순재정부담을 측정해야 하고 기본적으로 무한기에 걸친 정부소비의 현재가치의 합이 현재 세대 생애순부담의 현재가치의 합과 정부보유 자산, 미래 세대 생애순부담의 현재가치로 구성된다는 항등식에서 도출된다. 미래 세대의 순부담은 무한기에 걸친 정부소비 총합의 현재가치에서 현세대 순부담과 정부 보유 자산(여기서는 국가채무)을 제외한 나머지로 측정한다.

$$PVGC = PVNB_{cur} + PVNB_{fut} + (-\widetilde{D}) \Rightarrow PVNB_{fut} = PVGC - PVNB_{cur} + \widetilde{D}$$

지금까지 논의한 지속가능성 평가방법을 종합하여 기준경제와 저출산·저성장 경제의 지속가능성 변화 여부를 살펴보자.

[표 8]은 각 경제에서 GDP 대비 국가채무 비율, 첫 번째 연령 생애순부담(GA_1), 미래 세대 생애순부담(GA_{fut}), 세대 간 불평등도(GI)와 이들의 격차를 계산한 것이다. 먼저, 모형에서 의미하는 GDP 대비 국가채무 비율은 상환능력(solvency) 개념이다. 즉, 기준경제에서는 40% 수준까지 상환이 가능하나 저출산·저성장 경제에서는 38.52% 수준까지만 상환이 가능하다는 것을 의미하고 상환능력 측면에서 두 경제를 평가하면 저출산·저성장 경제에서의 상환능력이 기준경제보다 떨어지는 것으로 나타난다. 세대 간 불평등도 지수를 살펴보면 두 경제 모두 0보다 적은 것으로 측정되기 때문에 미래세대 부담이 현재 세대 부담보다 낮고 지속가능한 것으로 판단된다. 그러나 저출산·저성장 경제는 기준경제보다 세대 간 불평등도가 5.72%p 증가한 것으로 나타난다. 따라서 저출산·저성장 경제 자체는 지속가능하나 기준경

[표 8] 지속가능성 지표 비교: 기준경제 vs. 저출산·저성장 경제

	D/Y	GI	GA_1	GA_{fut}
기준경제	40.00	-25.78	19.28	14.31
저출산·저성장 경제	38.52	-20.06	19.29	15.42
차이	-1.48	5.72	0.01	1.10

제와 비교해서 지속가능성 정도는 소폭 하락하는 것으로 이해할 수 있다. 세대 간 불평등도의 변화를 첫 연령 세대와 미래 세대의 세대 간 계정으로 구분하여 비교한다. 저출산·저성장 경제에서 첫 연령 세대의 부담은 기준경제와 큰 차이가 없었다. 반면, 미래 세대 부담은 1.10%p 증가하는 것으로 나타난다. 각 경제 내에서 세대 간 불평등 기준에서 재정지속가능성을 평가하면 지속가능한 것으로 평가되나 기준경제와 저출산·저성장 경제를 비교하면 미래 세대 부담이 증가하는 저출산·저성장 경제의 지속가능성이 떨어지는 것으로 판단된다.

지금까지 일반균형 중첩세대 모형을 통해서 저출산·저성장 경제로 변화하면 총량변수와 개별 경제주체들의 연령별 소비와 저축, 노동공급 등의 패턴이 어떻게 변화하는지 분석하였다. 저출산·저성장 경제의 지속가능성 여부를 살펴보기 위해서 상환능력 측면에서 GDP 대비 국가채무 비율의 변화를 비교하고 세대 간 부담 측면에서 세대별 생애순부담과 미래 세대 생애순부담, 세대 간 불평등도를 비교·분석하였다. 저출산·저성장 경제는 기준경제에 비해서 GDP 대비 국가채무 비율이 하락하면서 상환능력이 떨어지는 것으로 나타났다. 두 경제는 모두 미래 세대의 부담이 현재 세대의 부담보다 적은 것으로 나타나기 때문에 세대 간 불평등도의 관점에서는 지속가능한 것으로 판단된다. 그러나 기준경제와 저출산·저성장 경제의 생애순부담을 비교하면 저출산·저성장 경제에서 현재 세대와 미래 세대의 부담이 모두 증가하였다. 뿐만 아니라 저출산·저성장 경제에서 현재 세대의 생애순부담은 고령층으로 갈수록 증가하는 것으로 나타나면서 기준경제보다 생애순부담 측면에서 지속가능성이 떨어지는 것으로 나타났다.

V. 정책 모의실험 — 소비세율 인상

본 절에서는 상환능력 측면에서 지속가능성을 개선하기 위해 재정수지를 개선할 수 있는 정책을 도입했을 때 세대별 생애순부담이 어떤 방식으로 변화하는지를 분석하고자 한다. 상환능력을 개선하는 정책은 여러 가지를 생각해볼 수 있으나 본 연구에서는 세원(tax base)이 넓으나 세율은 다른 OECD 국가들보다 낮은 소비세율을 인상하는 방안을 고려한다.

일본은 국가채무 감소를 위해 2014년 4월 1일 소비세율을 5%에서 8%로 인상하였고, 2015년에는 8%에서 10%로 인상할 계획이었다. 그러나 경기둔화 등을 이유로 현재 소비세율 10%로의 인상은 연기된 상태이다. 한국은 소비세율이 1977년 부가가치세 도입 이후 10%로 유지되고 있는데 이는 OECD 평균인 18.9%를 상당히 하회하는 수준이기 때문에 중장기적으로 세원을 확보하는 방안으로 소비세(부가가치세)율을 높이는 정책이 꾸준히 모색되어 왔다. 이러한 상황을 고려하여 소비세율을 일본과 유사하게 20% 상승시키는 정책을 고려한다. 소비세율 인상과 관련된 정책을 다시 두 가지로 세분하여 접근한다. 첫 번째 실험은 모형에서 9.79%로 설정되어 있는 소비세율을 11.75%까지 인상하는 정책이다. 추가적으로 소비세율 인상과 관련해서는 Altig et. al.(2001)와 Conesa and Garriga(2015)를 따라 소비세율 인상을 근로소득세율 인하로 대체하여 세입중립성을 유지하는 정책에 대해서 분석한다. 인하되는 근로소득세율은 GDP 대비 조세수입을 기준경제와 동일하도록 조정한다.

일반균형 효과와 정책변화로 인한 경제주체들의 행동변화가 미치는 영향의 정도를 살펴보기 위해 모형 경제에 기존의 세대 간 회계방법(회계방식)을 적용하여 모형을 통해서 얻은 세대별 부담과 비교한다. 회계방식을 모형 경제에 적용하는 방법은 다음과 같다. 기준경제에서 모형을 풀어서 얻은 연령별 노동공급 프로파일에 저출산·저성장 경제의 인구구조를 적용하여 총노동공급을 구성한다. 인구구조는 모형 밖에서 외생적으로 주어진 것이고, 경제주체들이 가격변화나 정책변화에 따른 의사결정 방식의 변화가 일어나지 않았다는 것을 고려하기 위해서 기준경제의 연령별 노동공급 프로파일을 적용하는 것이다.

경제의 총자산 역시 총노동과 동일한 방법으로 측정한다. 총자산은 생산에 투입되는 총자본과 국가채무로 구분되고 총자본만 생산함수에 반영한다. 총자산 중 총자본 비율(s_0)은 시장청산을 통해서 얻어지는 이자율과 임금, 국가채무 동학에 의해서 결정된다. 총자산 중 국가채무 비율($1-s_0$)과 채무동학의 균형을 담보하는 국가채무수준이 같아지도록 총자산 대비 총자본 비율(s_0)을 지속적으로 조정해서 찾는다. 이렇게 측정한 총자산 대비 총자본 비율을 이용하면 기준경제의 연령별 소비와 자산, 노동공급 프로파일을 이용하여 새로운 인구구조하의 균형이자율과 임금, 총생산을 계산할 수 있다. 이를 바탕으로 기준경제의 프로파일을 이용하여 다시 세대별 생애순부담을 잔여소득 대비로 측정할 수 있다. 이와 같은 방식으로 측정한 세대별 생애순부담은 자료를 이용하여 세대 간 회계를 측정하는 방법(회계방식)과 유사하게 되는데, 이는 자료를 바탕으로 세대 간 회계를 측정할 때 최근 연령별 부담과 이전지출 프로파일에 인구구조 전망을 적용하여 계산하기 때문이다. 본 연구에서 제시하는 방법이 자료를 바탕으로 측정하는 세대 간 회계방법(회계방식)과 차이를 나타내는 부분은 적용되는 이자율이 임의적으로 설정된 것이 아니라 시장청산 조건을 만족하는 균형이자율을 재계산해서 적용했다는 점이다. 이와 같은 방식은 추후 자료를 이용하여 세대 간 회계를 측정하는 경우에도 이자율을 임의적으로 설정하는 대신 시장청산이 일어나는 이자율을 적용하는 방법으로 활용될 수 있다.

1. 소비세율 20% 인상

근로소득세에 비해 세원이 넓고 여타의 국가들보다 세율이 낮은 소비세율을 인상하는 방안을 고려한다. 소비세율 인상폭은 20%로 현재 일본이 추진하고 있는 소비세율 8%에서 10%로의 인상을 참고하여 설정하였다.

[표 9]와 [표 10]은 저출산·저성장 경제에서 소비세율이 2%p(9% → 11%) 상승한 경우 총량변수와 가격변수의 변화를 나타낸 것이다. GDP 대비 정부소비는 변화가 없기 때문에 소비세율 인상은 GDP 대비 세입에 영향을 주어 재정수지를 개선하는 효과를 가져온다. 먼저, GDP 대비 국가채무는 120.6%로 상승하면서 기준경제 대비 315%, 저출산·저성장 경제 대비 327.14%로 상환능력이 3배 이상 개선되는 것으로 나타난다. 소비세율 20% 인상으로 확보되는 세원의 크기가 매우 크다는 것을 의미한다. 재정수지 개선 정도 역시 기준경제 대비 393.35%, 저출산·저성장 경제 대비 384.79%로 나타나는데 GDP 대비 정부소비가 변화가 없기 때문에 GDP 대비 세입으로 나타난다. 추가적으로 우발적 유산의 크기도 큰 기여를 하고 있다.

다른 총량변수들을 살펴보면 GDP 대비 소비나 자산이 증가하는 것으로 나타나는 반면 GDP 대비 자본 비율은 하락하였다. 수준 측면에서 유효 단위로 표시된 총생산과 총소비, 총자본은 모두 감소한다. 그러나 총소비는 감소폭이 총생산보다 적기 때문에 GDP 대비로 소비가 증가하는 것으로 나타나는 반면, 총자본 감소 폭은 총생산보다 크기 때문에 GDP 대비 총자본은 감소하는 것으로 나타난다. 총자산은 수준 자체가 증가하기 때문에 GDP

[표 9] GDP 대비 변수: 소비세율 인상 경제

변수	기준경제	저출산·저성장 경제	소비세 인상	
			기준경제 대비	저출산·저성장경제 대비
C/Y	0.5821	101.65	103.60	101.92
K/Y	3.0000	104.83	99.90	95.30
D/Y	0.4000	96.30	315.05	327.14
A/Y	3.4000	103.83	125.21	120.60
TR/Y	0.1420	98.27	118.02	120.10
TC/Y	0.0570	101.65	124.32	122.30
TW/Y	0.0390	100.00	100.00	100.00
TK/Y	0.0460	92.60	125.50	135.53
BQ/Y	0.0270	110.06	130.96	118.99
TT/Y	0.1689	100.15	120.09	119.91
GC/Y	0.1574	100.00	100.00	100.00
PB/Y	0.0116	102.22	393.34	384.79

[표 10] 가격 변수: 소비세 인상 경제

변수	기준경제	저출산·저성장 경제	소비세 인상	
			기준경제 대비	저출산·저성장 경제 대비
r	0.0490	89.19	100.23	112.38
w	1.1683	102.51	99.95	97.50
$\tilde{p}$	0.1149	88.81	86.53	97.43

대비 총자산은 당연히 증가하는 것으로 나타난다. 소비세율의 증가는 소비 1단위당 가격을 상승시키기 때문에 전체적인 소비량이 감소하게 된다. 또한 미래 소비를 감소시키기 때문에 이에 대비하기 위해서 저축을 증가시키면서 자산축적이 증가한다. 그러나 축적된 자산은 국가채권으로 소비되면서 생산자본량은 감소하고 저출산·저성장 경제보다 이자율을 상승시키고 임금수준은 하락시키는 결과를 초래한다. 이와 같은 가격변화는 소비세율 인상과 더불어 경제주체들의 행동변화를 초래한다.

[그림 7] 연령별 소비, 자산, 저축, 노동공급: 소득세율 인상

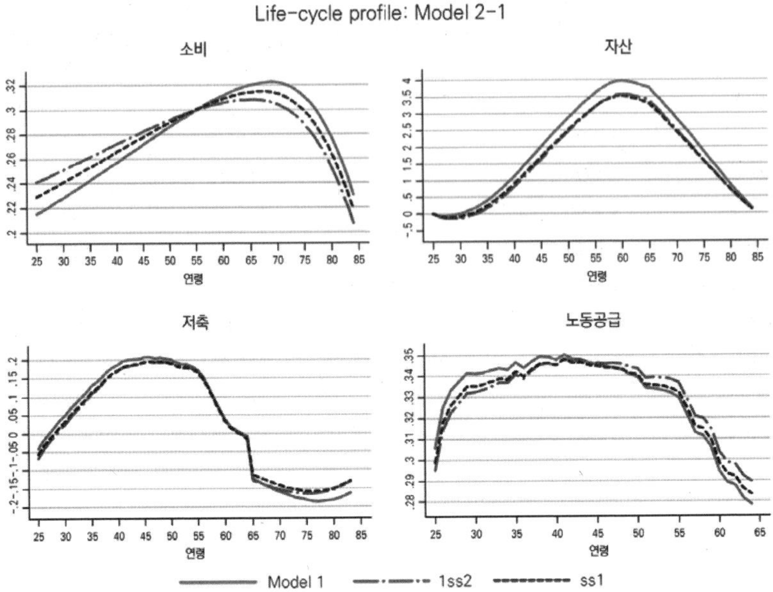

[그림 7]은 소비세인상 경제, 기준경제, 저출산·저성장 경제에서 연령별 소비, 자산, 저축, 노동공급을 비교한 것이다. 먼저, 연령별 소비패턴을 살펴보면 소비세인상 경제에서는 은퇴 이전 연령층의 소비가 대폭 감소하고 저축은 증가하는 것으로 나타난다. 소비세율 인상 효과는 모든 연령층에 영향을 주기 때문에 연령별 소비패턴 자체에 영향을 주는 데는 한계가 있다. 앞서 살펴본 것처럼 이자율이 상승하는데 이는 현재 소비를 미래 소비로 대체하면서 젊은층의 소비수준은 하락하고 고령층의 소비수준은 증가하는 패턴으로 나타난다. 뿐만 아니라 젊은층은 소비세율 인상에도 불구하고 미래 소비를 유지하기 위해서 저축도 증가해야 된다. 젊은층의 노동공급은 저출산·저성장 경제는 물론 기준경제보다 증가시키는 것으로 나타난다. 임금 하락으로 인한 근로소득 감소를 보전하기 위해서 자산 축적이 충분하지 않

은 젊은층이 노동공급을 증가시키는 것으로 나타난다.

[그림 7]은 소비세 인상 경제, 기준경제, 저출산·저성장 경제에서 연령별 소비, 자산, 저축, 노동공급을 비교한 것이다. 먼저, 연령별 소비패턴을 살펴보면 소비세 인상 경제에서는 은퇴 이전 연령층의 소비가 대폭 감소하고 저축은 증가하는 것으로 나타난다. 소비세율 인상 효과는 모든 연령층에 영향을 주기 때문에 연령별 소비 패턴 자체에 영향을 주는 데는 한계가 있다. 앞서 살펴본 것처럼 이자율이 상승하는데 이는 현재 소비를 미래 소비로 대체하면서 젊은층의 소비수준은 하락하고 고령층의 소비수준은 증가하는 패턴으로 나타난다. 뿐만 아니라 젊은층은 소비세율 인상에도 불구하고 미래 소비를 유지하기 위해서 저축도 증가해야 된다. 젊은층의 노동공급은 저출산·저성장 경제는 물론 기준경제보다 증가시키는 것으로 나타난다. 임금하락으로 인한 근로소득 감소를 보전하기 위해서 자산축적이 충분하지 않은 젊은층이 노동공급을 증가시키는 것으로 나타난다.

세대별 잔여소득 대비 생애순부담은 [그림 8]에 나타나 있다. 왼쪽 패널은 수준을 나타내고 오른쪽 패널은 기준경제와의 격차를 나타낸다. 소비세율을 인상하면 모든 세대에 걸쳐 생애순부담이 크게 증가하는 것으로 나타난다. 기준경제와의 격차도 모든 세대에서 크게 나타날 뿐만 아니라 연령이 높아질수록 부담이 증가하는 속도가 매우 가파르게 증가하는 것으로 나타나고 있다. 1차적으로는 연령이 높아질수록 소비수준이 높기 때문에 소비세 부담이 커지면서 나타나는 현상이다. 추가적으로 임금수준이 하락하면서 연금급여가 하락하기 때문에 고령층이 받게 되는 이전지출이 크게 줄어들어 고령층의 부담을 더욱 증가시키는 것으로 나타난다. 소비세율 인상 정도에 따라 세대별 생애순부담의 크기는 달라질 수 있으나 현재 일본에서 소비세율을 2%p 증가시키는 것이 세대별 부담을 상당히 증가시키기 때문에

[그림 8] 세대별 잔여소득 대비 생애순부담: 소득세율 인상

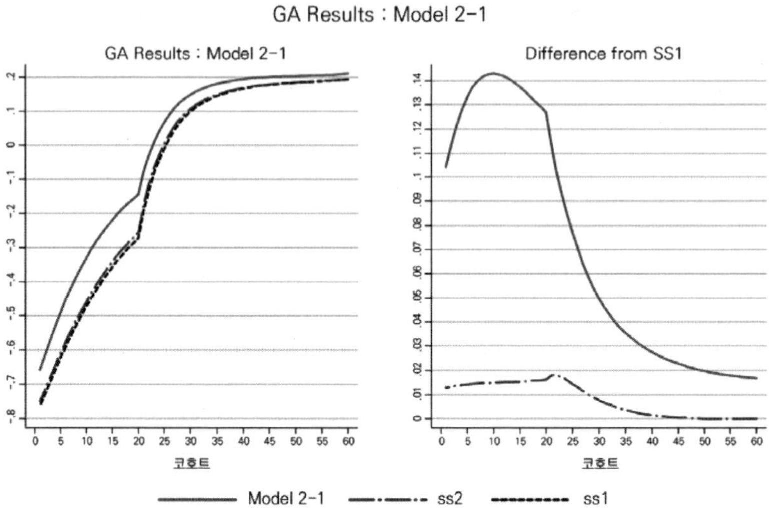

이와 같은 정책실행은 쉽지 않을 것이라는 것을 어느 정도 파악할 수 있다.[21]

그러나 소비세 인상 경제에 세대 간 회계방식을 적용한 결과를 살펴보면 중첩세대모형에서 계산되는 결과와는 상당한 차이가 나는 것을 볼 수 있다. [그림 9]는 기준경제의 연령별 프로파일에 소비세율 인상을 적용하여 세대별 생애순부담을 측정한 것을 중첩세대모형의 결과와 비교한 것이다. 잔여소득 대비 생애순부담 수준으로 측정한 오른쪽 결과를 보면 세대 간 회계방식에 의한 세대별 생애순부담이 중첩세대모형에서 계산된 생애순부담보다 낮게 형성되는 것을 확인할 수 있다. 특히 젊은층의 생애순부담은 저출산·저성장 경제보다 낮은 것으로 나타나고 55세 이상부터 생애순부담이 증가

21 물론 소비세율 인상에 따른 후생수준 변화를 직접 비교하고 있지 않기 때문에 소비세 인상 가능성이나 인상 효과에 대해서 정확한 판단을 내리는 것에는 무리가 있다. 실제로 도입 효과를 분석하려면 총량변수들의 변화뿐만 아니라 세대별 후생수준 변화와 생애순부담의 변화를 모두 고려해야 된다. 그러나 총소비가 감소한 상황에서 모든 세대의 생애순부담이 증가하는 것으로 나타나고 있기 때문에 간접적으로 소비세율 2%p 인상을 도입하는 것이 상당한 반대에 부딪힐 가능성이 존재한다는 것을 추론할 수 있다.

하는 것으로 나타난다. 따라서 회계방식에 의한 결과에 따르면 소비세율 인상은 상환능력을 개선시키는 동시에 세대별 생애순부담을 젊은층에서 고령층으로 이동시키면서 경제 전체의 순부담에 큰 변화를 가져오지 않는 것으로 이해될 수 있다. 그러나 회계방식으로 측정된 생애순부담은 정책변화와 가격변화에 따른 개별 경제주체들의 행동변화를 반영하지 못하면서 젊은 세대와 고령 세대의 생애순부담을 과소측정할 뿐만 아니라 젊은 세대의 생애순부담이 감소하는 것으로 잘못 측정되는 문제점을 노정하고 있다.

그러나 소비세인상 경제에 세대 간 회계방식을 적용한 결과를 살펴보면 중첩세대모형에서 계산되는 결과와는 상당한 차이가 나는 것을 볼 수 있다. [그림 9]는 기준경제의 연령별 프로파일에 소비세율 인상을 적용하여 세대별 생애순부담을 측정한 것을 중첩세대모형의 결과와 비교한 것이다. 잔여소득 대비 생애순부담 수준으로 측정한 오른쪽 결과를 보면 세대 간 회계방식에 의한 세대별 생애순부담이 중첩세대모형에서 계산된 생애순부담보다

[그림 9] 소비세율인상의 세대별 생애순부담: 중첩세대모형 vs. 세대 간 회계

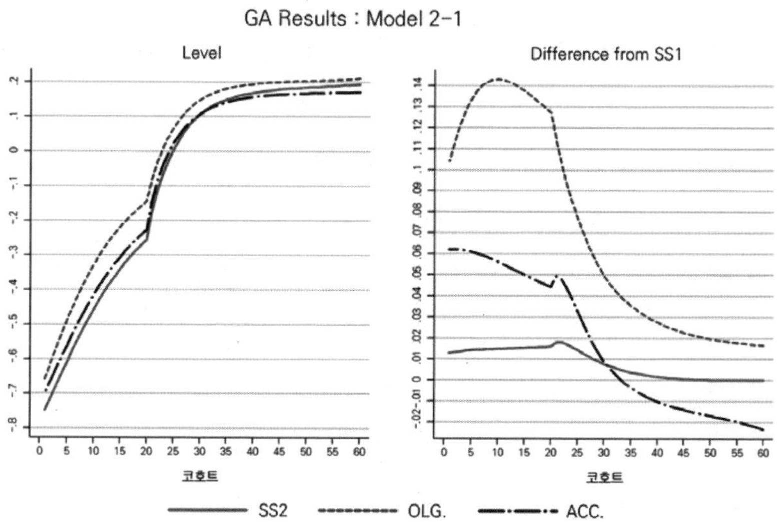

낮게 형성되는 것을 확인할 수 있다. 특히 젊은층의 생애순부담은 저출산·저성장 경제보다 낮은 것으로 나타나고 55세 이상부터 생애순부담이 증가하는 것으로 나타난다. 따라서 회계방식에 의한 결과에 따르면 소비세율 인상은 상환능력을 개선시키는 동시에 세대별 생애순부담을 젊은층에서 고령층으로 이동시키면서 경제 전체의 순부담에 큰 변화를 가져오지 않는 것으로 이해될 수 있다. 그러나 회계방식으로 측정된 생애순부담은 정책변화와 가격변화에 따른 개별 경제주체들의 행동변화를 반영하지 못하면서 젊은 세대와 고령 세대의 생애순부담을 과소 측정할 뿐만 아니라 젊은 세대의 생애순부담이 감소하는 것으로 잘못 측정되는 문제점을 노정하고 있다.

2. 소비세율 20% 인상 효과를 근로소득세율 감소로 대체

소비세율 20% 인상은 상환능력을 3배 이상 개선하는 효과를 가져오는 반면 모든 세대의 생애순부담을 증가시키는 것으로 나타난다. 큰 폭으로 상승하는 상환능력의 일부를 근로소득세율 인하로 경제주체들에게 돌려주는 경우의 효과를 분석하기 위해서 소비세율을 20% 인상하면서 GDP 대비 세입이 기준경제와 동일하게 되도록 근로소득세율을 인하하는 정책을 고려한다. 소비세율 인상을 반영한 조세 중립적인 근로소득세율은 4.78%로 기준경제 6.54%보다 27% 정도 하락한 수준으로 계산된다.

[표 11]과 [표 12]는 총량변수와 가격변수의 변화를 나타낸다. 우선, GDP 대비 국가채무는 기준경제보다 23.2%, 저출산·저성장 경제보다는 27.9% 향상된 49.26%로 나타난다. 상환능력의 개선은 재정수지가 저출산·저성장 경제 대비 28.3% 정도 개선되면서 나타난다. 재정수지의 개선은 GDP 대비 세입이 1.76% 정도 증가하는 것에 기인하는데, 대부분은 GDP 대

[표 11] GDP 대비 총량 변수: 소비세율 인상, 근로소득세율 감소 경제

	기준경제	저출산·저성장 경제	소비세 인상, 근로소득세 감소	
			기준경제 대비	저출산·저성장 경제 대비
C/Y	0.5821	101.65	101.68	100.03
K/Y	3.0000	104.83	104.73	99.90
D/Y	0.4000	96.30	123.16	127.89
A/Y	3.4000	103.83	106.90	102.96
TR/Y	0.1420	98.27	100.00	101.76
TC/Y	0.0570	101.65	122.02	120.03
TW/Y	0.0390	100.00	73.04	73.04
TK/Y	0.0460	92.60	95.57	103.20
BQ/Y	0.0270	110.06	113.36	103.00
TT/Y	0.1689	100.15	102.13	101.98
GC/Y	0.1574	100.00	100.00	100.00
PB/Y	0.0116	102.22	131.17	128.32

[표 12] 가격 변수: 소비세 인상, 근로소득세 감소 경제

변수	기준경제	저출산·저성장 경제	소비세 인상, 근로소득세 감소	
			기준경제 대비	저출산·저성장 경제 대비
r	0.0490	89.19	89.40	100.24
w	1.1683	102.51	102.46	99.95
$\tilde{p}$	0.1149	88.81	88.81	100.00

비 소비세가 120% 정도 증가하면서 나타난다. GDP 대비 소비세의 증가는 소비세 인상 경제의 22%와 유사한 수준이다. 반면 근로소득세율이 27% 정도 인하되면서 GDP 대비 근로소득세는 저출산·저성장 경제 대비 73% 수준으로 하락하였다. 추가적으로 GDP 대비 자본소득세도 저출산·저성장 경제보다 3.2% 정도만 증가하는데 이는 소비세 인상 경제에서 나타난 35.5%

와 비교하여 상당히 낮은 수준의 변화이다. 우발적 유산의 변화도 3% 수준으로 소비세 인상 경제보다 상당히 낮은 수준으로 나타난다. 이와 같은 변화는 총소비와 총자산, 총자본의 변화가 크지 않기 때문에 발생한다. GDP 대비 총소비수준은 저출산·저성장 경제와 큰 차이가 없다. 동시에 GDP 대비 총자산 역시 2.96%만 변화하는 등 큰 변화를 보이지 않으면서 GDP 대비 총자본도 소비세 인상 경제보다 매우 적게 감소한다. 총자산이 거의 변화하지 않으면서 이자율과 임금수준도 저출산·저성장 경제와 유사한 수준을 유지하면서 가격효과로 인한 경제주체의 행동변화도 크지 않은 것으로 나타난다.

[그림 10]은 소비세 인상, 근로소득세 감소 경제에서 계산된 연령별 소비와 저축, 노동공급 패턴을 나타낸다. 단순한 소비세 인상 경제와 비교하여 가장 두드러진 특징은 모든 연령별 프로파일이 저출산·저성장 경제의 프로파일과 매우 유사하게 나타난다는 것이다. 소비세율 인상으로 나타난 효과가 근로소득세율 감소로 인해 상쇄되면서 소비와 노동공급 패턴의 변화가 적게 나타난다. 소비세인하 경제에서는 젊은층의 소비가 기준경제보다도 낮아지는 것으로 나타나고 노동공급은 높아졌으나, 근로소득세 감소가 함께 도입되는 경제에서는 이러한 현상이 나타나지 않는다. 소비세율만 인상하면 자산 축적은 증가하나 자본량이 하락하면서 이자율은 상승하고 임금수준은 하락하여 소비를 늦추고 노동공급을 초반에 증가시키는 모습이 나타났다. 소비세율은 여전히 인상되지만 근로소득세율을 낮추면서 가처분소득이 증가하여 소비세 인하 경제보다 자산축적의 필요성이 낮으며, 동시에 국가채무 수준도 낮게 유지되면서 자본변화가 적어지게 된다. 그 결과 이자율이나 임금 변화가 저출산·저성장 경제와 비교하여 크게 변하지 않으면서 소비와 저축, 노동공급 패턴이 유사하게 나타나고 있다.

[그림 10] 연령별 소비, 자산, 저축, 노동공급: 소비세 인상, 근로소득세 감소

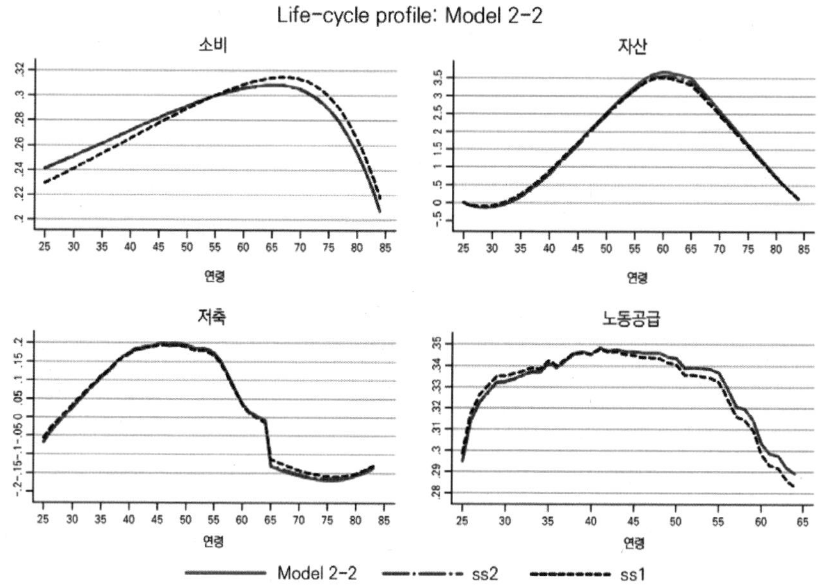

[그림 10]은 소비세 인상, 근로소득세 감소 경제에서 계산된 연령별 소비와 저축, 노동공급 패턴을 나타낸다. 단순한 소비세인상 경제와 비교하여 가장 두드러진 특징은 모든 연령별 프로파일이 저출산·저성장 경제의 프로파일과 매우 유사하게 나타난다는 것이다. 소비세율 인상으로 나타난 효과가 근로소득세율 감소로 인해 상쇄되면서 소비와 노동공급 패턴의 변화가 적게 나타난다. 소비세인하 경제에서는 젊은층의 소비가 기준경제보다도 낮아지는 것으로 나타나고 노동공급은 높아졌으나, 근로소득세 감소가 함께 도입되는 경제에서는 이러한 현상이 나타나지 않는다. 소비세율만 인상하면 자산축적은 증가하나 자본량이 하락하면서 이자율은 상승하고 임금수준은 하락하여 소비를 늦추고 노동공급을 초반에 증가시키는 모습이 나타났다. 소비세율은 여전히 인상되지만 근로소득세율을 낮추면서 가처분

소득이 증가하여 소비세 인하 경제보다 자산축적의 필요성이 낮으며, 동시에 국가채무 수준도 낮게 유지되면서 자본변화가 적어지게 된다. 그 결과 이자율이나 임금변화가 저출산·저성장 경제와 비교하여 크게 변하지 않으면서 소비와 저축, 노동공급 패턴이 유사하게 나타나고 있다.

[그림 11]은 세대별 생애순부담을 나타낸다. 왼쪽 패널에 세대별 잔여소득 대비 생애순부담 수준을 살펴보면 소비세 인상 경제와 달리 고령층의 부담만 증가하는 것을 볼 수 있는데, 근로소득세 감소가 추가될 경우 생애순부담이 저출산·저성장 경제보다 높아지는 시점이 38세를 전후하여 나타나고 있다. 그러나 38세 이후 생애순부담은 급격히 증가하여 은퇴 시점 이후에는 저출산·저성장 경제와 큰 폭으로 차이가 벌어지고 있다. 소비세 인상-근로소득세 감소 경제와 저출산·저성장 경제의 생애순부담 변화를 보다 명확하게 살펴보기 위해 기준경제와의 격차를 측정한 왼쪽 패널을 살펴보자.

[그림 11] 세대별 잔여소득 대비 생애순부담: 소비세 인상, 근로소득세 감소

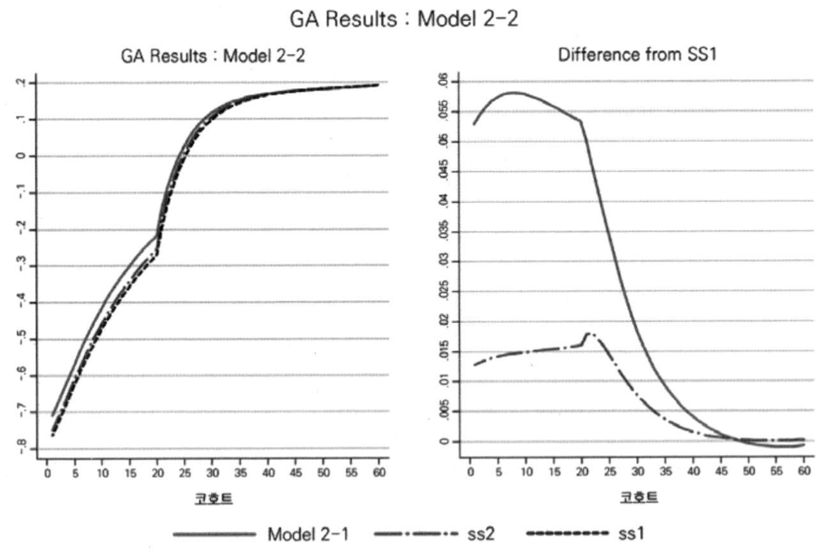

먼저, 수준 측면에서 살펴보면 고령층도 생애순부담이 기준경제보다 6%p를 넘어서지 않기 때문에 소비세 인상 경제에 비해 생애순부담 증가가 적게 나타난다.

연령에 따른 순부담 변화는 소비세 인상 경제와 더욱 다르게 나타난다. 소비세율 증가는 모든 연령층에 적용되기 때문에 생애순부담은 증가하나 근로소득세율 감소로 인해 젊은층의 생애순부담은 저출산·저성장 경제보다도 낮아지는 결과가 나타난다. 뿐만 아니라 생애순부담이 음(-)으로 되면서 젊은층은 생애순이익을 받는 것으로 나타나고 있다. 이와 같은 현상은 38세를 지나면서 순부담이 증가하는 형태로 나타나며 은퇴 이후에도 지속적으로 증가하다가 감소하는 형태로 나타난다. GDP 대비 국가채무 비율이 50% 수준으로 증가하면서 상환능력이 기준경제나 저출산·저성장 경제보다 개선되는데, 상환능력 개선을 위한 순부담은 대부분 고령층을 통해서 조달되는 것으로 나타난다. 소비세인상 경제에서는 모든 세대에 걸쳐 부담이 증가하는 것과는 달리 근로소득세율 인하로 인해 노동공급을 하는 연령에서는 생애순부담 증가가 적고 노동시장에 진입한 지 얼마 되지 않은 인구는 생애순이익을 받는 것으로 나타난다.

[그림 12]는 소비세 인상-근로소득세 감소 경제에서 세대 간 회계방식과 중첩세대모형에 의해 측정한 생애순부담을 비교한다. 세대 간 회계 방식으로 측정된 생애순부담은 60세 이전까지는 저출산·저성장 경제보다 낮게 나타나지만 60세 이후에는 높게 나타난다. 50세 이전까지는 소비세율 인상보다는 근로소득세율 감소로 인한 순부담 감소효과가 크게 나타나는 반면 50세 이후에는 소비세 인상률의 효과가 크게 나타나면서 순부담이 증가하는 것으로 나타난다. 중첩세대모형에서 측정된 생애순부담의 결과와 비교하면 은퇴 시점 전까지는 세대간 회계로 측정한 생애순부담이 현저히 낮게

[그림 12] 소비세인상, 근로소득세 감소의 세대별 생애순부담: 중첩세대모형 vs. 세대 간 회계

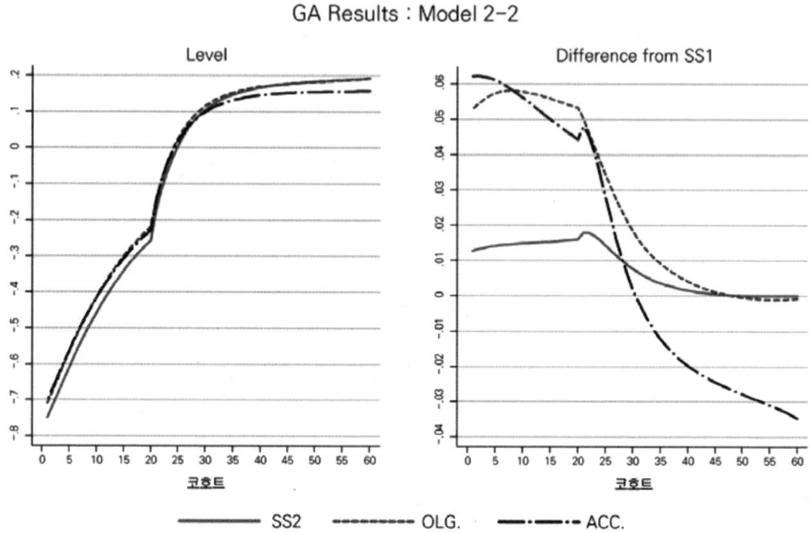

나타나고 은퇴 시점 이후에는 중첩세대모형으로 측정한 결과와 유사하게 나타난다. 세대 간 회계에서는 근로소득세율 인하와 같은 정책변화와 일반균형 효과로 나타나는 임금수준 하락에 따른 연령별 노동공급 패턴을 반영하지 못하면서 근로소득세율 인하가 고스란히 은퇴 이전 경제주체들의 근로소득세 부담 경감으로 이어져 생애순부담이 기준경제보다 현저하게 감소하는 것으로 나타난다. 세대 간 회계로 측정된 생애순부담 결과에 따르면 소비세율 인상을 근로소득세율 인하로 대체하면서 은퇴 이전 가구에는 생애순부담이 대폭 감소하는 반면 상환능력 증가에 따른 부담의 대부분을 은퇴 이후 가구가 부담하는 것으로 나타난다. 그러나 O중첩세대모형으로 측정한 결과에 따르면 순이익은 35세 이하인 주체에서만 매우 적게 발생하고 이후에는 모든 세대에서 기준경제보다 높은 생애순부담을 지불하는 것으로 나타나고, 40세 이후에는 저출산·저성장 경제보다도 생애순부담이 증가

하는 것으로 나타난다. 이처럼 정책변화와 일반균형 효과가 모두 존재하는 경제에서는 회계방법으로 측정된 생애순부담은 구조 모형으로 측정된 실제 생애순부담과 큰 차이를 나타나게 된다.

VI. 결론

기준경제에서 저출산·저성장 경제로 전환되면서 GDP 대비 국가채무 비율이 하락하여 정부의 상환능력이 떨어지는 것으로 나타난다. 상환능력을 높이려면 재정수지를 개선하는 것이 필요한데 이를 위해서 본 연구에서는 세원의 범위는 넓으나 여타의 OECD 국가에 비해 세율이 낮은 소비세율을 인상하는 방안을 고려한다. 소비세율 인상 정책과 관련해서는 소비세율 인상을 근로소득세율 인하로 대체하는 정책까지 추가적으로 분석하였다. 정책 모의실험에서 먼저 정책을 도입하면서 중첩세대모형을 다시 계산하여 경제주체들의 변화된 최적 소비와 저축, 노동공급을 측정하고 세대별 생애순부담을 측정한다. 여기에 기준경제의 최적 의사결정 결과를 토대로 회계방식으로 측정된 생애순부담을 비교하여 정책과 가격변화로 인한 경제주체들의 행동변화가 세대별 생애순부담에 미치는 효과의 크기를 측정하여 비교한다.

소비세율을 인상하면 상환능력이 가장 크게 증가하는 것으로 나타났다. 동시에 세대별 생애순부담 역시 가장 큰 폭으로 증가하는 것으로 나타나면서 생애순부담 측면에서는 소비세율 인상정책을 도입하는 것이 비용을 초래하는 것으로 계산되었다. 소비세율 인상을 근로소득세율 인하로 대체해도 생애순부담의 증가는 여전히 존재하는 것으로 나타났다.

정책변화와 일반균형 효과에 따른 가격 변화가 경제주체들의 행동변화에 미치는 효과가 얼마나 크게 나타나는지를 분석하기 위해 세대 간 회계에서 사용하는 회계방식을 적용하여 측정한 세대별 생애순부담과 일반균형 중첩세대 모형을 직접 풀어서 계산한 세대별 생애순부담을 비교한 결과, 회계방식으로 측정했을 때 젊은 세대의 순부담 변화는 과소 측정하고 고령 세대의 순부담 변화는 과대 측정하는 것으로 나타났다. 그러나 정책과 가격변화에 따른 행동변화를 고려한 모형을 바탕으로 측정한 생애순부담에서는 젊은 세대의 생애순부담이 기준경제와 거의 변화가 없거나 증가하는 것으로 나타나면서 해당 정책이 젊은 세대의 부담을 감소시키지 않는 것으로 나타나고 있다. 중첩세대모형을 통해서 측정한 생애순부담이 세대별 행동의 변화를 감안하여 측정한 실제 순부담이기 때문에 회계방식으로 측정한 생애순부담은 정책변화의 효과를 측정하는 데 오류를 내포할 수 있음을 의미하며, 정책변화로 인한 행동변화를 고려하는 것이 생애순부담을 측정하는 데 매우 중요한 역할을 한다는 것을 확인할 수 있다. 그러나 본 연구에서의 모형이 현실 경제를 완전히 대표하도록 설정되어 있지 않기 때문에 본 연구의 결과를 바탕으로 정책의 효과성을 판단하는 데 주의가 필요하다.

참고문헌

고용노동부. 〈고용형태별 근로실태조사〉. 각 연도.

국세청. 《국세통계연보》. 각 연도.

권규호. 《한국의 인구구조변화와 장기 성장 전망: 일반균형론적 접근》. 한국개발연구원, 2015.

기획재정부. 《2060년 장기재정전망》. 재정전략협의회 회의자료, 2015. 12. 4.

김선빈·장용성. 〈조세·재정정책이 노동시장에 미치는 영향: 동태적 일반균형 분석〉. 《한국개발연구》 제30권 제2호. 한국개발연구원, 2008.

이병희. 〈노동소득분배율 측정 쟁점과 추이〉. 《월간 노동리뷰》 2015년 1월호. 한국노동연구원, 2015.

조동철 편. 《우리 경제의 역동성: 일본과의 비교를 중심으로》. 한국개발연구원.

조태형·이병창·도경탁. 〈자산별 내용연수의 추정에 관한 연구〉. 《국민경제리뷰》 2012년 제1호, 통권 제5호. 한국은행, 2012.

한종석·최승문. 《중장기 거시재정모형을 이용한 재정지속가능성 평가》. 한국조세재정연구원, 2015.

홍재화·강태수. 〈인구고령화와 정년연장 연구(세대 간 중첩모형(OLG)을 이용한 정량 분석)〉. 《BOK 경제연구》 2015-10.

Aiyagari, S. Rao. 1994. "Uninsured Idiosyncratic Risk and Aggregate Saving." *The Quarterly Journal of Economics* vol. 109(3). Oxford University Press: 659-684.

Aiyagari, S. Rao, and Ellen R. McGrattan. 2009. "The Optimum Quantity of Debt." *Journal of Monetary Economics* 42. 447-469.

Altig, D., L.J. Kotlikoff, K. Smetters, and J. Walliser. 2001. "Simulating Fundamental Tax Reform in the United States," *American Economic Review*.574-595.

Auerbach, A. J. and Kotlikoff, L. J. 1987. *Dynamic Fiscal Policy*. Cambridge University Press.

Auerbach, A.J., J. Gokhale and L.J. Kotilikoff. 1991. "Generational accounts: A meaningful alternative to deficit accounting." *Tax policy and the economy* vol. 5, ed D. bradford. Cambridge, Mass.: MIT Press. 55-110.

Brueckner, Markus. 2016. "Effects of Econoimc Growth and Central Governments' Debt-to-GDp ratios and GDP shares of private consumption." Working Paper. Australian National University.

Conesa, Juan Carlos and Garriga, Carlos. "Intergenerational policy and the measurement of tax incidence." Working Papers 2013-016, Federal Reserve Bank of St. Louis, revised 16 Oct 2015.

Song, Zheng, Kjetil Storesletten, Yikai Wang and Fabrizio Zilibotti. 2015. "Sharing High Growth across Generation: Pension and Demographic Transition in China." *American Economic Journal: Macroeconomics, American Economic Association* Vol. 7(2): 1-39.

2부

제3장

저출산·고령화 사회의 주요 현안과 정책 과제*

최은영

I. 서론

인구구조의 고령화는 선진국에 국한된 현상이었으나 한국의 경우 산업화의 속도가 빨랐던 만큼 고령화의 속도 또한 유례 없이 빠르게 진행되고 있다. 현재 한국의 출산율은 전세계에서 가장 낮은 수준이고, 소득수준이 비슷한 국가들 중에서도 출산율이 가장 낮다. 또한 지난 50년 간 기대수명 역시 가파르게 증가하여 2012년에는 81.4세로 주요 선진국들과 차이가 거의 없다.[1] 이와 같이 한국은 세계 최저 수준의 출산율과 빠른 고령화 진행으로 부양능력이 약화될 것이며, 이는 경제 전반에 부정적 파급효과로 나타날 가능성이 있다. 경제활동인구의 감소, 잠재성장률의 하락, 복지지출의 증가 등을 수반할 수 있으며, 고령자 생계형 노동시장참여, 비자발적 은퇴로 인

* 본 논문은 2014년도 정부(교육부)의 재원으로 한국연구재단의 지원을 받아 수행된 연구임(NRF-2014S1A3A22044238).

1 2010년 한국의 1인당 GDP는 22,151달러이고, 합계출산율은 1.2명으로 소득수준이 비슷한 포르투갈(1.4명)이나 슬로베니아(1.6명)에 비해 합계출산율이 낮은 수준임. 또한, 일본, 독일, 프랑스, 미국 등 주요 선진국의 출생 시 기대수명은 1960년에는 약 70세 수준에서 지속적으로 증가하여 2012년에는 약 79-83세의 수준을 기록한 반면, 한국의 경우 동일한 기간 동안 53.0세에서 2012년의 81.4세로 급격하게 증가하였음(김정호, 2015).

한 노후소득 감소 등 사회경제 전체적인 문제로 대두될 수 있다.

본 연구는 한국보다 먼저 저출산·고령화를 경험한 OECD 국가들에서 나타나고 있는 변화들을 검토한 후, 한국의 저출산·고령화 현상을 노동시장과 삶의 만족을 중심으로 살펴본다. 구체적으로 1980~2014년 OECD 자료를 이용하여 합계출산율, 여성노동력인구와 출산율의 관계, 65세 이상 노인인구 변화 추이, 65세 이상 부양비를 OECD 주요 국가들을 대상으로 조사하고자 한다. 그리고 한국의 저출산·고령화와 노동시장 그리고 삶의 만족에 대한 국·내외 문헌들을 조사하여 저출산·고령화 문제에 직면해 있는 한국경제의 노동시장 및 복지에 중점을 두어 논의한다. 마지막으로 한국정부의 저출산·고령화 정책추진 방향에 대해 정리한다.

II. OECD 주요 국가 저출산·고령화 지표 변화 추이

OECD 주요 국가들을 대상으로 저출산·고령화 관련지표들의 변화를 조사하였다. 대표적인 지표로 합계출산율, 여성노동력인구와 출산율의 상관관계, 65세 이상 노인인구 변화 추이, 65세 이상 고령화지수로 부양비 추이를 살펴본다.

OECD 주요 국가들의 합계출산율은 대체적으로 하락하는 경향을 보이고 있으나, 1990년부터 2007년까지 합계출산율이 지속적으로 높게 유지되는 국가는 미국이며 영국은 미국보다는 낮지만 비교적 안정된 출산율을 유지하는 상태이다. 프랑스는 출산율이 하락하다가 2000년대 이후 다시 상승하고 있다. 한국은 동 기간 동안 출산율이 가장 급격히 하락한 국가이며, 2005년 이후 약간의 반등을 보인다. 일본 역시 출산율이 하락하는 국가이

[그림 1] 합계출산율 1980~2014

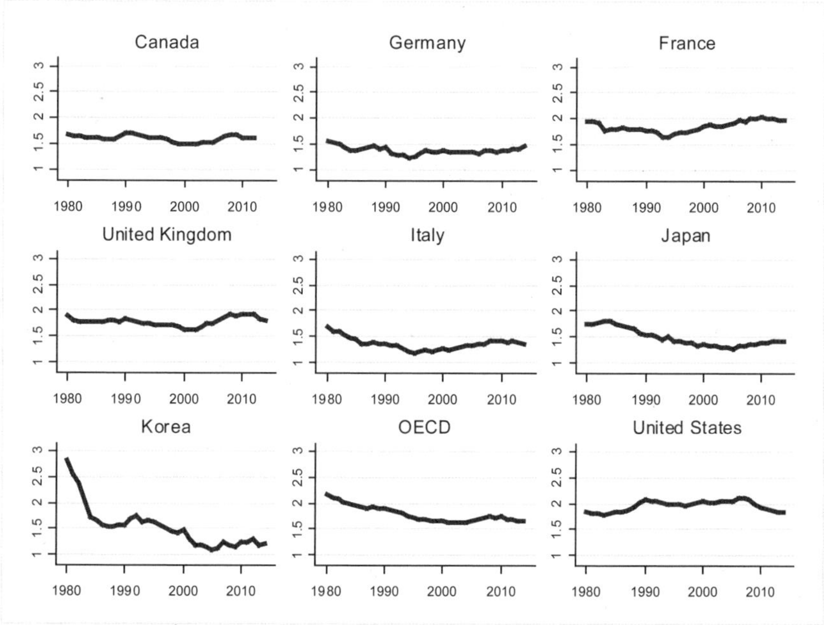

자료: OECD Demographic Fertility rates 1980-2014

며 남유럽 국가군도 출산율이 낮긴 하지만 2000년대 이후 약간 상승하여 현재까지 유지되는 경향을 나타낸다.(그림 1 참조)

여성의 경제활동과 출산율 간의 상관성에 관한 학문적 논의는 국·내외에서 활발하게 진행 중에 있다. 최근 해외에서는 여성의 경제활동참가율이 높으면 출산율 또한 높다는 연구가 있으나, 아직 국내에서는 자녀의 출산 및 양육이 여성의 경제활동에 제약적 요인으로 작용한다는 인식에 변화가 없다. [그림 2]는 OECD 주요 국가들에서 여성노동력인구와 출산율에 관한 상관관계를 그래프로 보여주고 있다. 남유럽국가 이탈리아는 낮은 출산율과 낮은 여성노동력인구의 일관된 특징을 보이며, 프랑스, 영국, 미국은 일정수준의 출산율을 유지하면서 높은 여성 노동력 활용을 보이고 있다. 한국

[그림 2] 여성노동력인구와 출산율, 1980~2014

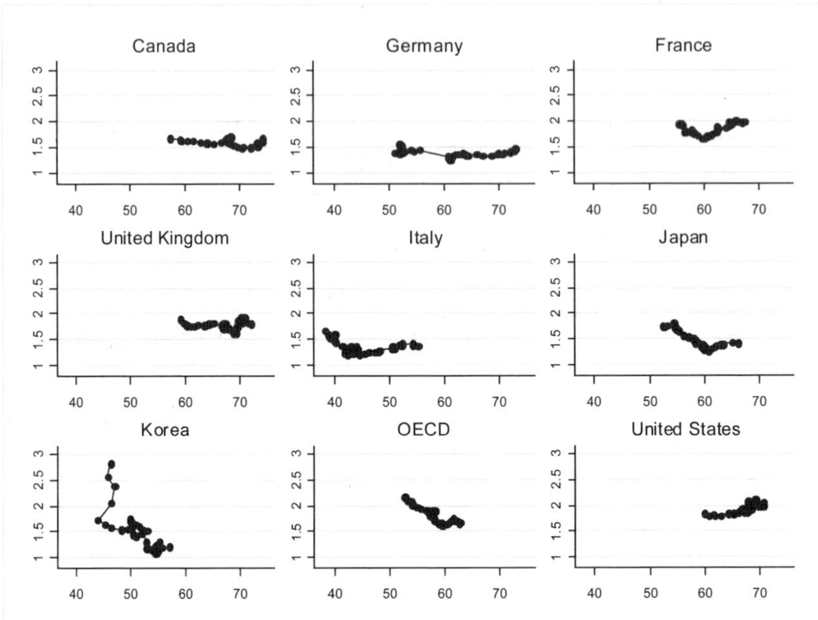

자료: OECD labour force statistics_

은 이 두 유형 사이에 위치한 독자적인 유형을 보이다가 2000년 이후 급격한 출산율 저하가 두드러지고 있다. 한국은 과거 남유럽에 비해 낮은 복지수준에도 불구하고 높은 출산율을 보인 아시아적 특수성이 존재했다고 볼 수 있으나, 급격한 사회의 변화 및 가치관의 변화 등으로 인하여 일정 시기가 지나면서 출산율이 급격히 저하되고 있다. 종합적으로 OECD 국가들에서 여성노동력인구와 출산율은 부(-)의 상관관계로 나타난다.

[그림 3]은 OECD 주요 국가들과 EU28의 65세 이상 노인인구를 보여준다. 유럽 국가들의 고령화는 상승세를 보이고 있으며, 영국은 1980년대 이후부터 2014년 지금까지 15% 내외로 일정하게 유지되고 있다. 이는 낮은 출산율이 이러한 인구의 고령화를 이끄는 요인이라 보여진다. 일본은 1980

[그림 3] 65세 이상 노인인구 변화 추이(ratio) 1980-2014

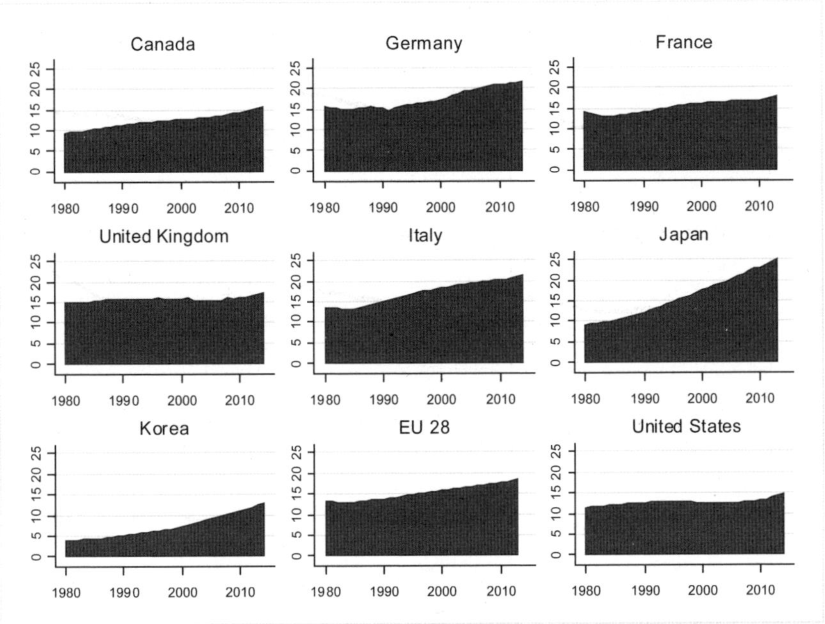

자료: OECD Demographic Population 1980-2014

년대 10% 미만에서 급격히 증가하여 2014년에는 25%로 인구의 1/4이 65세 이상 인구 비율을 나타내고 있다. 한국의 경우도 일본과 유사한 속도로 고령화가 진행 중에 있으며, 1980년대 5% 미만에서 2014년에는 14%로 3배 가까이 증가하고 있다. 앞으로도 이러한 추세는 계속 진행될 것으로 예상된다.

[그림 4]는 65세 이상의 부양비로 고령화 수준을 측정할 수 있는 지표이다. 정도의 차이가 있으나 OECD 주요 국가에서 모두 상승하고 있다. 한국의 경우, 1990년대에는 OECD 다른 국가에 비해 고령화 수준이 매우 낮았으나 급격히 상승하고 있다. 일본은 고령화가 매우 빠르게 진행되며 고령화 수준도 OECD 국가 중 가장 높다. 다음으로 독일, 이탈리아의 순이다. 미국

[그림 4] 부양비 Old (+65) Dependency Ratio (15-64)

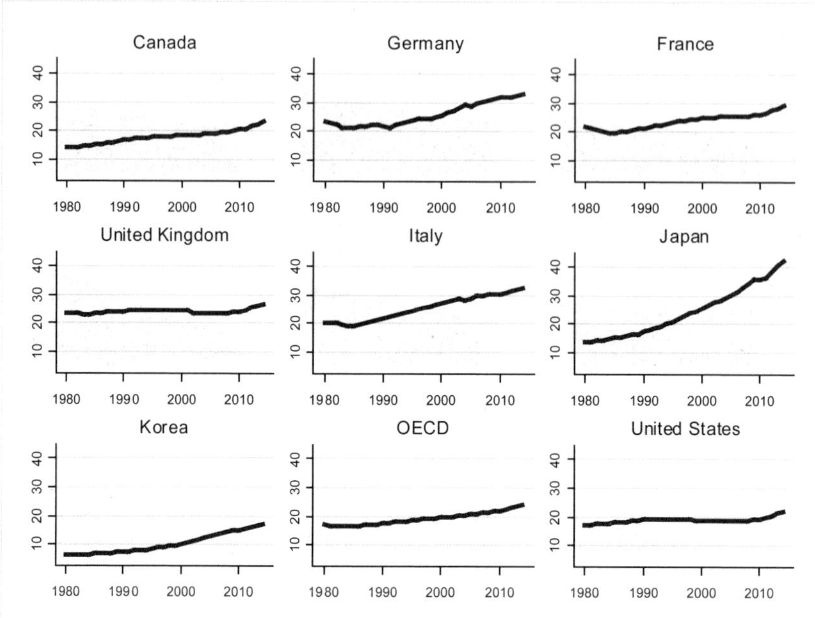

주: 부양비는 생산연령인구(15-64세)에 대한 비생산연령인구(65세 이상)의 비율로 노년부양비를 나타낸다.
자료: OECD, Labour Force Statistics 1980-2014에서 재구성

은 고령화 수준이 상대적으로 낮으며 거의 변화가 없이 일정하게 유지되고 있다.

III. 한국의 저출산·고령화와 노동시장 및 삶의 만족

2000년대 들어서서 우리나라가 겪고 있는 급격한 사회·경제적 구조변화들 중, 그 영향이 가장 심대하고 장기적일 것으로 예상되는 것은 인구구조의 변화이다. 먼저 인구구조의 변화 원인 중 가장 중요한 문제는 고령화이다. 2000년대 고령화사회에 진입한 이후 세계에서 가장 빠른 노령화 추세로 진

행되고 있으며, 초고령사회로의 진입 기간 또한 가장 짧을 것으로 예상되고 있다. 이러한 인구구조의 변화는 점차 낮아지는 출산율로 인해 상대적으로 기존 세대들이 고령화가 되어 감에 따라 사회 전체에 다양한 측면에서 충격과 변화를 줄 것으로 예측된다. 이러한 인구구조, 사회문화적 변화 등의 충격들은 소득재분배 방식에 의해 유지되는 사회안전망이라는 충격완화장치로서의 사회복지 메커니즘을 통해 사회구성원들을 심각한 충격으로부터 보호하고 변화된 상황을 수용하여 더 발전적으로 나아가는 동력이 될 수 있다. 그러므로 사회복지는 사회 각 부문의 구조적 왜곡과 결함을 흡수하고 융해시켜 더 나은 사회로의 변화와 발전을 가능케 하는 순기능을 수행함으로써 사회 전체의 진보와 지속가능성을 유지시켜 준다.

이런 맥락에서 본 연구는 한국의 저출산·고령화가 인구구조의 변화로 인한 충격과 세대 간 갈등을 적절한 소득분배에 의한 사회장치들을 통해 발전적으로 승화시켜 우리나라의 지속적인 삶의 질을 향상시키고, 나아가 경제성장의 토대를 마련하는 데 기여하고자 한다.

1. 인구고령화로 인한 노동시장

노동부문에서의 변화로서, 인구고령화에 의하여 노동시장과 관련된 각 부문에 미치는 영향들 즉, 노동시장에서의 구조 변화와 세대 간 갈등, 소득 분배의 갈등에 관한 것이다. 노령인구의 상당수가 소득수준이 낮으며 소득분포의 하위에 속한다. 노인세대 내에서도 20:80의 소득양극화를 보여주고 있을 뿐 아니라 경제성장률과 일자리 증가가 둔화되면서 소득불평등이 심화되었다. 최근에는 소득분포의 지니계수가 0.35 수준으로 높아졌고, 이는 노인세대의 빈곤화가 주된 요인이라고 보고되고 있다. 이런 결과들에 의해 노동시장에서 세대간의 일자리경쟁, 부모세대-자녀세대 간의 부양갈등 등이 새로운 사회적 변화로 대두되고 있다.

특히 노동시장의 유연화 조치는 조기퇴직과 비정규직의 증가를 수반하는 정책을 채택하는 과정에서 개별 노동자들은 정규-비정규직, 남성근로자-여성근로자, 숙련-비숙련이라는 노동시장의 분절화를 조성한다. 뿐만 아니라 퇴직시점 연령과 연금수급개시 연령 간의 격차로 인해 개인들은 조기에 소득단절을 경험하기도 한다. 결국 노령기에 이르러 빈곤인구의 증가현상을 피할 수 없게 되고, 이렇게 개별 경제주체들의 빈곤과 소비위축은 공급 측 기업들의 투자와 인력 감축을 유인하게 되고 다시 개별 경제주체들은 실업, 소득단절, 경력단절, 비숙련화의 전철 속에서 저임금, 저소득의 구조적 악순환에 처하게 된다. 이런 미시적 변화가 기본적으로 경제구조 전체에서 어떤 방식으로 순환되는지, 개별 경제주체들의 반응에 따라 그 영향력의 수준과 대응방안을 살펴보고, 노동시장에서 세대 간 일자리 경쟁 및 소득과 부의 불평등한 분배와 사회갈등을 알아본다.

세대 간 직업 및 일자리 경쟁과 소득불평등에 관한 선행연구들에 따르면, 사회이동 연구과 밀접하게 관련되어 있다. Blau and Duncan(1967)의 지위 획득 모형에서는 소득과 직업 위세와 같은 연속변인을 종속변인으로 하여 세대 간 사회이동의 결정 요인을 매우 간결한 모델로 제시하였으며, Erikson, Robert, and Goldthorpe, John H(1992)는 CASMIN(Comparative Analysis of Social Mobility in Industrial Nations) 프로젝트에서 대수선형 모형을 사용하여 한계효과(marginal effects)와 연관효과(association effects)를 분리하고, 산업사회에서 세대 간 계급 이동의 기본 유형을 설명하는 '핵심모형(core model)'을 제시하였다. 그리고 Piketty(2014)는 소득재분배 방식인 누진세제의 과감한 도입으로 사회복지장치들을 급진적으로 확장하여야만 소득불평도인 지니계수를 획기적으로 낮출 수 있다고 주장한다.

또한, 저출산 문제에 직면하여 활발하게 논의 중에 있는 연구들은 기혼여성의 경제활동과 자녀출산에 대한 상관성에 주목하고 있다. Ahn & Mira(2002)는 1970년부터 1995년까지 OECD 국가들의 출산율과 여성경제활동참가율 데이터를 분석하였는데, 1980년대 중반을 기점으로 이 둘 사이의 관계가 음(-)의 상관관계에서 양(+)의 상관관계로 전환하였음을 주장한다. 그리고 여성의 경제활동으로 인해 초혼연령과 출산연령이 상승하게 되고, 자녀의 기회비용이 증가하기 때문에 출산율은 감소하게 된다. 그리고 취업여성들이 자녀양육에 대한 비용을 더 많이 지출하고, 자녀 수가 증가할 때마다 양육비용 및 교육비 지출이 배로 증가하기 때문에 자녀에 대한 수요가 줄어든다. 이와 같이 기혼여성의 경제활동참여는 자녀 출산과 자녀 수에 부정적인 영향을 미친다는 주장이 대부분이다(Becker and Lewis 1973; Moffitt 1984).

[그림 5] 여성의 연령별 경제활동 추이

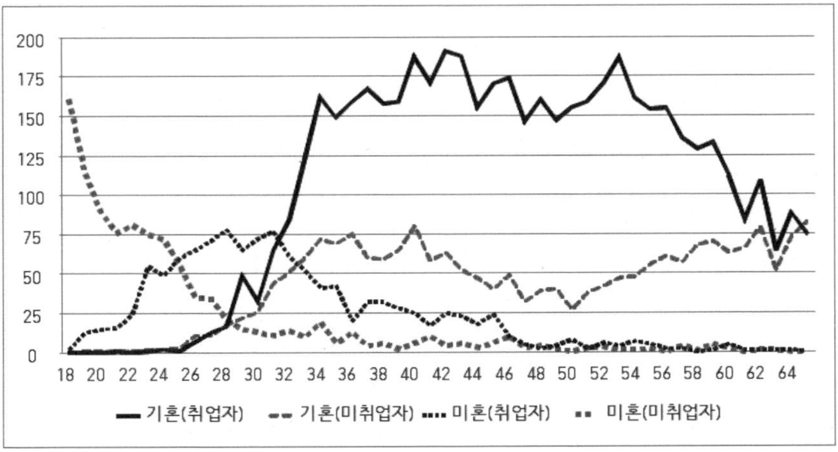

주: X축 나이, Y축: 인원(명)
자료: 최은영, 2016, 〈여성의 연령별 취업형태, 직업 및 소득 수준〉, 《아시아여성연구》 제55권 2호.

[그림 5]는 KLIPS 자료를 이용하여 여성의 연령별 경제활동추이를 결혼 및 취업상태로 구분하여 나타낸 그래프이다.

미혼여성 취업자는 20대 중반에서부터 30대 초까지 경제활동에 활발히 참여하고 있으나, 출산을 해야 하는 기혼여성은 30대 초반까지도 경제활동이 저조한 상태이다. 이는 출산 및 육아로 인해 경제활동 참가가 최소 5년 이상 어렵다는 것을 알 수 있다. 하지만 30대가 지나면서 미혼여성의 경제활동은 감소 추세에 접어들고 기혼여성의 경제활동은 급격히 상승한다. 이는 기존의 선행연구에서 밝혀진 바와 같이 여성의 경제활동 참가율과 고용률에서 M자형 곡선이 나타난다는 결과와 일치한다. 그리고 40대 후반에서 50대 초반의 미취업 기혼여성이 감소하고 있음을 보여 주고 있다. 미혼여성의 취업자 및 미취업자는 모두 지속적인 감소 추세에 있으나, 미취업 기혼여성은 40대 중반부터 감소하였다가 50대를 저점으로 다시 상승한다. 이는 45-50세의 기혼여성은 육아, 보육으로부터 벗어나는 시기로 다시 경제활동에 참여할 유인이 있음을 시사한다(최은영 2016).

다음으로 고령세대의 노동시장에 대한 연구들은 고령자의 건강, 일자리의 질적 수준 저하, 조기퇴직 등에 주목하고 있다. 구체적으로 노동시장 정년연장에 따른 은퇴시기와 중고령자 은퇴와 건강 및 삶의 만족도에 관한 연구들에 따르면, 실질적으로 은퇴가 고령자의 신체적 건강과 정서적 건강, 또는 삶의 질에 영향을 줄 가능성이 높음을 확인할 수 있다. Dave et al.(2006)은 은퇴가 질병상태와 정신건강에 좋지 않은 효과가 있으며, 은퇴 후 질병상태는 5-6% 증가하고 정신건강상태는 6-9% 감소한다고 하였다. Behncke, S.(2012)도 은퇴가 만성질환으로 진단받을 위험을 10% 증가시킨다고 하였다. 그리고 비자발적 은퇴는 경제적·심리적인 요인 등에서 은퇴 만족도에 부정적인 효과가 있다고 한다(von Solinge and Henkens, 2007). 반

[그림 6] KLoSA 2006-2014 Health status Satisfaction

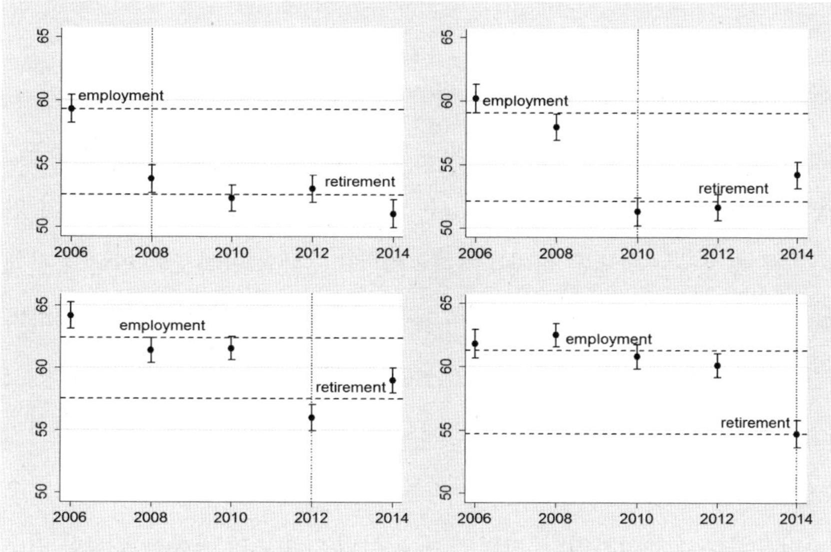

주: 은퇴한 년도를 세로 점선으로 나타내고 있으며, 평균은 점(dot)으로, 표준오차는 기둥(column)으로 표기하고 있다. 그리고 가로 점선은 근로자와 은퇴자의 건강상태 만족도 평균값을 나타낸다.
자료: 김범수·최은영, 2017, 〈은퇴가 건강 및 삶의 만족에 미치는 영향〉, 《노동정책연구》 제17권 1호.

면, Jokela et al.(2010)은 은퇴가 정신건강에 긍정적 영향을 주며, 법적 은퇴와 조기 자발적 은퇴는 건강상태 및 신체적 기능이 향상된다고 주장한다.

김범수·최은영(2017)은 고령화연구패널조사(KLoSA) 1-5차 자료를 모두 이용하여 고령자 은퇴시기에 따른 삶의 만족도 변화를 조사하였다. [그림 6]은 4개의 그래프로 구성되는데 2006년에 고용상태였다가 2008년부터 2014년까지 은퇴시기가 다른 개인들의 건강상태 만족도 값을 평균과 표준오차로 나타낸 것이다. 고용상태인 근로자의 건강상태 만족도는 평균 59.1-62.3이며, 은퇴자의 건강상태 만족도는 평균 52.4-57.5이다. 이와 같이 건강상태 만족도는 근로자가 은퇴자보다 항상 높게 나타난다. 그리고 은퇴 직후의 건강상태 만족도가 가장 큰 폭으로 감소하였음을 알 수 있다.

2. 인구고령화와 삶의 만족

세대별 특성에 따라 개인의 삶의 만족에 영향을 미치는 요인은 차이가 있을 수 있다. 삶의 만족도는 각 나라 국민들의 심리적 안녕감이나 건강수준을 나타내는 대표적인 지표(Siahpush, Spittal, and Singh, 2008)이며, 삶의 만족도를 측정하는 방법은 학자들마다 다양하다. 삶의 만족도와 연령의 관계를 연구한 Easterlin(2006)는 연령이 높아지면서 삶의 만족도가 증가하다가 50-54세 이후에 삶의 만족도가 감소하는 '역U자 형태'라고 주장한다. 그리고 재정상태와 가정생활 및 직장에서의 성장이 삶의 만족도를 증가시키는 데 기인하고 있으며, 건강의 악화는 삶의 만족도를 감소시키는 요인으로 작용한다고 분석하였다. 반면 생애와 삶의 만족도의 변화를 분석한 연구에서는 삶의 만족도가 성인기에 큰 폭으로 감소하지 않으며, 70세 이후부터 삶의 만족도가 감소한다는 주장도 있다(Baird, Lucas, and Donnellan, 2010). Eileen and Karen(2010)은 중년의 베이비붐 세대의 미래에 대한 기대와 삶의 만족에 대한 연구에서 우선순위의 가장 최상위에 있는 것은 가족이며, 취미와 친구 그리고 여행에 대한 선호 경향이 높음을 주장한다.

국내에서는 연령과 삶의 만족도에 관한 연구가 세대별 구분을 통해 삶의 만족도를 분석한 연구들이 있다. 대표적으로 강상경(2012)은 베이비부머 세대의 특징을 분석하기 위해 삶의 만족도 및 관련 변수들을 이용하여 세대별 비교분석을 실시하였다. 구조방정식 분석을 통한 삶의 만족도 결과에서 베이비붐 세대가 상대적으로 가장 낮은 수준의 삶의 만족도를 나타내어 베이비붐 이전 및 이후 세대에 비해 행복도가 가장 낮았다. 그리고 한국의 베이비부머를 연구한 Han et al.(2011)는 베이비부머의 삶의 만족도는 약 42%가 긍정적, 약 6%가 부정적으로 행복하다고 느끼는 경우가 많았지만, 상대적인 경제적 만족도는 불만족하다는 비율이 더 높았다. 한국노동패널조사(KLIPS)를 이용한 강소랑·최은영(2016)은 가계자산 및 소득이 삶의 만족에 미치는 영향을 분석하였다. 또한 베이비붐 세대의 특성을 이전·이후 세대와 직접적으로 비교하기 위하여 베이비붐 세대 및 이전·이후 세대 집단과 독립변수를 결합시킨 상호작용변수(interaction variable)를 투입하여 세대 간의 차이를 추정하였다. 분석결과, 베이비붐 세대의 경우 부동산자산, 금융자산, 부동산소득, 공적이전소득이 증가할수록 삶의 만족도가 증가하는 것으로 나타나 이들 변수가 베이비붐 세대의 삶의 만족도 향상을 위한 중요 변수임을 보여주었다.

[그림 7]은 한국노동패널(KLIPS) 1-18차(1998-2015)를 이용하여 65세 이상 고령층을 대상으로 주관적인 삶의 만족도를 측정한 그래프이다. KLIPS에서 삶의 만족도는 리커트 척도(Likert scale)로 나타내고 있다. 1998년 2.547, 2003년 3.137, 2010년 3.507, 2015년 3.655로 삶의 만족도가 증가하

[그림 7] KLIPS 1998-2015 Life Satisfaction(65Age +)

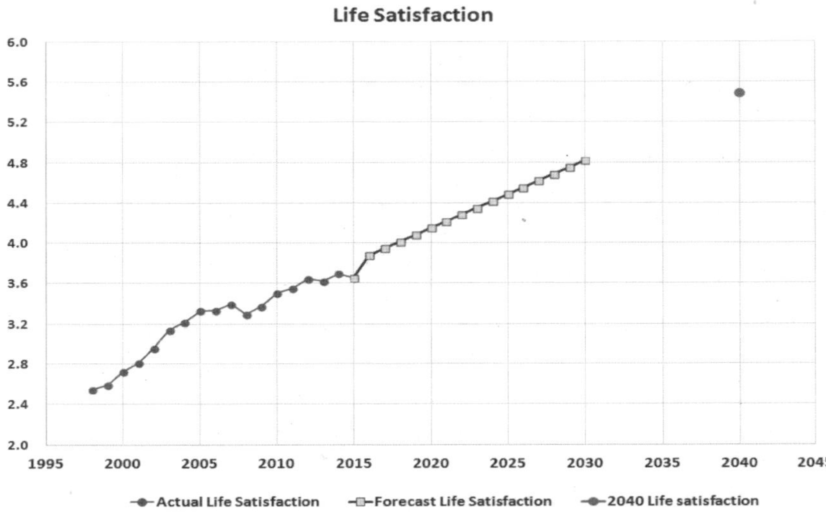

[그림 8] KLIPS Life Satisfaction by Age (1998, 2002, 2007, 2015)

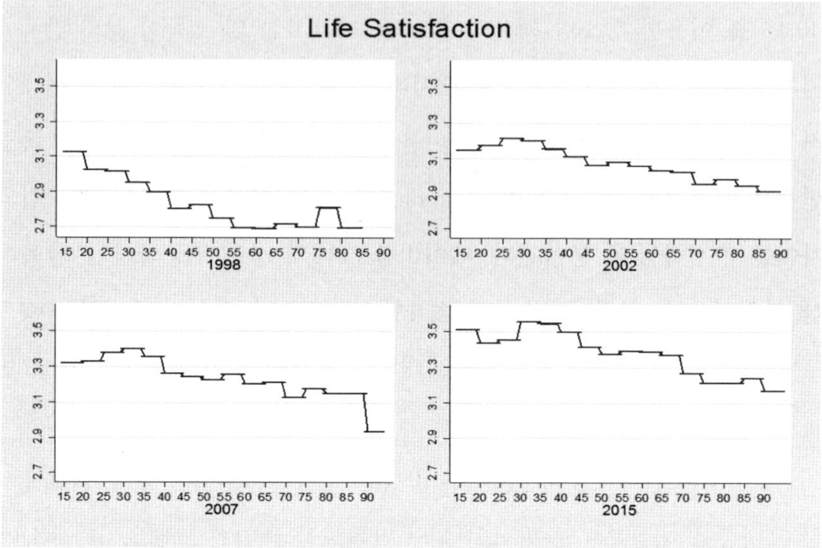

고 있다. 예상되는 삶의 만족도를 2015년 이후 추계하였을 경우 지속적으로 삶의 만족도는 높아질 것으로 예상되며, 2040년에는 5.489로 1998년에 비해 2배가 넘으며, 2015년과 비교했을 때 1.5배 정도 상승할 것으로 예상된다.

[그림 8]은 한국노동패널(KLIPS) 1차(1998년), 5차(2002년), 10차(2007년), 18차(2015년) 자료를 이용하여 15-95세 연령별 삶의 만족도를 5년 단위로 계산하였다. 아래 4개의 그래프 모두 고령층의 삶의 만족도가 청년층과 장년층에 비해 낮게 나타났다. 이는 연령이 높아질수록 주관적인 삶의 만족이 감소하는 경향이 있으며, 4개의 년도를 비교해 보았을 때는 1998년에서 2015년으로 갈수록 삶의 만족이 증가하고 있음을 확인할 수 있다. 따라서 한국의 전반적인 삶의 만족, 행복감, 삶의 질은 높아지고 있지만, 다른 세대에 비해 고령층의 삶의 만족은 낮다.

Ⅳ. 저출산 · 고령사회 대책의 주요 정책과제

한국 정부는 급격한 고령화에 따른 종합대책의 수립과 평가를 심의하기 위해 2005년 6월 '저출산·고령사회기본법'이 제정되었고, 같은 해 9월 대통령 직속 '저출산고령사회위원회'가 발족했다. '저출산고령사회위원회'는 "출산과 육아가 행복한 나라, 당당한 노년이 보장된 나라"라는 슬로건을 걸고 저출산 및 인구의 고령화에 대비한 중·장기 인구구조의 분석과 사회경제적 변화전망에 관한 정책을 논의한다. 저출산·고령사회 정책추진 방향의 5개년 계획은 다음과 같다.

〈표 1〉 정책추진 방향

구분		제1차 계획 (2006-2010)	제2차 계획 (2011-2015)	제3차 계획 (2016-2020)
저출산	주요대상	저소득가정	맞벌이 등 일하는 가정	청년, 임신출산, 보육 및 돌봄
	정책영역	보육지원 중심	일·가정 양립 등 종합적 접근	청년고용, 주거대책, 일·가정 양립 사각지대 해소
고령화	주요대상	65세 이상 저소득 노인	50세 이상 등 베이비붐 세대	50세 이상 등 베이비붐 세대
	정책영역	소득보장, 요양보호	소득·건강·주거 등 전반적 사회시스템	국민·주택연금 확대 생산인구 확충, 실버경제
공통	추진방식	정부주도	범사회적 정책공조	민간·지역·정부 협력체계 강화

자료: 대통령직속 '저출산고령사회위원회'

제3차 기본계획에서는 "모든 세대가 함께 행복한 지속발전사회 구현"이라는 비전을 제시하고 있으며, 합계출산율 2014년 1.21명에서 2020년 1.5명, 노인빈곤율 2014년 49.6%에서 2020년 39%를 목표로 둔다. 구체적으로 저출산 대응은 청년 일자리·주거대책을 강화하고 난임 등 출생에 대한 의료적 지원을 확대하며 맞춤형 돌봄 확대·교육개혁을 추진하고 일·가정

양립 사각지대 해소를 위해 노력한다. 고령사회 대응은 1인 1국민연금, 주택연금 등 노후보장수준을 제고하고, 활기차고 안전한 노후 실현을 위해 의료·돌봄 강화와 고령자 교통·생활안전 환경을 조성한다. 그리고 여성, 중·고령자, 외국인력 활용 확대와 고령친화산업의 발전 환경을 조성한다.

이와 같은 계획들이 수립되기 위해서 정부는 대책 추진 기반을 마련할 계획이다. 민간·지역·정부 협력으로 전 사회적 대응체계를 강화하고, 지속적인 실행력 확보를 위해 추진 인프라 확립이 마련되어 실행 기반을 다진다. 또한 저출산 극복을 위한 인식·문화 개선을 대대적으로 확산하고 지역에서 인구정책을 주도적으로 기획하고 시행할 수 있는 지역단위 정책 추진 체계를 조성하도록 지원한다.

V. 결론

본 연구는 OECD 주요 국가들에서 나타나고 있는 저출산·고령화 현상을 관련 지표를 통해 조사하고, 한국의 저출산·고령화에 현상이 노동시장 및 삶의 질에 미치는 영향을 검토하였다.

1980-2014년 동안 OECD 주요 국가들의 합계출산율은 대체적으로 하락하는 추세에 있으며, 여성노동력인구과 출산율은 부(-)의 상관관계 나타낸다. 각국의 고령화 수준을 관찰할 수 있는 65세 이상 노인인구 변화 추이와 부양비에서 유럽 국가들의 고령화 상승세와 일본의 급격한 고령화 추세가 나타났다. 한국의 경우도 일본과 유사한 속도로 고령화가 진행 중에 있으며 앞으로도 이러한 추세는 계속될 것으로 예상된다.

한국의 저출산·고령화와 노동시장은 세대 간의 일자리경쟁, 퇴직시점 연령과 연금수급개시 연령 간의 격차로 인해 소득단절, 부의 불평등한 분배에 관해 논의하였다. 또한, 기혼여성의 경제활동과 자녀출산 간의 상관성, 고령자의 은퇴시기와 건강한 삶의 질에 관한 연구들을 검토하였다. 그리고 한국의 삶의 만족도를 KLIPS자료를 이용하여 연령별 비교하였고, 65세 이상 고령층을 대상으로 전체적인 삶의 만족도를 시계열로 추정해 보았다. 그 결과, 한국의 주관적인 삶의 만족은 높아지고 있지만, 다른 세대에 비해 고령층의 삶의 만족도는 낮았다.

정부는 저출산·고령화에 따른 정책추진 방향을 제시하고 있다. 제3차 저출산·고령화 기본계획(2016-2020)에서는 청년고용, 주거대책, 일·가정 양립지원, 생산인구 확충, 실버경제를 중점적으로 추진하고 있으며, 민간·지역·정부의 협력체계를 강화하여 실행 기반을 구축할 계획이다.

참고문헌

Ahn, N., & Mira, P. 2002. "A note on the changing relationship between fertility and female employment rates in developed countries." *Journal of population Economcs* vol. 15(4): 667-682.

Baird, B. M., Lucas, R. E., and Donnellan, B. 2010. "Life satisfaction across the lifespan: Findings from two nationally representative panel studies." *Social Indicators Research* 99: 183-203.

Becker, Gary S., and Gregg H. Lewis. 1973. "On the Interaction between the Quantity and Quality of Children." *The Journal of Political Economy*, Part 2, vol. 81(2): S279-288.

Behncke, S. 2012. "Does retirement trigger ill health?." *Health Economics* 21: 282-300.

Blau P. and Duncan O. 1967. *The American Occupational Structure*. New York: Wiley.

Dave, Dhaval., Rashad, Inas, and Spasojevic, Jasmina.2006. "The Effects of Retirement on Physical and Mental Health Outcomes." NBER Working Paper No. 12123.

Easterlin, R. A. 2006. "Life cycle happiness and its sources intersections of psychology, economics, and demography." *Journal of Economic Psychology* 27: 463-482.

Eileen E. M., and K. I. Langeland. 2011. "Boomer's prospective needs for senior centers and related services: a survey of persons 50-59." *Journal of Gerontological Social Work* 54(1): 116-130.

Erikson, Robert, and Goldthorpe, John H. 1992. *The Constant Flux: A Study of Class Mobility in Industrial Societies*. Oxford: Claredon Press.

Han, G. H., Choi, H. J., Eun, K. S., Lee, J. H., Joo, S. H., & Kim, J. H. 2011. *Korean baby boomers in transition*. SNU Institute on Aging, MetLife Mature Market Institute. MetLife Korea Foundation.

Jokela, Markus, et al. 2010. "From midlife to early old age: health trajectories associated with retirement." *Epidemiology*(Cambridge, Mass.) 21(3): 284.

Moffitt, R. 1984. "Profiles of Fertility, Labour Supply and Wages of Married Women: A Complete Life-Cycle Model." *The Review of Economic Studies* vol. 51(2): 263-278.

OECD Statistical Database - Demographic Fertility rates 1980-2014.

OECD Statistical Database - Labour Force Statistics 1980-2014.

Pitetty. 2014.《21세기 자본》. 글항아리.

Siahpush, M., Spital, M., and Singh, G. K. 2008. "Happiness and life satisfaction prospectively predict self-related health, physical health, and the presence of limiting, ling-term health conditions." *American journal of Health Promotion* 23(1): 18-26.

Von Solinge, Hanna and Kene Henkens. 2007. "Involuntary Retirement: The Role of Restrictive Circumstances, Timing, and Social Embeddedness." *Journal of Gerontology: Social Science* 62B(5): S295-S303.

강상경. 2012. 〈삶의 만족도와 관련요인의 세대 간 차이에 대한 탐색적 연구: 한국복지패널 자료를 이용한 베이비 붐 세대와 이전 및 이후 세대 간 비교〉.《사회복지연구》43(4): 91-119.

강소랑 · 최은영. 2016. 〈베이비붐 세대와 이전 및 이후 세대 간 비교분석: 가계자산·소득이 삶의 만족에 미치는 영향을 중심으로〉.《사회보장연구》제32권 2호.

김범수 · 최은영. 2017. 〈은퇴가 건강 및 삶의 만족에 미치는 영향〉.《노동정책연구》제17권 1호.

김정호. 2015. 〈인구구조의 변화와 중장기 경제전망 — 고령화·저성장 시대, 우리는 준비되어 있는가?〉. KDI 정책세미나.

저출산고령사회위원회. 〈1, 2, 3차 저출산·고령사회기본계획〉.

최은영. 2016. 〈여성의 연령별 취업형태, 직업 및 소득 수준〉.《아시아여성연구》제55권 2호.

제4장
고령화와 국민 의료비

김범수·박상수·이지현

I. 서론

삼성경제연구소(2008)에 따르면 한국은 세계에서 가장 빠른 속도로 고령화가 진행되어 2050년에는 세계 최고령국가가 될 것으로 전망했다. 여성 1명이 평생 동안 낳을 것으로 예상되는 평균 출생아 수를 나타낸 지표인 합계 출산율은 1970년의 4.53에서 2015년에는 1.239까지 하락하였다(http://www.index.go.kr/potal/main/EachDtlPageDetail.do?idx_cd=1428). 이렇게 출생은 급격히 감소한 반면 사망연령은 점차 증가하고 있다. 65세 이상 인구의 수는 1970년의 1,039,378 명에서 2010년에는 5,424,667명이 되었다(통계청 국가통계포털 총인구조사). 이러한 인구구조의 변화는 총 인구에서 65세 이상의 고령인구가 차지하는 비중이 늘어나게 된 것을 의미한다. 고령화 사회에 대한 정해진 하나의 정의가 있지는 않지만 14세 이하의 인구 대비 65세 이상 인구의 비율로 구해진 노령화 지수는 흔히 사용되는 기준이다. 이 노령화 지수가 1970년부터 2010년에 이르기까지 급격히 증가하고 있다(http://

* 본 논문은 2014년도 정부(교육부)의 재원으로 한국연구재단의 지원을 받아 수행된 연구임(NRF-2014S1A3A22044238).

kostat.go.kr/smart/news/file_dn.jsp?aSeq=348565&ord=6).

보건복지가족부(2013)는 2010년 국민의료비는 총 82조 9천억 원으로 집계하였다. 이를 국내총생산대비 국민의료비를 보면 7.1%(OECD Health data 2012)로 OECD 국가들 중에 결코 높은 수준은 아니다. 하지만 1991년 이후 국내총생산대비 평균 국민의료비 증가율은 한국이 2.8%로 OECD 회원국 중에서 가장 높은 것으로 나타났다. 특히 2003년 이후에는 5.1%의 증가율을 보여 OECD 평균인 1.4%보다 훨씬 높았다(http://www.bokjiro.go.kr/news/allNewsView.do?board_sid=308&data_sid=205766). 이러한 빠른 의료비 증가의 주요한 원인으로 노인인구의 빠른 증가를 생각해 볼 수 있다. 과연 고령화가 의료비를 얼마나 증가시키는가?

한국보건산업진흥원(2012)에 따르면 한국인의 1인당 생애의료비는 남성이 9,589만 원, 여성이 1억1,430만 원으로 분석되었는데 이 중 65세 이상 노인의 의료비가 생애의료비에서 차지하는 비중은 여성은 51.2%(5,853만 원), 남성이 47.2%(4,526만 원)이었다. 이에 관련된 연구로는 사공진과 손장원(1999)이 OECD 24개국의 1990년에서 1994년까지의 자료를 가지고 65세 이상 노인인구의 비율과 소득수준이 의료비 변동에 유의미한 영향을 미친다고 주장하였다. 김진수(2008)도 노인인구의 증가를 지출증가의 주요원인으로 분석하고 있다. 하지만 위 논문들은 정확히 노령인구의 증가가 얼마나 의료비의 증가를 가져올지에 대해서 논의하고 있지는 않다. 국가 간의 비교는 의료 환경의 차이가 크기 때문에 실제 한국의 인구구조의 변화의 효과를 측정하는 데 적절한 방법이 아닐 수도 있기 때문이다. 유승흠·정상혁·남정모(1992)와 신현철·최미영(2012)에서는 인구구조 변화에 따른 의료비 추계를 통하여 인구 구조의 변화가 진료비에 미치는 영향을 보고자 하였다. 하지만, 유승흠 외(1992)는 의료비가 급격히 증가하기 이전의 자료를 사용하고 있어 시의성 있는 결론을 내리기 어렵다. 신현철·최미영(2012)은 인구구조 변화가 진료비 증가에 기인하는 기여도는 13.8%로 상당히 큰 영향을 미치는 것으로 나타났다.

반면 인구구조의 변화가 고령화에 미치는 영향이 작을 수 있다는 결과의 연구들도 있다. 국외연구로 Leu(1986)에서 인구요인으로 15세 이하 인구비율, 65세 이상 인구비율 두 가지 변수를 넣어 분석하였는데, 65세 이상 인구비율은 기대와 달리 아무런 영향을 주지 못하는 것으로 나타났다. Getzen(1992)에서 1960-1988년 OECD 자료를 분석한 결과, 인구구조가 의료비에 영향을 주지 못한다는 결론이 도출되었다. Barros(1998)에서는 1960~1990년 OECD 24개 국가의 패널자료를 이용하여 경제적, 인구적, 제도적 변수들이 어떻게 영향을 미치는지 분석하였고 인구구조변화가 의료비 증가율에 유의미한 영향을 주지 못한다고 결론내렸다. 국내 연구로 강성미·정형선·송양민·이규식(2009)에서 OECD 국가의 연령그룹별 공공의료비 데이터를 사용하여 의료비에 영향을 주는 인구요인과 비인구요인을 나누어 살펴보았다. 건강한 고령화가 있다면 인구변화 만에 기인한 효과를 조정할 수 있어 미래의 노인 숫자에 현재의 연령별 1인당 의료비를 곱하여 미래 노인의료비 산출은 과대 추계일 수 있다고 하였다.

따라서 본 논문에서는 기존의 연구들이 연도별 평균 의료소비 패턴의 변화만을 찾아낸 것에서 나아가 인구 구조별, 상황별 의료소비를 구분하여 파악함으로써 의료비 지출을 정확히 분해(decompose)하고자 한다. 이를 통하여 과거 연구에서 명시적으로 고려되지 못한 인구구조의 변화를 명시적으로 고려하고 최근 의료비 지출 변화 중 고령화(인구구조변화)에 의한 변화만을 정확히 파악하고 이를 바탕으로 향후 진행될 고령화에 따른 의료비 지출 증가의 규모를 추정하고자 한다. 또한 현재까지 이용되었던 어떤 자료보다도 정확한 개인별 의료소비의 대규모 샘플을 이용하여 기존의 어떠한 연구보다 정확하게 통계적 처리를 통하여 최종적으로 보다 정확한 미래 예측을 통한 보건정책의 수립에 기여할 수 있을 것으로 기대한다.

II. 연구방법

1. 자료

본 연구에서는 건강보험 심사평가원의 환자 표본자료를 사용한다. 이 자료는 2009년 1년 중 한국에서 의료서비스를 사용하고 건강보험에 청구된 모든 내역(4천만 건)을 포함하고 있다. 즉, 원 자료는 전 국민 건강보험제도인 한국에서 발생한 모든 의료서비스가 포함되어 있는 전수 자료이나 너무나 방대한 자료이므로 모든 자료를 다 사용하는 것보다 대표성을 가지는 샘플을 추출하여 이용한다. 건강보험 심사평가원에서는 다음과 같이 대표 샘플을 추출하여 제공하고 있다. 2009년 일 년 중 입원기록을 가진 환자 중 13%의 입원 환자 샘플 추출 후 동일인의 입원, 외래, 약국 등 모든 건강보험 청구기록을 포함시킨다. 그리고 2009년 일 년 동안 한 번도 입원한 기록이 없는 외래기록만 있는 환자 중 1%를 추출하여 역시 동일인의 모든 건강보험 청구기록을 포함시켰다. 본 연구에서는 2009년 환자 표본자료 중 일부 기록만을 제외하고는 모두 사용한다. 제외된 자료는 연초에 약국의 이용 기록만 있는 경우이다. 이는 2008년도에 처방을 받고 2009년 초에 조제를 한 것으로 보여져서 제외하였다.

본 연구의 주된 목표 중의 하나는 건강보험 심사평가원의 2009년의 표본자료를 이용하여 개인당 평균 의료비를 추정하는 것이다. 이를 추정하는 가장 단순한 방법으로는 표본의 의료비의 총합을 표본에 포함된 사람들의 총 수로 나누는 방법이다. 하지만 이 방법은 개인별 평균 의료비를 추정하는 데에 사용하기에는 다음과 같은 문제가 있다.

첫째, 앞에서도 설명한 바와 같이 표본이 완전한 무작위 추출에 의해 얻어진 것이 아니고 입원환자와 외래진료만 받은 환자들의 표본추출 비율이 다르다. 그러므로 표본 관측치의 단순 평균은 모평균의 불편추정량이나 일치추정량이 아니다. 둘째, 표본에 포함되어 있는 사람들의 진료기간이 다 다른 까닭에 단순평균을 통해 얻어지는 개인당 평균 의료비는 개인별 진료기간에 따른 차이에 의한 진료비의 다소를 구분하지 않은 단순 평균이 된다. 특히 본 연구의 목적 중의 하나가 환자 상태별로 진료기간(30일 단위)에 따른 평균 진료비의 비교 분석인데 단순 평균을 통해 개인당 평균 의료비를 구하게 되면 진료기간에 따른 의료비의 변화를 알 수 없게 되므로 단순 평균 방법은 본 연구에서는 사용할 의미가 없다.

본 연구에서는 개인별 월 평균 진료비뿐 아니라 마지막 진료일 기준으로 과거 30일 단위 월간 진료비 지출액(이하 월간 진료비 지출액)을 입원환자/외래환자, 사망환자/생존환자별로 구분하여 비교하고자 한다. 환자가 입원을 한 기록이 있는지에 따라 입원 기록이 1회라도 있는 환자는 입원환자, 입원기록이 없이 외래진료 기록만 있는 환자는 외래환자, 병원진료 없이 약국만 이용한 환자는 약국환자로 구분하였고 입원환자와 외래환자는 다시 진료 기록상에 나타난 최종 진료일 현재 기준으로 사망한 환자(사망환자)와 생존해 있는 환자(생존환자)로 구분하였다. 개인당 평균 의료비와 진료 기간별 평균 의료비는 입원환자와 외래환자에 대하여 추산하였다.

월간 진료비 지출액을 환자의 연령대별로도 구하기 위해 입원/외래 환자와 사망/생존 환자는 최초 진료 시점의 환자의 만 연령에 따라 연령별로 구분하였다. 만 0세부터 5세 단위로 구분하되 29세 이하는 관측치 수가 너무 작아 하나의 그룹으로 구성하였으며 만 75세 이상 또한 관측치 수가 너무 작아 하나의 그룹으로 구성하였다. 따라서 총 11개 연령 그룹으로 구성하였다.

이후의 논의 전개의 편의를 위해 연령별 그룹을 age ∈ {1,2, ..., 11}, 외래/입원 여부를 inpatient ∈ {0,1} (inpatient=1이 입원), 사망/생존 여부를 alive ∈ {0, 1} (alive=1이 생존환자)라고 하고 마지막 진료일 기준 과거 30일 단위로 구분한 월 구분을 t ∈ {1, 2, ..., 12}로 표기하자. 예를 들어 t=1은 마지막 진료일 기준 0-29일간의 기간을 나타낸다. 다만 1년의 날수를 맞추기 위해 t=12는 마지막 진료일 기준 330일부터 365일간 36일을 지칭한다.

연령그룹 age에 속한 사람의 t번째 월간의 1인당 평균 월간 (입원/외래)진료비 지출액을 E{월간 진료비| t, age, inpatient}로 표기하고 연령그룹 g에 속한 사람의 1인당 평균 월간 진료비 지출액을 E{월간 진료비|age, inpatient}라고 하면 E{연간 진료비|age, inpatient}= E{월간 진료비 | 월간 진료비〉0, t, age, inpatient}*Pr{월간 진료비〉0 |t, age, inpatient}과 같다. 이는 다시 입원/외래 환자의 사망 또는 생존 여부에 따라 생존할 확률을 고려하여 생존자의 입원/외래 시 월간 진료비를 추정할 수 있다. 마찬가지 방법으로 사망자 1인당 월간 외래/입원 진료비를 추정할 수 있다. 이를 인구구성비(pr{age})와 곱한 가중평균을 하면 국민 1인당 월 평균 진료비를 구할 수 있다.

Pr[월간 진료비〉0|alive, t, age, inpatient]는 주어진 alive, t, age, inpatient에 속하는 개인들 중 기간 중 진료를 보고 양(+)의 진료비를 지출한 사람들의 비중을 말한다. 따라서 이 확률은 표본 자료를 이용해 추정할 수 있다.

Pr{alive|t, age, inpatient}는 주어진 t, age, inpatient에 속하는 사람들 중 생존환자 또는 사망환자의 비율로서 이 확률 역시 표본자료를 이용해 추정할 수 있다. Pr[inpatient|age]은 주어진 age에 속한 사람이 입원 또는 외래 진료를 받을 확률이므로 age에 속한 모든 사람들 중 입원 또는 외래 진료를 받은 사람들의 비중이다. 하지만 주어진 표본자료가 입원 또는 외래 진료를 받은 사람들의 표본이므로 표본자료만을 이용하여 이 값을 구할 수 없다. 본 연구에서는 이 확률을 추정하기 위해 본 연구에서는 국민건강영양조사를 이용하고자 한다. 국민건강영양조사는 1998년 첫 조사를 시작으로 2010년과 2011년에 마지막 5기 조사까지 이루어졌으며 대표성을 띤 인구에 대하여 연령별로 지난 1년간 입원 이용 여부와 지난 2주간 외래이용 여부, 약국 이용 여부를 조사하였다. 따라서 국민영양조사를 이용하여 Pr[inpatient|age]을 추정할 수 있다.

마지막으로 Pr{age} 역시 표본의 인구 구성비를 이용할 수 없다. 본 연구에서는 2010년의 주민동록인구통계를 사용하여 전체 인구 중 특정 연령그룹의 비율을 계산하였다.

다른 조건의 변화가 없을 때 인구 구성비의 변화가 일인당 의료비 지출에 미치는 영향은 2009년의 인구구성비 대신 가설적인 인구 구성비를 대입하여 계산할 수 있다. 즉, 일단 E[월간 진료비|age]를 구한 후 가설적 인구구성비 Pr가설[age]을 이용하여 가설적 월 평균 진료비를 구할 수 있다. 본 연구에서는 '다른 조건이 2009년 상태에 있고 인구만 2000년의 구성비를 유지한다면 2009년의 1인당 월 평균 의료비는 어떠했을 것인가'를 알기 위해 Pr가설[age]에 2000년의 인구 구성비를 이용하였다.

2. 국민의료비 추정방식

2009년 1년간의 국민 1인당 연간 평균 진료비를 추정하기 위해 국민 1인당 1월 1일부터 12월 31일까지의 국민전체 1인당 평균 의료비를 계상하는 식은 다음과 같다.

국민전체 의료비= $\sum_{gt}$ 일인당 월간진료비gt * 진료비지출확률gt * 인구구성비gt (1)

E[진료비]= $\sum_{gt}$ E[진료비|그룹=g, 기간= t, 진료] * Pr[진료 |그룹=g, 기간=t] * Pr[그룹=g, 기간=t]

여기에서 g는 나이, 진료 종류, 사망 여부로 구분되어진 그룹을 나타낸다. 또한 t는 마지막 1개월부터 12개월까지의 개월을 나타낸다. 일인당 월간진료비는 일인당 일일진료비와 재원일수의 곱으로 다시 나타낼 수 있고 이는 다음의 식과 같다.

국민전체 의료비= $\sum_{gt}$ 일인당 일일진료비gt *재원일수gt * 진료비지출확률gt * 인구구성비gt (2)

또한, 진료를 받은 사람은 사망자와 생존자가 나누어지므로 이를 사망자, 생존자의 두 그룹으로 나누면 다음의 식과 같다.

국민전체 의료비= $\sum_{gt}$ 생존자 일인당 월간진료비gt * 생존자진료비지출확률gt * 생존자인구구성비gt + 사망자 일인당 월간진료비gt * 사망자진료비지출확률gt * 사망자인구구성비gt (3)

이 중에 건강보험심사평가원의 환자표본자료에서 생존자 일인당 월간 진료비는 계상된다. 하지만 환자표본자료는 진료를 받은 사람만이 존재하므로 생존자진료비지출확률은 샘플이 대표성을 가진다는 전제에서 고려된 인구 중에서 얼마나 진료를 받을 확률이 있는지를 계산해내는 것이다.

이를 계산하기 위해서 두 가지의 자료를 사용한다. 먼저 입원확률과 외래확률을 구하기 위해서는 환자표본자료가 아닌 다른 자료가 필요하다. 우리나라에서는 국민건강영양조사에서 대표성을 띤 인구에 대하여 지난 1년간 입원이용 여부와 지난 2주간 외래이용 여부, 약국이용 여부를 조사하고 있다. 국민건강영양조사는 1998년 첫 조사를 시작으로 마지막 5기 조사까지 이루어졌다. 제 5기 조사는 2010년에서 2011년까지 두 번에 걸쳐 이루어졌으며 만 1세 이상 가구원 전체를 대상으로 매년 약 3,840가구를 조사하였다. 국민건강영양조사에서 진료비 지출확률을 구하려고 한다. 진료비 지출확률은 크게 외래와 입원 확률이며 국민건강영양조사에서 구하였다. 이는 건강보험심사평가원의 자료는 진료를 받은 사람만을 대상으로 하므로 입원확률이나 외래확률을 구할 수 없기 때문에 대표성을 가진 국민건강영양조사를 이용하여 추정하고자 하는 것이다. 다만 국민건강 영양조사는 샘플숫자가 연령별 입원확률이나 외래확률을 구할 정도로 많지는 않기 때문에 5세 단위로 처리하였다. 그리고 생존자의 인구구성비는 2010년의 인구총조사를 사용하여 전체 인구 중 특정 연령그룹의 비율을 계상한다.

먼저 생존자 일인당 월간 진료비를 연령대 별로 보면 [그림 1]과 같다. 그래프에서는 진료를 본 마지막 1개월과 마지막 6개월을 각기 따로 표시하였다. 예를 들어, 30세 이하의 그룹에서는 한 달에 26만 원 정도를 입원비로 사용하였다. 나이가 증가할수록 월간 평균 입원비는 점점 증가하여 75세 이상의 그룹에서는 30세 이하에 비하여 3배 정도 증가한 79만 원을 지출하고 있다. 하지만 마지막 1개월과 마지막 6개월의 월간 진료비를 비교하였을 때

[그림 1] 생존자 일인당 월간 진료비(입원환자)

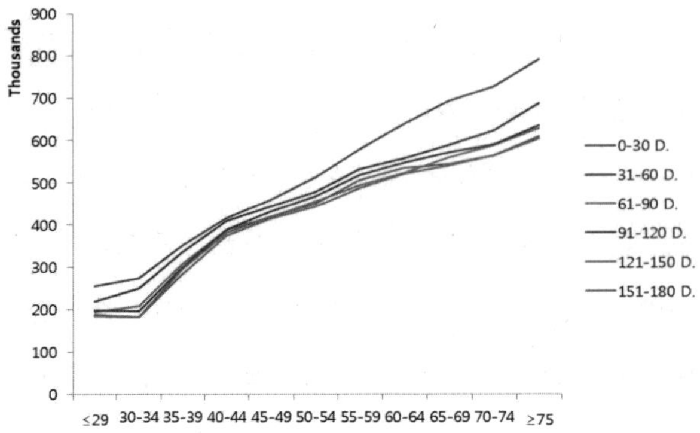

[그림 2] 사망자 일인당 월간 진료비(입원환자)

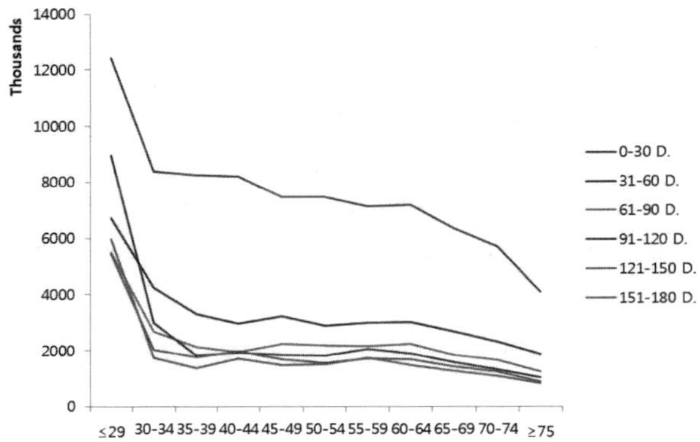

[그림 3] 생존자 일인당 외래 월간 진료비(외래환자)

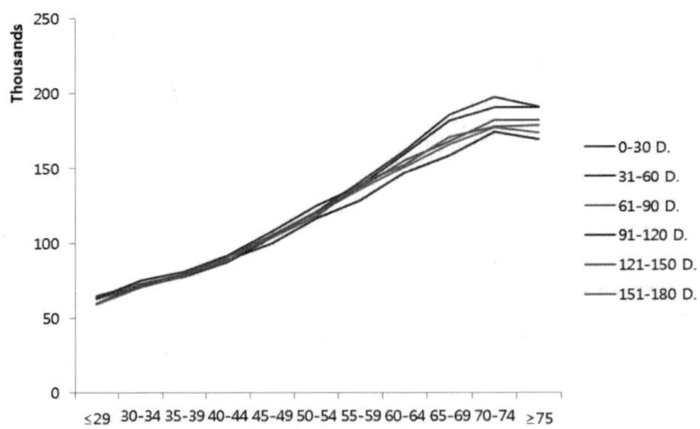

에는 큰 차이가 존재하지 않음을 알 수 있다.

[그림 2]에서는 사망자 일인당 월간 진료비를 연령대별로 살펴보았다. 여기에서는 앞의 그래프와는 전혀 다른 패턴을 보여 주고 있다. 즉 연령이 증가함에 따라 입원진료비는 점차 감소하고 있음을 알 수 있다. 30세 이하의 젊은 연령층이 사망할 경우에는 사망 직전에는 평균 1천 2백만 원까지도 지출이 이루어졌는데 이는 사망 2개월 전인 6백 7십만 원과 비교하여 거의 두 배 증가이며 사망 2개월 전부터 6개월 전까지는 크게 차이를 보이지 않고 있다. 또한, 30세 이상의 연령군에서는 연령의 증가와 진료비와는 특별한 패턴을 보이지 않고 있다. 오히려 고령으로 가면서 진료비가 다소 감소하는 모습을 보이고 있다. 가장 뚜렷한 패턴은 전 연령에 걸쳐 사망 직전에는 많은 의료비가 사용된다는 것이다. 이런 패턴을 보이는 것은 젊은 연령에 있어서는 사고나 질병으로 인해 의료비 투입이 훨씬 많은 것으로 추측된다.

[그림 3]에서는 생존자 일인당 외래 월간 진료비를 살펴보았다. 30세 이하의 마지막 한 달의 외래진료비는 65천 원이며 75세 이상의 경우에는 19만 원으로 거의 세 배로 증가하고 있다. 연령의 증가에 따른 외래 진료비 상승은 입원과 매우 비슷한 패턴을 보이고 있다. 다만, 입원에 비해 외래는 훨씬 비용이 적게 들어가고 있으며 마지막 1개월과 6개월간에는 거의 차이를 보이지 않고 있다.

국민전체의료비 계상을 위해 남아 있는 마지막 정보는 인구 구성비이다. 우리에게 필요한 인구 구성비는 연도별 연령별 인구 구성비이다. 통계청에서는 주민등록을 기준으로 하여 주민등록인구통계를 5세별로 1992년부터 2010년까지 연도별로 발표하고 있다. 우리는 국가통계포털에서 2000년과 2009년의 연령별 인구를 이용하여 인구 구성비를 추정하였다. 즉, 30세 이하의 인구가 전체인구에서 몇 %를 차지하고 있는지 75세 이상의 인구는 전체 인구에서 몇 %를 차지하고 있는지를 계상하였다.

3. 고령화에 따른 과거 의료비 증가

이를 추정하기 위해서는 먼저 시간의 흐름에 따라 인구구조가 어떻게 변화했는지를 확인하여야 한다. 주민동록인구통계를 이용하여 2000년과 2009년의 인구구조를 다음의 그래프에서 비교하여 보았다. 비교하고 있는 10년 사이에 30세 이하의 인구의 비중이 줄어들고 고령층 인구의 비중이 늘어나고 있음을 명확히 볼 수 있다.

국민의료비 계상식인 (3)에서 마지막 인구구조만을 2000년과 2009년의 자료를 사용한다. 그 이외 월간 진료비와 진료확률은 2009년의 추정을 그대로 사용한다. 이렇게 추정하였을 때 우리는 의료기술, 의료소비패턴 등은 2009년에 그대로 고정한 상태에서 인구구조만이 변화하였을 때 국민전체 의료비가 어떻게 변화할지를 알게 되는 것이다.

[표 1]에서 첫 번째 행은 국민 일인당 실제 지출액이다. 2000년에는 28만 원 정도이고 2009년에는 79만 원이다. 인구구조만 변화시켜 추정하여 보았

[표 1]

	2000년	2009년
실제 지출액(명목가격) (건강보험공단지출/전체인구수)	275,304	792,186
인구구조만 변화*	769,126	902,874
인구구조의 영향*	133,748=(302874-769126)	
인구구조에 의한 연평균 증가율	2%	
소비패턴, 기술 등 다른 요인*	386,375={769126*추정오차(0.1397)-275304}	

*2009년 불변가격으로 추정됨

을 때 2009년의 국민 일인당 추정된 의료비는 90만 원이고 2000년의 경우 77만 원이다. 이에 따르면 인구구조에 의한 변화는 13만 원 정도이다. 이를 연평균 증가율로 보면 약 2%의 증가율을 보이고 있다. 일인당 의료비 증가 중에서 인구구조에 의한 변화는 생각보다 크지 않았다.

III. 요약 및 결론

본 연구는 건강보험 심사평가원의 2009년 환자표본 자료를 활용하여 인구 변화가 의료비 지출에 미치는 영향을 파악하고자 하였다. 분석의 결과는 다음의 몇 가지로 요약된다.

인구구조만 변화시켜 추정하여 보았을 때 2009년의 국민 일인당 추정된 의료비는 90만 원이고 2000년의 경우 77만 원이다. 이에 따르면 인구구조에 의한 변화는 13만 원 정도이다. 이를 연평균 증가율로 보면 약 2%의 증가율을 보이고 있다. 일인당 의료비 증가 중에서 인구구조에 의한 변화는 생각보다 크지 않았다.

참고문헌

강성미·정형선·송양민·이규식. 2009. 〈인구고령화를 고려한 공공의료비의 장래추계〉. 《보건경제와 정책연구》 제15권 제2호.

김진수·배성일·박일수. 2004. 〈건강보험급여비 동향 분석 모형 구축방안〉. 《보건경제와 정책연구》 제10권 제1호.

보건복지가족부. 2013. 〈2010 국민의료비 및 국민보건계정〉.

사공진·손장원. 1999. 〈국민의료비 결정요인 및 그 효과에 대한 연구〉. 《보건경제와 정책연구》 제5권 제1호.

신현철·최미영. 2012. 〈진료비 변동요인 및 기여도 분석: 사망 전 비용을 중심으로〉. 건강보험심사평가원.

유승흠·정상혁·남정모·오현주. 1992. 〈인구구조의 변화에 따른 의료비 추계〉. 《예방의학회지》 제25권 제3호.

임달오. 2012. 〈생애의료비 분포추정 및 한·일 특성 비교〉. 한국보건산업진흥원.

최숙희. 2008. 〈고령화정책의 우선순위 분석〉. 삼성경제연구소.

Barros, P. P. 1998. “The Black-Box of Health Care Expenditure Growth Determinants.” *Health Economics* 7: 533-544.

Getzen, T.E. 1992. “Population aging and the growth of health expenditures.” *Journal of Gerontology/Social Sciences* 47: 98-104.

OECD Health data 2012.

제5장

고령화와 주택연금 수요예측 방법론 연구

이충기

1. 서론

실질경제성장률을 저해하고, 보건 및 의료 문제의 심각한 요인이며, 국가재정의 가장 큰 부담으로 작용하고 있는 사회현상이 바로 고령화문제이다. 향후 50년 이내에 가장 늙은 나라로 변할 국가이자 가장 빠른 속도로 초고령사회로 진입할 국가로 예상되는 나라가 바로 한국이다. 우리나라에서도 고령화문제를 해결하거나 사전에 대응하기 위한 다양한 정책들이 논의되고 시행되고 있다. 이에 본고는 고령화에 따른 주택시장에 대한 전망을 정리하고, 고령화 정책으로서 주거문제와 소득안정성에 기여할 것으로 기대되는 주택연금의 수요예측을 위한 방법론에 대해 논의하고자 한다.

인구고령화는 선진국과 신흥국 모두에서 공통적으로 나타나고 있는 현상으로 앞으로도 글로벌 현상으로서 지속될 전망이다. 실제로 향후 20년 동안 전 세계의 65세 이상 인구수는 6억 명(또는 2015년 기준 세계인구의 8.3%)

* 본 논문은 2014년도 정부(교육부)의 재원으로 한국연구재단의 지원을 받아 수행된 연구임(NRF-2014S1A3A22044238).

에서 11억 명(2035년 세계인구의 13.1%)으로 거의 두 배 가까이 증가할 것으로 예상된다. 인구구조변화에 따라 주택을 새로 구입하거나 주택면적을 확장하려는 수요가 강한 젊은층 인구가 줄고, 은퇴 이후 생활을 유지하기 위해 부동산보다는 현금성 자산을 확보해야 하는 고령층이 늘어날수록 전체 주택 수요는 감소할 수밖에 없다. 이는 고령화 현상이 주택시장의 큰 리스크라는 의미이기도 하다. 이러한 이유로 고령화에 따른 주택시장의 변화에 주목하기 시작하였고 이와 관련된 많은 연구들이 진행되었다.

주택시장에서는 인구고령화가 오래전부터 정책 입안자 및 학계의 우려 사항으로 제기되어 왔다. Mankiw and Weil(1989)의 자산붕괴가설이 대표적인데, 베이비붐 세대의 은퇴로 인해 총주택수요가 위축되고 그 결과 상당한 수준의 주택가격이 하락할 수 있다는 것이다. 주택가격 하락의 여파가 경제 전반으로 이어질 수 있기 때문에 자산붕괴라는 주제는 주요 선진국의 비롯한 많은 국가에서 상당한 주목을 받았다. 이들의 주장은 1970-1980년대 미국 자료를 기반으로 한 것으로 이후 이를 반박하는 연구들도 많이 발표되었는데 많은 논문들에서 누락된 변수의 편의성을 근거로 이들의 주장을 비판하였다. 특히, Peek and Wilcox(1991), Engelhardt and Poterba(1991), Hendershott(1991), Green and Hendershott(1996) 등은 가계소득이나 기타 통제 변인 등을 포함하여 그 당시 제시된 인구통계학적 효과가 예상보다 훨씬 미미하거나 혹은 아예 존재하지 않음을 증명하였다.

또한, 고령화가 진행될수록 역부양비율은 하락하게 된다.[1] 우리보다 앞서 지난 20여 년간 고령화를 경험한 일본의 경우 역부양비율이 지속적으로 하락하는 동안 주택시장의 침체도 거의 같은 흐름을 보였다. 급속한 고령화

1 역(逆)부양비율이란 인구고령화의 효과를 분석하는 통계 지표로서 15-64세 생산 가능 인구 수를 그 밖의 인구(0-14세, 65세 이상) 수로 나눈 값이다. 고령화가 진행될수록 분모가 커지기 때문에 역부양비율이 하락한다.

를 경험하고 있는 스페인, 영국, 아일랜드 등 유럽 국가들도 역부양비율과 주택시장수요가 함께 떨어지는 동조현상을 보이고 있다. 이처럼 급속히 진행되고 있는 인구고령화는 우리나라 주택시장에 지대한 영향을 미칠 것으로 예상되며, 아마도 고령화가 진행될수록 주택시장이 침체할 가능성이 높아질 것이다.

주지하다시피 인구고령화와 인구구조의 변화로 노인가구가 급증하고 있다. 노인을 포함한 가구 중 노인만으로 구성된 가구의 비중이 1994년 40.4%에서 2014년 67.5%로 증가하였다.[2] 가족구성원이 줄어들거나 일상생활능력이 저하된다는 점도 고령자들에 대한 주택정책에서 중요한 고려사항이다. 그럼에도 사적 · 공적 연금과 같은 경제적 대비가 미흡한 가운데 급속한 고령화로 인한 노후소득의 불안정성은 고령자의 삶의 질을 현저히 저하시킬 수 있는 가장 심각한 문제가 될 수도 있다.

우리나라의 인구구조의 변화 등으로 주택가격은 정체되는 반면 노인빈곤은 높아지고 이를 지원할 수 있는 근로계층은 점차 감소하고 있다. 주택가격의 하락이나 근로계층의 감소 등은 향후 주택연금의 장기적 지속가능성을 저해할 우려가 있으며, 더 나아가 정부의 채무 부담이 증가될 경우 국민 전체의 부담으로 전가될 우려가 있어 이에 대비한 방안들이 마련되어야 한다.

현재 우리나라에서는 고령자들의 노후 소득에 대한 대안이 사회적으로 부족한 상황에서 주택 등의 실물자산을 활용하여 일상생활을 지원할 수 있는 제도로 주택연금제도가 시행 중이다. 주택연금제도란 집을 소유하고 있지만 소득이 부족한 일정 연령 이상의 노령 계층에 대해서 평생 또는 일정

2 노인이 포함된 가구의 유형은 독거노인과 노인부부로 구성된 노인가구와 자녀동거가구로 나눌 수 있다. 보건복지부(2015),《2014년 노인실태조사》.

기간 동안 안정적인 수입을 얻을 수 있도록 집을 담보로 맡기고 자기 집에 살면서 매달 금융기관의 대출을 통해 연금을 받는 제도를 의미한다.[3] 즉, 주택을 담보로 매달 일정액을 대출받아 사후 혹은 일정 기간이 지난 후 총 대출액에 금리를 더하여 보유 주택을 처분하여 변제하거나 일시금으로 변제하게 된다. 퇴직자가 근로기간 동안 축적한 비유동화 자산을 유동화하는 가장 효율적인 방안으로 자신의 노후 대비의 수단으로 부동산을 선택할 수 있는 유인을 제공한다는 점에서도 바람직하다는 평가를 받고 있다. 한국주택금융공사에서 보증하는 주택연금이 2007년 출시된 이후 2015년 9월 말 기준으로 주택공사의 주택연금은 총 23,937건의 주택에 대해서만 보증을 시행되는 등 여전히 주택연금제도의 활성화가 미흡한 상황이다. 따라서 주택연금 가입자를 확대시키는 정책과 아울러 제도의 장기지속성을 확보하기 위한 선제적인 노력이 요구된다.

베이비붐세대는 다른 연령계층보다 자가를 소유하고 있는 비율이 매우 높은 것으로 나타나고 있다. 우리나라 60세 이상 가구의 가계자산에서 부동산이 차지하는 비중은 83%나 된다. 베이비붐세대의 높은 자가 보유비중을 감안한다면 향후 보유주택을 활용한 소득확보 방안이 은퇴 후 소득의 주요 재원으로 활용될 필요가 있다. 최근 몇 년 사이 주택연금 가입자가 증가하는 배경에는 이와 같은 우려가 작용한 것으로 보인다.

이후 본 연구는 다음과 같이 구성되어 있다. 2절에서는 주택시장을 분석한 선행연구와 향후 전망에 대해 정리한다. 3절에서는 주택연금제도의 현황과 관련 연구들에 대해 분석하였다. 4절에서는 주택연금수요예측을 위한 새로운 모형에 대해 제시한다. 5절에서는 주택연금제도의 활성화를 위한

3 〈한국주택금융공사법〉에서는 주택담보노후연금보증이 금융기관에서 지급하는 담보대출에 대하여 보증을 책임지고 있다.

정책적 제언으로 할애한다.

2. 고령화와 주택시장 전망

1. 선행연구 조사[4]

고령화는 전 세계 대부분의 국가들이 직면하고 있는 현안 문제다. 한국도 예외가 아닐 뿐만 아니라 전 세계적으로 가장 빠른 속도로 고령화가 진행되고 있는 나라에 속한다. 인구의 고령화는 노동시장 및 자본시장의 변화를 초래하고 정부는 복지제도를 포함한 재정정책에 대한 중요한 도전에 직면하고 있다. 주택시장에도 큰 영향을 미칠 것으로 예상된다. 인구의 고령화가 출산율의 하락과 기대수명 연장으로 인해 유발되기 때문에 기본적으로 가구원 수의 감소를 유발할 것이다. 따라서 가구당 주택규모가 줄어들 것으로 전망되며 이러한 고령화에 따른 수요 측면의 변화는 주택에 대한 수요의 변화와 이에 따른 주택가격의 변화를 유발할 것으로 예상된다.

고령화에 따른 주택시장의 변화를 분석하고 전망하기 위해 수많은 연구들이 진행되어 왔다. 고령화가 주택시장에 미치는 영향을 분석하기 기존 연구는 일반균형 세대중복모형을 이용한 연구, 부동산 관련 연구, 일반균형모형을 이용한 부동산 관련 연구 등으로 크게 나눌 수 있다(전영준, 2015).

세대중복모형(Overlapping Generations Model: OLG)을 이용한 분석이 가장 광범위하게 이루어지고 있다. Diamond(1965)는 교환경제를 상정한 Samuelson(1958)의 OLG 모형을 자본이라는 내구재가 있는 생산경제로 확

4 본 소절은 한국개발연구원(2015)의 일부 내용을 발췌하여 정리하였다.

장하여 경쟁균형의 비효율성 여부와 국가부채가 국민의 후생에 미치는 영향에 대해 분석하였다. 경쟁균형의 비효율성은 OLG 모형이 상정한 경제의 각 개인이 황금률 수준의 저축률 수준보다 더 높은 수준의 저축을 함으로써 발생할 수 있음을 보였다. 또한, 효율적인 경제에서의 국가부채의 후생비용과 비효율적 경제에서의 국가부채의 후생 증진효과 여부에 대한 분석을 병행하였다. 이후 Diamond(1965)의 모형을 이용한 분석은 여러 분야에서 광범위하게 활용되어 왔다.

초기에는 2기간 모형을 통해 OLG 모형의 이론적 논의가 진행되었다. 2기간 모형은 경제에 대한 중요한 통찰력을 제공해 주는 반면 경제환경 변화와 정책개편의 효과를 정량화하기에는 방법론상 한계가 있었다. Auerbach and Kotlikoff(1987)가 기존의 2기간 모형을 55기간 모형으로 확장했다는 점에서 의미가 있는데, 기대수명을 약 75세로 가정하고 21세부터 75세까지의 사람들이 공존하는 경제를 상정하였다. 이들의 연구는 세제개편의 효과를 분석한 Auerbach et al.(1983)을 확장한 것으로 재정적자 및 국가부채, 누진과세, 투자에 대한 조세유인, 공적연금, 인구고령화와 같이 세대 간 재분배와 관련된 주제들로 분석대상을 확대하였다. 이들의 연구가 경제에 공존하는 세대의 수를 일반화하였다면, Galor(1992)는 OLG 모형 내 생산부문을 기존의 1개 부문에서 2개 부문으로 확장하는 방법론으로 발전시켰다. Fullerton and Rogers(1993)는 세대수의 일반화와 다생산부문의 모형을 통합하여 5세 구간으로 인구집단을 12개로 나누고 생산부문을 19개로 세분하여 조세정책의 효과를 분석하였다. 나아가 소득계층을 생애소득을 기준으로 12개로 구분하여 조세로 인한 전체 생애의 후생비용을 측정하였다.

한편, 고령화와 관련된 주택시장에 대한 연구주제로서 베이비붐 세대의 은퇴가 주택시장에 미치는 영향에 대한 분석으로 많았다. 대표적인 예가 Mankiw and Weil(1989)과 Poterba et al.(2011)이다. Mankiw and Weil(1989)는 베이비붐 세대와 베이비버스트(baby bust) 세대의 인구증가율 변동을 이용해 장기주택수요를 추정하고 인구고령화가 주택시장을 침체시킬 것으로 예측하였다. 이들은 주택시장이 저량(stock)과 유량(flow) 두 시장으로 구분되고, 주택가격은 저량시장에서 결정되어 유량시장에서 신규주택 투자를 결정한다는 균형개념을 제시하였다. 즉, 기본적으로 주택시장의 균형은 기존의 주택공급량과 주택수요의 균형으로 정의되며 유량시장에서 규정되지 못한다는 것이다.

Poterba et al.(2011)는 은퇴 이후 보유할 자산구성에 대해 실증분석하였다. HRS(Health and Retirement Study)를 이용하여 분석한 결과, 은퇴에 대비한 연금자산이 매우 큰 비중을 차지하고 있었으며, 노후소비를 위한 주요 재원으로서의 역할을 하는 것으로 나타났다. 이에 반해 비연금자산과 주택자산의 주요 역할은 예비적 동기에 의한 저축 수단인 것으로 나타났다. 비교적 큰 충격이 없는 한 주택을 매각하기보다는 생애의 마지막까지 비교적 큰 규모의 주택을 보유하는 경향이 있음을 확인하였다.

인구고령화를 제일 먼저 경험한 일본에서도 고령화가 부동산시장에 미치는 영향에 대해 활발한 연구가 이루어졌다. 국가별 자료를 이용한 연구뿐만 아니라 지역별 미시자료를 이용하여 인구변수가 주택가격에 미치는 영향에 대해 분석되었다(Takáts, 2012; Saita et al., 2013). 주요 연구결과는 인구변수가 주택가격에 큰 영향을 미치며, 균형주택가격 변화는 노년부양비 및 총인구 증가율과 같은 고령화 변수에 영향을 크게 받고 그 규모도 클 것으로 예상하였다. 또한, 일본이 고령화로 인한 주택가격의 하락을 막기 위해서는 2040년까지 매년 160만 명의 노동연령인구의 유입이 필요하다는 주장도 제시되었다(Shimizu et al., 2015).

생애주기 관점에서 고령화가 주택시장에 미치는 영향은 Andersen and Hermansen(2013)에 의해 분석되었다. 부분균형모형을 이용해 주택 고유의 특성을 부각시켜 모형에 반영하였다는 점에서 그 의미를 찾을 수 있다. 소비재임과 동시에 자산이라는 주택의 양면적인 성격을 이용해 주택이 개인의 효용을 창출하는 내구소비재인 동시에 자산축적의 중요한 수단이라는 특징을 모형에 반영하였다. 이로부터 비내구재 소비와 주택소비 간의 기회비용 설정에 있어 주택보유로 인해 예상되는 자산수익률을 고려한 개인의 최적화 조건을 도출하였다.

일반균형모형을 이용한 주택시장 분석도 많이 이루어지고 있다(Iacoviello and Neri, 2010; Guerrieri and Iacoviello, 2014; Davis and Heathcote, 2004; Iacoviello and Pavan, 2010). Iacoviello and Neri(2010)는 일반균형모형을 이용하여 주택시장의 변동성 결정요인과 주택시장의 변동성이 경제의 여타 부문에 미치는 파급효과에 대해 분석하였다. 주택의 수요와 공급 측면의 기술충격이 주택투자와 주택가격 변동성의 약 25%를, 화폐금융정책이 이들 변수들의 변동성의 약 20%를 설명한다. 주택시장의 변동성은 여타 부문에 상당 수준 영향을 미치지만 투자보다는 소비에 영향력이 집중된다는 점을 확인하였다. Guerrieri and Iacoviello(2014)는 베이지안 추정방법을 이용해 비선형 일반균형모형을 추정하고, 주택을 통한 담보의 역할을 강조하였다. 차입제약이 2001-2006년 호황기에 대폭적으로 완화되어 주택보유의 증가는 소비증가에 큰 영향을 미치지 못한 반면 2007-2009년 불경기에는 차입제약의 강화로 주택시장이 붕괴되는 심각한 경기침체를 유발하였다고 주장하였다. 이러한 분석결과는 실제 데이터에서 나타나는 주택담보를 통한 차입제약이 경기변동에 미치는 효과가 비대칭적으로 나타나는 특성을 적절히 보이고 있다. Davis and Heathcote(2004)는 신규주택에 대한 투자가 여타 투자에 비하여 변동성이 크게 나타나는 점을 일반균형모형을 이용하여 재생했다는 점과 생산부문을 주택부문과 여타 부문으로 분류한 동태모형을 설정하였다는 점에서 의미를 부여할 수 있다.

Iacoviello and Neri(2010), Guerrieri and Iacoviello(2014), Davis and Heathcote(2003) 등이 무한시계 대표경제주체모형을 설정한 것과는 대조적으로 Iacoviello and Pavan(2011)은 OLG 모형을 설정하여 주택보유와 부채수준이 생애주기별로 어떻게 변화해 나가는지를 분석하였다. 관심의 대상을 경기변동 과정에서 나타나는 주택시장의 변동성과 그 효과에 초점을 맞춘 기존 연구들과 달리 동 연구는 생애주기적 관점에서 이 문제를 접근하였다. 또한 주택의 소비형태를 자가주택 소비와 임대주택 소비로 구분한 점은 의미가 있으나, 주택가격의 내생화를 모형에 반영하지 못한 점이 문제점으로 지적된다.

2. 주택가격과 주택수요 전망

우리나라의 인구고령화는 유례를 찾아보기 힘들 정도의 빠른 속도로 진행되고 있으며 향후에도 가장 빠른 속도로 초고령사회에 진입하게 될 것으로 예상된다. 고령화 지표의 하나인 역부양비율(비생산인구 1인당 생산인구 비율)이 우리나라의 경우 [그림 1]에서와 같이 2015년 2.7을 정점으로 이후 빠르게 하락하여 20년 후인 2035년에는 1.5로, 2055년에는 1.1을 기록할 것으로 전망되고 있다. 이는 고령화가 빠르게 진행되고 있는 중국이나 싱가포르 등 여타 아시아 국가들에 비해 매우 빠른 속도이다. 2015-2035년 기간 중 중국은 2.6에서 1.9로, 싱가포르는 2.8에서 1.7로 하락이 예상된다. 1990년의 고점 2.3에서 2010년 1.75로 24% 하락 한 일본의 과거 20년에 비해서도

[그림 1] 동아시아 3국의 역부양비율

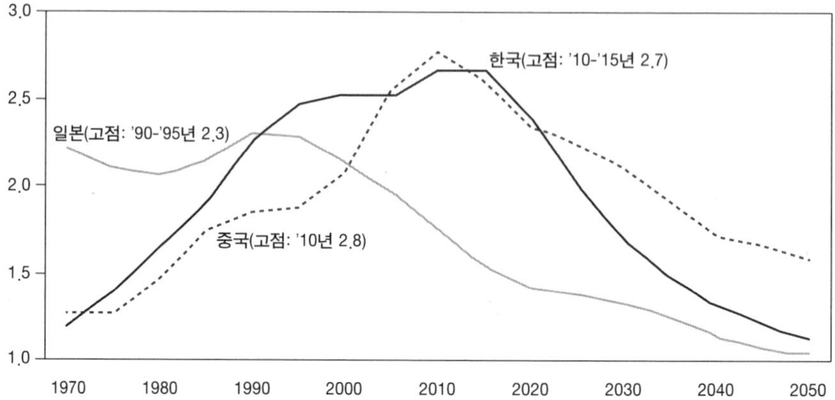

자료: 한국개발연구원(2015).

더욱 가파른 하락 속도다. 우리나라는 고령화의 두 가지 결정적 요인인 저출산과 기대여명 상승에 있어서도 세계 최고 수준이어서 향후 고령화의 추세 전환이 용이하지 않을 것으로 예상된다(조만, 2015).

한편, 이창무(2015)는 고령화에 따른 주택시장의 변화를 분석하기 위해 APC 모형(Age-Period-Cohort Model)을 이용하여 장기주택수요를 예측하였다. 결과에 따르면 장기주택수요 측면에서 향후 20년을 전후하여 주택시장의 정체 상황이 도래할 것이며, 그 이후 발생할 여지가 큰 총수요의 축소국면에 대비할 수 있는 정책적 변화가 필요한 시점이라고 예측하였다. 중단기적으로도 주택수요 증가량과 주택멸실량의 합으로 구성되는 신규주택수요에 대해 낙관적으로 전망하기 어렵다고 하였다. 과거 고도 성장기와는 달리 인구증가의 여력이 소진된 저성장기에는 그와 같은 공급충격이 주택시장에 심각한 영향을 미칠 수 있으며, 그 영향에서 벗어나는 데 오랜 시간이 걸릴 수 있다고 주장하였다.

Deng(2015)은 중국, 일본, 한국 등 3개국은 시간이 지날수록 서로 다른 경제성장 경로를 보이고 있으며, 각 국가별 주택가격은 총생산 수준의 변화와 동행함을 보였다. 일본은 전쟁 후인 1950년대 초반부터 경제성장이 시작되어 그 이후 세 번의 부동산가격 폭등을 기록한 바 있다(Shimizu and Watanabe, 2014). 첫 번째 가격폭등은 산업자산가격 버블로 1950년대 첫 경제호황의 마지막 단계에서 발생하였다. 두 번째 가격폭등은 1960년대 중반에서 후반까지 대대적인 도시화와 주요 대도시의 주택공급 부족현상으로 발생하여 1970년대 오일쇼크와 함께 마감되었다. 세 번째 가격폭등은 1980년대 전반에 베이비붐 세대가 주택구입 연령대에 도달하면서 도쿄 및 주요 대도시의 개발 광풍과 함께 발생하였다. 알려진 바와 같이 1980년대 중후반의 폭등 이후 부동산시장은 장기 침체에 접어들었으며 이를 잃어버린 20년이라고들 한다.

최근에는 중국이 지난 20년 동안 두 자릿수의 실질GDP 성장률을 기록하며 세계경제의 성장을 주도하고 있다. 이에 따라 주요 도시의 주택가격이 급등하였으며, 특히 동부 해안지대를 중심으로 상승세가 두드러지고 있다. 2009년 이래 베이징과 상하이의 부동산가격이 가파른 상승세를 보이는데 실제로 1980년대 도쿄의 부동산가격 상승폭을 넘어서는 수준이다. 최근의 연구에 의하면 동부 해안가 도시의 부동산가격 상승은 대개 소득수준 증가, 농촌에서 도시로의 대규모 인구이동 및 비탄력적인 주택공급 그리고 통화완화정책 등으로 이루어졌으며, 베이징, 상하이 및 선전 등 해안가 도시의 주택가격이 시장경제 기초여건 대비 심하게 과대평가되는 경향을 보이고 있다고 한다.

한국의 경우 1970년대와 1980년대의 급속한 경제성장과 더불어 급격한 도시화로 서울 및 주요 도시에서 극심한 주택공급 부족현상을 겪었다. 정부는 주택 200만 가구를 공급하는 등 1990년대 당시 거의 30%에 달하는 주

[그림 2] 주요 국가의 역부양비율

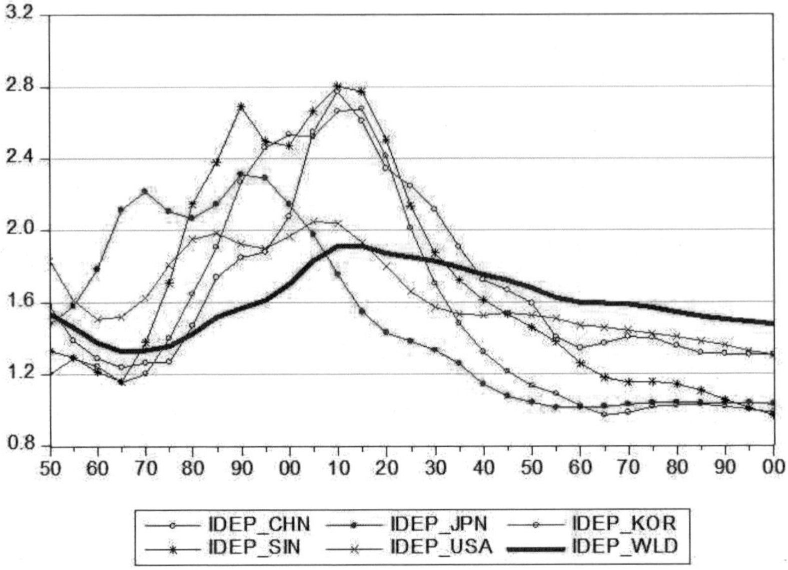

자료: 한국개발연구원(2015)

택을 공급함으로써 대응하였다. 이를 통해 한국은 1990년대 후반 아시아의 금융위기 당시까지 주택가격이 다소 안정세를 유지할 수 있었다는 평가가 있다. 그러나 금융위기 이후 경제 전반에 대한 충격에서 벗어나는 과정에서 가격이 다시 상승세로 돌아서고, 주택시장의 수요 견인 요인 중 하나인 주택담보대출 역시 급격하게 증가하고 있다.

인구통계학적 특성에서 살펴보면, 일본의 경우 2010년부터 총인구수가 감소세를 보이기 시작하였으며, 중국(2030년)과 한국(2035년)은 20-25년의 격차를 두고 발생할 것으로 보인다. 3개국의 역부양비율을 보여주는 [그림 2]에서와 같이 일본은 총인구수가 감소세로 돌아서기 20여 년 전인 1990년에 역부양비율이 정점에 도달하였으며, 그 이후부터 감소세를 보이고 있다.

한국과 중국의 경우 2010년경에 정점에 도달한 후 일본과 마찬가지로 감소세를 지속하는 것으로 나타난다. 실제로 2010년에는 전 세계적으로 역부양비율이 정점에 도달하는 경향을 보였고, 그 이후부터 미국과 싱가포르뿐 아니라 여타 국가에서 역부양비율이 하락하였다.

이 외에도 다른 수요 견인요인이 관찰되었다. 평균 가구원 수가 시간의 흐름에 따라 축소되는데, 현재 한국은 가구당 2.8명, 일본은 2.6명 및 중국은 3.2명이다. 이는 일반적으로 주택수요 변화에 있어서 긍정적인 요인으로 작용한다. 국가별로 자가점유율은 큰 격차를 보였다. 중국이 89%로 가장 높은 비율을 보였으며, 그 다음으로 일본은 61%, 한국은 54%로 나타났으며, 중국의 주택시장은 소유 중심인 반면 한국이나 일본의 경우 임대부문도 상당한 수준임을 알 수 있다. 주택대출의 경우 한국과 일본에서는 GDP 대비 주택 모기지 대출(MDO)이 각각 38% 및 33%로 비슷한 수준을 보이는 반면 중국은 28%로 다소 낮게 나타났다. 그리고 주택투자 비율의 경우 한국은 3.8%, 일본은 2.8%로 나타난 반면 중국은 8.5%로 더 높은 수준을 보였다.

3. 주택연금제도의 현황

2016년 6월 말 기준, 주택연금에 대한 총 보증공급액 규모는 30,265건에 대해 37조 4,344억 원이며, 연금지급액은 1조 7,783억 원에 달하고 있다. 신규 보증액은 일정 수준으로 유지되는 반면, 연금지급은 기존 연금수급권자에, 신규 수급권자가 누적되면서 지속적으로 증가하는 추세다. 최근 주택연금에 대한 수요가 점진적으로 증가하는 추세를 보이고 있어 최소 10여 년 이후는 기존 공적연금에 더하여 노후 소득을 지원하는 수단으로 자리할 것으

[그림 3] 누적 연금 지급액 추이

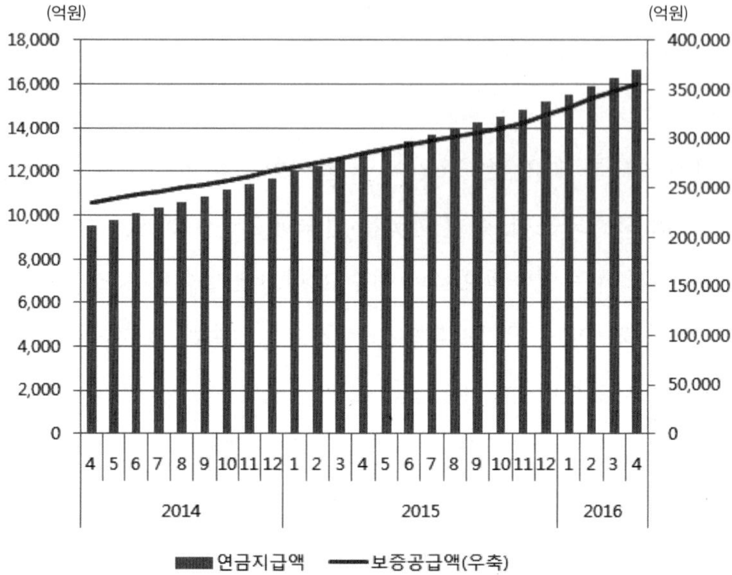

자료: 주택금융공사 홈페이지

로 기대된다(한국주택금융공사, 2016).

주택연금 신규 가입자는 해마다 증가하고 있으며, 65세~69세가 거의 절반수준을 차지하고 있다. 2016년 1분기의 경우, 65~70세 사이의 연령층이 전체 주택연금 신청자 중 48%를 차지하고 있으며, 80세 이상도 11.9%로 높은 비중을 차지한다. 60세 미만도 점차 신규 가입이 늘어나고 있으며, 80세 이상의 초고령층도 신규 가입이 증가되는 모습을 보이고 있다. [표 1]은 주택연금 신규 가입자 분포를 정리한 것이다.

현행 우리나라의 퇴직 후 소득은 주택연금을 제외할 경우 통상 근로 당시 소득의 40-50% 수준에 머무르고 있다. 가장 일반적인 국민연금의 실질 소득대체율은 25% 수준이며(국민연금연구원b, 2016년), 추가로 퇴직연금

[표 1] 주택연금 신규 가입자 분포

구분	2012년	2013년	2014년	2015년	2016년 3월
60세 미만		180	190	129	52
60-64	817	833	687	1,001	442
65-69	1,127	1,072	984	1,428	585
70-74	1,385	1,338	1,368	1,677	560
75-79	987	1,119	1,065	1,346	462
80세 이상	697	754	745	905	283
합계	5,013	5,296	5,039	6,486	2,384

주: 단위는 건수이며, 부부 중 연소자 기준이다.
자료: 국회입법조사처(2016),《주택연금제도의 주요 쟁점과 개선방향》.

15%와 개인연금 10%로 채워지고 있다. 이외 기초연금이 약 20만 원 수준으로 소득에 따라 5-10%를 충당하고 있으나 국민연금의 가입기간이 길어지게 될 경우 기초연금이 감소되어 국민연금과 기초연금을 합하여도 30%를 넘기는 어려운 것이 현실이다.

2016년 1분기 주택연금으로 지급된 금액은 1,239억 원이며, 연금 가입 누적 건수는 28,294건으로 건당 평균 438만 원이 분기당 지급된 것으로 나타났다. 평균적으로 월 146만 원 가량이 지급된 것으로 2016년 기준 1인 가구의 기준 중위소득 1,624,831원에 접근한 수준이다(국회입법조사처, 2016).

현재 퇴직자의 상당수는 국민연금 혜택을 받지 못하는 계층들이 포함되어 있어 주택연금의 유용성은 더욱 클 것으로 예상된다. 2016년 2월 말 기준으로 국민연금의 수혜를 받는 퇴직자는 약 383만 명으로 전체 65세 이상 인구 685만 3천 명의 55.9%에 달하는 것으로 보고되고 있다(국민연금연구원a, 2016). 그러나 국민연금의 지급액은 평균 40만 원이 채 되지 않는 수준으로 이 소득으로 노후생활을 지탱하기는 어렵다. 우리나라 공적연금 체계로는 기초적 생활을 지원하기는 많은 부문 부족한 수준으로 이를 보완할 수 있는 정기적인 소득이 필요한 상황이다.

반면, 주택연금의 수령자는 앞서 언급된 바와 같이 2016년 1분기 말 기준 28,264건으로 60세 이상 인구의 0.68%에 불과한 수준으로 나타나고 있다. 부부합산을 감안하더라도 1%대의 가입비율로 추정된다. 이는 주택연금이 아직까지는 우리나라 노후생활자에게 일반적으로 적용되기 어려운 매우 한정적인 범위에 대해서만 시행되고 있음을 의미한다. 정부의 주택연금 확대정책의 필요성이 더욱 절실한 이유도 여기서 찾을 수 있다.

이상과 같은 주택연금제도의 필요성과 사회안전망으로서의 긍정적 기능에도 불구하고 주택연금제도가 가지고 있는 본연의 한계로 인해 다음과 같은 문제점도 지적되고 있다(국회입법조사처, 2016). 첫째, 주택연금제도의 지속적 확대 정책은 주택연금수령자들의 연금수령 종료 후 매도되는 주택의 가격이 향후에도 유지될 수 있을지와 미래의 근로계층이 지속적으로 주택을 구입할 수 있을지에 대한 문제가 제기된다. 둘째, 가입 초기에 비해 월지급금이 매년 축소되고, 주택연금 공급실적이 점차 낮아지고 있어 이에 대한 개선 필요성이 지적된 바 있으나, 이에 대한 개선안은 마련되지 못한 상황이다. 셋째, 우대형 주택연금 제도는 상대적으로 빈곤한 계층이나 지방가입자를 확대하기 위한 대책으로, 1.5억 원 이하의 주택을 보유한 가입자를 대상으로 하고 있으나 보유 주택의 가격만을 가지고 '우대' 여부를 판정하고 있어, 취지와 달리 고소득자도 상당수 혜택을 받고 있다. 넷째, 가입자 확대에 따라 한국주택금융공사의 주택연금 관련 보증배수가 높아지면서, 적정 보증배율 유지를 위한 추가적인 재원을 지속적으로 확충할 수 있는 방안이 마련되어 있지 못하다.

4. 주택연금 수요예측 모형

1. 선행연구 분석

주택연금과 관련한 선행연구는 2007년 7월 12일 공적보증 역모기지인 주택연금의 출시를 전후하여 연구 주제나 연구 분야가 달라지는 경향을 보이고 있다. 주택연금 도입 이전에는 외국의 역모기지제도 소개, 역모기지제도 도입의 필요성 및 활용방안, 역모기지의 경제적 효과 및 노후소득 효과, 역모기지의 선택 결정요인, 일반이론 및 제도 도입방안 등과 같이 급격한 고령화 추세에 따른 역모기지 도입의 필요성과 상품개발의 필요성에 관한 연구가 주를 이루었다. 주택연금 도입 이후에는 역모기지 선택 결정요인, 농촌형 역모기지 연구, 역모기지의 조기정착을 위한 방안, 역모기지의 활성화 방안, 주택연금의 노후소득보장효과 등으로 연구 범위가 확장되고 있다.

여윤경(2006)은 은퇴노인 가계를 대상으로 통계청의 2001년 가구소비실태조사를 이용하여 역모기지를 이용할 경우 현재의 소비수준을 어느 정도로 대체할 수 있는가에 대한 역모기지 소비대체율을 추정하고 높은 소비대체율을 갖는 집단과 그렇지 않은 집단을 결정짓는 요인은 무엇인가를 밝히고자 하였다. 연구결과 가구주의 연령이 높을수록, 1인 가계일수록, 소득수준이 낮을수록, 위험자산과 이전자산이 낮을수록, 총자산 중 거주주택이 차지하는 비중이 높을수록 소득대체율이 높게 나타났다. 이러한 가구일수록 역모기지형태의 연금으로부터 받는 혜택수준이 높은 집단임을 알 수 있어 역모기지제도가 효율적으로 노후의 소득원을 제공해주고 있음을 실증분석하였다.

김안나(2007)의 주택연금이 노인빈곤 완화에 미치는 효과를 분석하였다. 분석결과 주택연금은 노인 가구 전반에 걸친 소득 상승의 효과를 주고 있으며 빈곤의 감소에도 긍정적 영향을 주고 있음을 확인하였다. 특히 가구주의 연령이 75세 이상일 때 빈곤율이 급격히 감소하며 주택가격이 최소 1억 원 이상일 때 빈곤율의 감소효과가 그리 크지 않은 것으로 나타났다. 이에 고령계층의 안정적인 소득보장제도로 자리매김하기 위해 제도가 생활수준이 낮고 저가주택을 보유한 고령자에 대하여 주택연금과 공공부조제도 간의 효과적인 연계를 통한 통합지원 방안이 필요하다고 하였다.

유지연(2009)은 한국 복지패널(KWPS, 2007)의 2차 자료를 기초로 노후소득보장효과를 분석하였다. 그 결과 주택연금은 노후소득보장효과에 긍정적인 영향을 주고 있으며, 특히 주택만 있고 생활비가 없어 생계를 유지하기 힘든 고령자들에게는 노후생활 안정에 기여할 수 있으나, 1억 원 이하 주택의 경우 그 효과는 미미하여 기초 보장수급자와 유사하나 보유한 자산 등으로 인해 국가의 보장을 받지 못하는 고령자나 저소득계층에 대한 공공부조의 긴밀한 연계를 통한 정책적 배려가 필요하다고 주장하였다.

이충기·박상수(2013)는 한국주택금융공사에서 매년 실시하는 주택금융 및 보금자리론 수요실태조사의 2010년과 2012년 자료를 활용하고, 일반화된 순서형 프로빗 모형을 이용하여 개인들의 주택연금 선호를 분석하고 더 나아가 주택연금 수요를 추정하였다. 실증분석 결과 사람들의 선호에 의미 있는 영향을 주는 변수는 소득, 가구주 연령, 현재 집을 가지고 있는지 여부, 자녀의 수이며 가구주의 학력은 의미 있는 영향을 주지 않는 것으로 나타났다. 그리고 같은 조건하에서는 2010년에 비해 2012년에 주택연금에 대한 선호도가 증가하였다. 머지않아 고령층이 되는 50대 이후 베이비붐세대들이 위험이 내재된 주택이나 부동산에 대한 투자를 노후소득보전 대체수단으로 판단하는 경향이 있으며, 이러한 현상에 비추어 볼 때 세계에서 가장 빠른 인구고령화 속도를 보이고 있는 우리나라의 경우 보다 안정적인 노후

소득보전을 위해 주택연금을 활성화시키기 위한 제도적 보완이 필요하다고 주장하였다.

지금까지의 선행연구를 검토한 결과 주택연금의 활성화를 통한 고령화 시대 노후소득의 보전을 위해서는 보다 현실적인 대안에 대한 연구가 미흡하였음을 알 수 있다. 실제로 주택을 보유한 은퇴자의 경우 재산의 상당 부분을 차지하는 주택을 적극적으로 이용하여 부족 소득을 보완하려 할 것으로 예상되므로 이런 현실을 감안할 때 주택의 축소, 전세로의 이전 등을 고려한 노후 대책들이 고려될 것으로 판단된다.

2. 주택연금 수요 분석을 위한 모형[5]

이충기·박상수(2014)는 본 연구에서 이용한 데이터 중 2010년과 2012년의 데이터를 이용해 주택연금에 대한 수요를 분석한 바 있다. 이충기·박상수(2014)의 연구는 주택연금 선호에 대한 데이터를 분석할 때 통상적인 순서형 프로빗 모형보다 일반화된 순서형 프로빗 모형이 더 적절함을 보였다.[6] 그런데 이충기·박상수(2014)는 코호트 효과 대신 설문 응답 당시의 가구주 연령을 설명변수로 이용하였고, 미래 기대에 대한 고려를 분석 모형에 포함시키지 않았다. 이충기·박상수(2014)가 2010년과 2012년의 2개년 자료만을 이용하여 코호트 효과를 명시적으로 고려하는 데에 한계가 있었던 것에

5 한국주택금융공사의 주택수요조사 자료를 이용하여 작성 중인 이충기·박상수 논문의 일부를 발췌한 것이다.

6 표준적인 순서형 응답 모형과 일반화된 순서형 응답 모형의 차이는 일반화된 순서형 응답 모형은 문턱값이 개별 주체들에 따라 이질적일 가능성을 허용하는 까닭에 모수(parameter)들은 일부 또는 전부가 응답에 따라 다른 값을 가질 수 있다는 점이다. 본 연구에 일반화된 순서형 응답 모형을 이용하는 까닭에 식 (3)의 함수 $\beta_{f,j}^{c}(\cdot,\cdot)$에 응답 인덱스 j가 포함되어 있다. 일반화된 순서형 응답 모형에 대한 논의는 이충기·박상수(2014)를 참고 바란다.

비해 본 연구는 총 5개년의 데이터를 이용하는 까닭에 코호트 효과를 모형에 고려할 수 있었고, 무엇보다 미래 기대에 대한 모형화를 시도했다는 점에서 이충기·박상수(2014)의 연구에 비해 발전된 분석이라고 할 수 있다.

이충기·박상수(2014)가 일반화된 순서형 프로빗 모형을 이용한 데 비해 본 연구에서는 일반화된 순서형 로짓 모형을 이용하고자 한다. 이충기·박상수(2014)에서 설명된 바와 같이 일반화된 순서형 로짓 모형은 순서형 프로빗 모형에 비해 인간 행위에 대해 다소 강한 전제를 하고 있다는 점에서 순서형 프로빗 모형을 이용하는 것이 모형의 충분한 융통성을 확보할 수 있으나 본 연구에서는 다음과 같은 두 가지 이유로 순서형 로짓 모형을 이용하였다. 첫째, 추정에 필요한 변수를 생성하는 과정에서 프로빗 모형의 계산 한계를 벗어나는 값들이 빈번히 발생하였으며, 통계적 추론을 위한 부트스트랩에 시간이 너무 많이 소요되는 등의 난점이 있었다. 둘째, 4절에서 볼 수 있듯이 한계효과의 함수적 형태가 순서형 로짓 모형이 간단하고 해석이 용이하였다.

코호트 c 에 속한 가구 중 아직 주택연금을 가입하지 않은 가구 i 가 연금 개시 연령에 도달하는 시점 T_i 이후의 미래에 대한 기대 가구 순소득 프로파일 중 주택연금 미가입 시 프로파일이 $(I^{no}_{i,T_i+s})^{\infty}_{s=0}(=f^{no}_{i,T_i})$ 이고 주택연금 가입 시 프로파일이 $(I^{yes}_{i,T_i+s})^{\infty}_{s=0}(=f^{yes}_{i,T_i})$ 일 때 얻는 효용을 U_i 라고 하고 이 효용에 대해 다음과 같은 함수 형태를 가정하자.

$$U_i = \beta^c_f(f^{no}_{i,T_i}, f^{yes}_{i,T_i}) + \epsilon_i \tag{1}$$

여기서 $\beta^c_f(f^{no}_{i,T_i}, f^{yes}_{i,T_i})$ 는 두 개의 무한차원벡터 f^{no}_{i,T_i} 와 f^{yes}_{i,T_i} 를 어떤 실수값에 대응시키는 범함수(functional)로서 코호트별로 다를 수 있다. 두 무한

차원벡터는 각각 가구 i가 몇 명의 자녀를 몇 살에 낳는지, 자녀들의 교육에는 얼마나 투자할 것인지, 가구 구성원들에게 질병은 없는지 등등 가구가 구성된 시점(T_i^0) 이후의 여러 가지 가구특성변수의 프로파일과 가구 외적 요소들(예컨대 거시경제적 상황 등)의 기댓값의 함수일 것이다.

가구 i의 구성원 중 연금을 수령하는 사람들이 무한히 살 수는 없으므로 이론적으로 f_{i,T_i}^{no}와 f_{i,T_i}^{yes}는 무한차원벡터일 수 없으나 이들을 무한차원벡터로 가정하여 이후의 논의를 전개해도 저자들이 주목하고자 하는 바를 설명하는 데에 무리가 없으므로 편의상 무한차원의 벡터라고 가정한다. 오차항 ϵ_i는 가구의 고유한 오차항으로 시간에 따라 달라지지 않는다.

모형 (1)이 의미하는 바는 연금 개시 연령 이후 주택연금 미가입시 순소득 흐름과 가입 시 순소득 흐름이 동일하게 유지된다면 가구 i의 주택연금에 대한 선호는 시간에 따라 달라지지 않는다는 것이다. 이는 아직 주택연금을 가입하지 않은 가구의 주택연금에 대한 선호가 합리적이라면 모든 조건이 동일하게 유지되는 경우 시간에 따른 선호의 변화는 없어야 한다는 점에서 무리한 가정은 아니라고 할 수 있다.

식 (1)에서 오차항 ϵ_i가 평균 0, 분산 σ^2인 조건부 로지스틱 분포를 따른다고 가정하고 가구들이 자신들의 주택연금 선호의 정도를 다음과 같은 방식으로 리커트 척도로 응답(y_i)한다고 하자.

$$y_i = j, \quad \text{iff} \quad a_{j-1} < U_i \leq a_j,\ j = 1 \cdots\ J(=5),\ a_0 = -\infty,\ a_J = \infty. \qquad (2)$$

그러면 우리는 가구의 순서형 응답에 대한 일반화된 조건부 순서형 로짓 모형의 로그우도함수를 다음과 같이 설정할 수 있다.

$$\sum_{i=1}^{n} \ln\left(\Pr[y_i | f_{i,T_i}^{no}, f_{i,T_i}^{yes}, c]\right) \tag{3}$$
$$= \sum_{i=1}^{n}\sum_{j=1}^{J} y_i \ln\left(\Lambda\left(\frac{a_j - \beta_{f,j}^{c}(f_{i,T_i}^{no}, f_{i,T_i}^{yes})}{\sigma}\right) - \Lambda\left(\frac{a_{j-1} - \beta_{f,j-1}^{c}(f_{i,T_i}^{no}, f_{i,T_i}^{yes})}{\sigma}\right)\right)$$

여기서 $\Lambda(x) = \frac{1}{1+e^{-x}}$ 이다. 모형 추정 시에는 $\sigma^2 = 1$로 정규화하였다.

만일 두 (무한차원)벡터 f_{i,T_i}^{no} 와 f_{i,T_i}^{yes} 가 관측된다면 우리는 범함수 $\beta_{f,j}^{c}(\cdot, \cdot)$를 적절한 기저함수들(basis functions)을 이용해 근사를 하여 식 (3)을 추정할 수 있다. 실제로는 두 벡터가 가구 i의 기대소득의 흐름이므로 관측될 수 없는 까닭에 식 (3)을 그 자체로 추정할 수는 없지만 식 (3)은 본 연구의 계량경제학적 모형을 도출하는 데에 이론적 근거를 제공한다.

두 벡터 f_{i,T_i}^{no} 와 f_{i,T_i}^{yes} 가 관측되지 않는다는 문제 이외에도 본 연구에서는 식 (3)을 추정할 수 없게 만드는 다른 요소가 있다. 이는 자료의 문제이다. 만일 우리에게 가구 i의 실제 소득 흐름과 특성벡터의 시간에 따른 흐름 데이터가 있다면(즉, 패널자료가 가용하다면) 우리는 두 벡터 f_{i,T_i}^{no} 와 f_{i,T_i}^{yes} 와 실제 소득 흐름 데이터와 특성벡터 흐름 데이터간의 적절한 함수적 관계를 가정하여 식 (3)을 축약형(reduced form) 방정식으로 변환하여 추정하는 방법을 시도할 수 있다. 하지만 우리가 가지고 있는 자료는 패널자료가 아니라 매 시점에서 임의의 가구를 선택해 얻은 반복적 횡단면 자료(repeated cross sectional data)이어서 이 방법 또한 사용할 수 없다.

우리에게는 가구 i가 t_i 시점에 응답한 값 y_i 와 해당 시점의 가구특성변수 x_i가 있다. 가구특성변수 중 우리가 분석에 이용할 수 있는 변수들은 가구주 연령($HOHage_i$), 설문 시점에 집을 보유하고 있는지 여부를 나타내는 이진 변수(ten_i), 설문 조사 시점의 자녀 수($NChildren_i$), 기혼 여부를 나타내는 이진 변수($Married_i$), 가구의 월 평균 소득(M_i) 등이 있다.

이 변수들은 i의 응답 시점의 변수값들인 반면 i의 주택연금에 대한 선호는 자신이 기대하는 미래의 상태에 의해 결정되므로, 특히 $HOHage_i$ 가 낮은 경우에, 이 변수들이 i의 주택연금에 대한 선호에 직접적으로 영향을 줄 것으로 보기 어렵다. 예컨대 $HOHage_i = 28$ 이고 $Married_i = 0$ 이며 $ten_i = 0$ 이고 $M_i = 500$인 i(즉, 연령이 28세이고 집을 보유하고 있지 않은 월 평균 소득 500만 원인 미혼자)가 주택연금에 대한 자신의 선호(y_i)를 5점 척도로 응답할 때 60세 때 혼인을 한 상태에서 매매가 10억 원의 주택을 보유하고 있으며 2명의 장성한 자녀로부터 매월 상당한 금액의 이전소득을 얻는 자신의 미래를 머릿속에 그리면서 응답했을 수도 있고 60세 때 혼인을 한 상태에서 매매가 5억 원의 주택을 보유하고 있으면서 2명의 어린 자녀에게 생활비를 대주는 미래를 상상하면서 응답했을 수도 있다. 따라서 $HOHage_i$가 낮은 i의 경우 y_i를 결정하는 모형에 응답 시점의 ten_i, $NChildren_i$, $Married_i$ 등을 포함시키는 것은 논리적으로 뒷받침되기 어렵다. 다만 M_i은 i가 자신의 미래의 소득 흐름에 대한 기대(f^{no}_{i,T_i} 와 f^{yes}_{i,T_i})를 형성하는 데에 핵심적인 고려 요소 중의 하나일 것으로 볼 수 있으므로 M_i에 따라 y_i가 달라질 수는 있을 것이다.

반면 $HOHage_i$가 높은 중장년층의 i는 응답시점의 $NChildren_i$, $Married_i$, M_i 등이 f^{no}_{i,T_i}와 f^{yes}_{i,T_i}를 형성하는 데에 직접적으로 연관되어 있다고 보는 것이 합리적이다. 특히 $HOHage_i$ 가 59세인 i들의 경우[7] 이들이 보유하고 있는 주택의 가격, 소득, 자녀의 수, 자녀의 연령 등의 변수값들은 이들의 f^{no}_{i,T_i}와 f^{yes}_{i,T_i}과 매우 높은 상관성을 가질 것으로 예상할 수 있다. 저자들은 이상의 논의를 바탕으로 다음과 같은 몇 가지 가정을 하고자 한다.

[가정 1: $\beta^c_f(f^{no}_{i,T_i}, f^{yes}_{i,T_i})$] $\beta^c_f(f^{no}_{i,T_i}, f^{yes}_{i,T_i})$는 i가 59세일 때의 특성변수 값들

7 우리는 모든 i에 대해 T_i가 60세라는 전제를 하고 있다. 설문 대상의 최고 연령이 59세였기에 이렇게 정하였다.

과 선형 상관관계가 존재한다.

i가 59세에 도달했을 때의 특성변수값들을 x_i^{59}라고 나타내면 다음과 같이 표현할 수 있다.

$$\begin{aligned}\beta_f^c(f_{i,T_i}^{no}, f_{i,T_i}^{yes}) = (x_i^{59})' \beta = \beta_0 &+ \beta_{Cohort}\, Cohort_i \\ &+ \beta_{Trend}\, Trend_i + \beta_M \ln(M_i^{59}) \\ &+ \beta_H \ln(P_{H,i}^{59}) + \beta_{NChild} NChildren_i^{59} \\ &+ \sum_e \beta_{Edu,e} 1_{(Edu_i^{59} = e)}\end{aligned} \tag{4}$$

모형에서 이용한 코호트 효과에 대해서는 후술하고, 다른 변수들에 대해 먼저 기술하자. 소비자의 효용이 소득의 오목함수(concave)라는 점을 모형에 부과(impose)하고자 59세의 소득이 아니라 59세의 소득의 자연대수값($\ln(M^{59})$)을 설명변수로 설정하였다. 그리고 59세에 보유하고 있는 주택의 가격(P_H^{59})이 f_{i,T_i}^{no}와 f_{i,T_i}^{yes}의 차이를 결정하므로 이를 설명변수로 추가하였다. 이 변수 또한 효용의 오목성을 고려해 자연대수 형태로 포함하였다. 자녀의 수와 교육 정도가 주택연금에 대한 선호에 영향을 주는지 알아보고자 59세 때의 자녀의 수($NChildren^{59}$)와 59세 때의 교육수준(Edu^{59})을 포함시켰다.

$Trend_i$는 2010년을 1로 할 때 i가 설문에 응한 연도가 2010년으로부터 몇 번째 해인가를 나타내는 변수로서 선호에 추세가 존재하는지 알아보기 위해 모형에 포함시키고자 하였다. 2014년까지의 설문조사가 이용되었으므로 $Trend_i$의 최대값은 5이다. 설문에 응한 세대들이 2030년의 선호 정도를 예측하기 위해서는 $Trend_i$에 21을 대입하여 계산하면 된다.

식 (4)에서 코호트 효과를 통제하기 위한 변수 $Cohort_i$는 $\ln(Birth\,Year_i$ $-$ 출생 연도 최소값 $+1)$로 정의하였다. 즉, 가구주 i의 출생연도에서 표본에 속한 가구주 출생연도 중 가장 작은 값(1951)을 뺀 후 1을 더해서 자연대수를 취한 값으로, 자료에 속한 가구 중 가장 나이가 많은 가구주의 코호트 효과가 0이고 출생 연도가 늦어질수록 대수적으로 증가한다. 이 변수를 이용한 것은 우리가 코호트에 따른 선호도 변화에 대해 후대로 내려올수록 단조적으로 증가 또는 감소하고 그 효과는 체감한다는 가정을 하고 있음을 말한다. $Cohort_i$변수를 사용한 까닭에 우리의 모형을 이용해 미래 세대의 선호 정도도 예측해 볼 수 있다. 예컨대 2010년에 출생한 세대의 선호 정도를 예측하려면 $Cohort_i = \ln(2010-1951+1) = \ln(60)$을 대입하면 된다.

코호트 효과를 현재와 달리 출생연도별 더미변수를 이용할 수도 있다. 이 경우 코호트 효과는 $\beta_{Cohort}\ Cohort_i$ 대신 $\sum_c \beta_{Cohort,c} 1(i \in c)$의 형태로 식 (4)에 포함되었을 것이다. 해당 코호트별 더미변수를 이용할 경우에는 분석에 포함되지 않은 세대들의 계수값들을 알 수 없다. 따라서 이런 형태의 코호트 효과는 예측 목적으로는 적절하지 않다는 단점이 있다.

저자들은 실제로 $\sum_c \beta_{Cohort,c} 1(i \in c)$와 같은 형태로 코호트 효과를 포함하여 아래에 상술하는 방법을 이용하여 모형을 추정하였다. 추정결과 얻은 $\beta_{Cohort,c}$의 추정값을 코호트별로 그려보면 [그림 4]와 같다.

[그림 4] 코호트별 더미 변수 계수 추정값

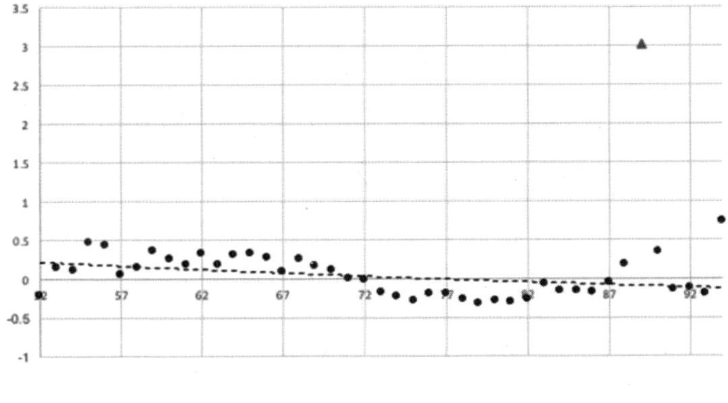

그래프의 횡축은 가구주의 출생연도, 종축은 코호트별 $\beta_{Cohort,c}$의 추정값이다. 계수추정값이 예외적으로 큰 1989년생 코호트(붉은 삼각형)를 제외하면 다른 코호트들은 비교적 일정한 범위 내의 값을 갖고 있고, 추세선(점선)을 보면 출생연도가 후대일수록 작아지는 경향이 미약하나마 보인다. 이 관찰결과를 바탕으로 우리들은 코호트 효과를 현재와 같은 로그선형 함수 형태로 포함하였다.

$HOHage_i \approx 59$인 i들의 경우 x_i^{59}의 값은 관측된 x_i들의 값과 같거나 거의 같을 것이다. 하지만 $HOHage_i$가 59보다 작은 i들의 경우 관측된 시점의 x_i들을 이용하여 x_i^{59}의 값을 추정하여 모형 추정에 이용하고자 한다. 본 연구에서 이 추정을 위하여 다음과 같은 가정을 하고자 한다.

[가정 2: 기대 소득] i는 자신의 f_{i,T_i}^{no}와 f_{i,T_i}^{yes}를 형성할 때 현재(t_i 시점) 자신과 같은 특성변수값을 갖는 사람들 사이에서의 자신의 조건부 소득분위가 59세에도 유지된다고 전제하되, 59세 때의 소득이 현재의 소득보다 낮지는 않으리라고 기대한다.

[가정 2]는 경제주체들이 소득의 상대적 이동성이 극히 낮다는 생각을 하고 있다는 전제에 바탕을 두어 구성한 것이다. 다소 극단적인 가정일 수 있으나 최근의 소득이동성에 논의로 미루어볼 때 받아들일 수 있는 가정이라고 생각한다. [가정 2]로부터 $\ln(M_i^{59})$를 $\ln(M_i)$에 대한 조건부 분위회귀를 통해 추정하고자 한다.

먼저, i가 인식하는 자신의 조건부 소득 분위 τ_i을 추정한다. 이를 위하여 $\ln(M_i)$의 조건부 분위회귀를 위한 축약형 모형(reduced model)을 다음과 같이 설정하자. 모형에서 t는 해당 가구가 설문에 응답한 시점, HOH_{age}는 설문에 응답한 시점의 가구주 연령, Edu는 설문에 응답한 시점의 가구주 교육수준, $Married$는 설문에 응답한 시점의 가구주의 결혼 여부이다

$$q^{\tau}_{\ln(M)} = \alpha_0^{\tau} + \alpha_1^{\tau}\ln(HOH_{age}) + \alpha_2^{\tau}\ln(t) + \alpha_3^{\tau}\ln^2(HOH_{age}) + \alpha_4^{\tau}\ln(HOH_{age})\ln(t) + \alpha_5^{\tau}\ln^2(t) + \alpha_6^{\tau}\ln^3(HOH_{age}) + \alpha_7^{\tau}\ln^2(HOH_{age})\ln(t) + \alpha_8^{\tau}\ln(HOH_{age})\ln^2(t) + \alpha_9^{\tau}\ln^3(t) + \alpha^{\tau}_{Edu,e}Edu + \alpha^{\tau}_{Married}Married \tag{5}$$

이 모형을 추정하면 우리는 모든 τ에 대해 i와 같은 공변량 벡터를 갖는 가구들의 조건부 분위소득의 추정값인 $\hat{q}^{\tau}_{\ln(M),i}$를 구할 수 있다.

이론적으로 분위회귀함수는 분위값에 대해 단조적이어야 한다. 즉, $\tau_0 \leqq \tau_1$인 두 분위값에 대해 식 (5)를 추정하면 모든 설명변수 값에 대해 $\hat{q}^{\tau_0}_{\ln(M),i} \leqq \hat{q}^{\tau_1}_{\ln(M),i}$이 성립해야 하고 $\hat{q}^{\tau_0}_{\ln(M),i} > \hat{q}^{\tau_1}_{\ln(M),i}$이어서는 안 된다('no crossing property'). 하지만 여러 분위에 대해 모수적 분위회귀함수를 추정하면 추정된 분위회귀함수가 서로 교차하는 일이 발생한다. 본 연구에서는 Chernozhukov, Fernandez-Val, and Galichon(2009, 2010)이 제시한 rearrangement기법을 이용하여 no crossing property를 회복한 $\hat{q}^{\tau}_{\ln(M),i}$을 이용하였다.

우리는 $\hat{\tau}_i$을 $\hat{q}^{\tau}_{\ln(M),i}$와 실제 $\ln(M_i)$의 차이가 최소가 되는 τ로 정하고자 한다. 단, τ의 범위를 0과 1 사이의 모든 실수값이 아니라 {0.05, 0.1, 10.15, ..., 0.9, -.95}의 이산적인 값에서 찾고자 하였다. 이렇게 한 것은 계산의 편의를 위해서이기도 하고 실제로 사람들이 정확한 분위값을 알 수는 없을 것이라는 점을 고려한 까닭이기도 했다.

$$\hat{\tau}_i = \text{argmin}_{\tau \in \{0.05,\, 0.1,\, \ldots,\, 0.95\}}\left(\hat{q}^{\tau}_{\ln(M),i} - \ln(M_i)\right)^2 \tag{6}$$

$\hat{\tau}_i$은 i가 조사 시점에서 동년배들의 소득 중에서 자신의 소득이 위치하는 분위에 대한 추정값이라는 의미를 갖는다.

다음으로 i는 자신이 응답한 시점(t_i)의 59세 가구들의 소득의 분포를 보며 자신의 59세 때의 소득의 기대를 형성한다. t_i 시점의 59세의 소득 분포는 조사 시점에 59세인 가구들만의 데이터를 이용하여 다음의 분위회귀로 추정한다.

$$q_{\ln(M)}^{\tau} = \pi_0^{\tau} + \pi_1^{\tau}\ln(t) + \pi_2^{\tau} Edu \tag{7}$$

식 (7)은 i가 미래 소득에 대한 기대를 형성할 때 교육수준이 유일한 중요한 변수라고 가정한다는 전제를 하고 있다. 이 전제가 매우 제한적이기는 하지만 우리는 식 (7)을 노년층 소득의 축약형 모형으로 본다면 본 연구의 목적을 달성하는 데에는 충분하다고 생각하였다. 식 (7)의 추정 후 적합값을 구할 때에도 re-arrangement를 이용하였다. $Married$는 가구주 연령 59세 표본의 모든 관측값에서 1이어서 포함시키지 않았다.

i의 59세 때의 기대 소득(의 대수값)의 추정값은 다음과 같이 정하였다.

$$\ln(\widehat{M}_i^{59}) = \max\left\{\hat{\pi}_0^{\hat{\tau}_i} + \hat{\pi}_1^{\hat{\tau}_i}\ln(Year_i^{59}) + \hat{\pi}_2^{\hat{\tau}_i} Edu_i,\ \ln(M_i)\right\} \tag{8}$$

다만 설문에 응한 시점의 HOH_{age}가 59세인 경우 $\ln(\widehat{M}_i^{59}) = \ln(M_i)$로 정하였다. $Year_i^{59}$는 i가 59세가 되는 해이다. 식 (7)에 $Married$가 포함되지 않았으므로 식 (8)은 i가 설문에 응한 시점에 결혼을 하지 않은 상태라고 해도 59세 때의 소득의 기댓값을 형성할 때에는 결혼한 상태를 가정한다는 전제를 하는 것과 같다.

이상과 같은 방식으로 추정한 $\ln(\widehat{M}_i^{59})$의 kernel density 추정결과는 [그림 5]와 같다. [그림 6]은 표본에 속한 1955년 또는 그 이전 출생자들(2014

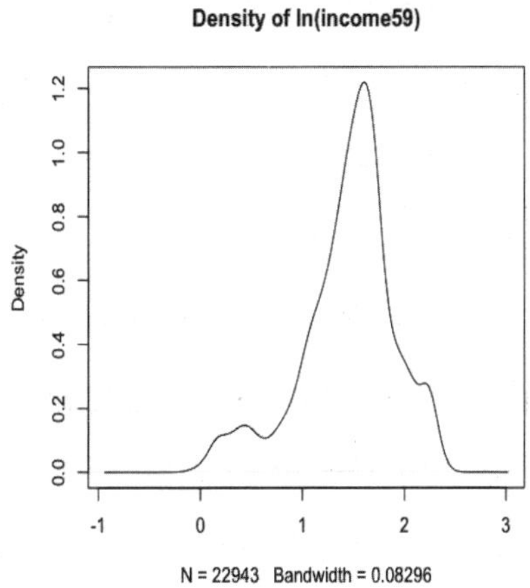

[그림 5] $\ln(\widehat{M_i^{59}})$ density

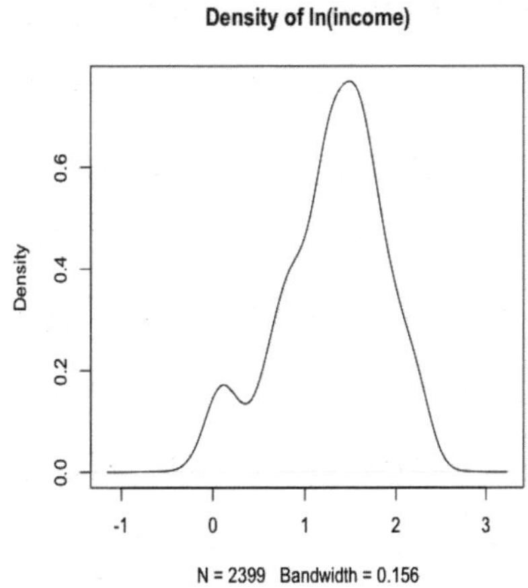

[그림 6] 실제 $\ln(M_i)$ density

년 현재 만 59세)의 실제 $\ln(M_i)$의 kernel density 추정결과이다.

$\ln(\widehat{M}_i^{59})$의 분포함수가 $\ln(M_i)$의 분포함수에 비해 분산이 작다. 이는 모형 (8)을 추정하는 과정에서 τ를 10개 분위만 이용한 까닭으로 추측된다. 이 점을 감안하고 보면 두 분포함수는 정성적인 면에서 유사하다.

[가정 3: 보유 주택의 기대 가격] $HOHage_i$가 낮은 경우 59세에 자신이 보유하고 있을 주택의 가격(의 자연대수값)은 t_i 시점의 59세인 코호트들 중 자신의 소득분위와 동일한 소득 분위를 갖는 가구들의 $\ln(P_H)$중 중간값과 현재 자신의 $\ln(P_{H,i})$중 큰 값을 이용해 기대를 형성한다.

[가정 3]에서 조건부 평균 $\ln(P_H)$이 아닌 조건부 중위수 $\ln(P_H)$에 의해 결정된다는 가정을 한 이유는 $\ln(P_H)$의 조건부 분포가 평균을 중심으로 대칭일 경우에는 조건부 중위수 $\ln(P_H)$와 조건부 평균 $\ln(P_H)$이 동일하므

로 두 값이 동일하므로 어떤 값을 취하든 상관이 없는 반면 $\ln(P_H)$의 조건부 분포가 평균을 중심으로 대칭이 아닌 경우 지나치게 큰 $\ln(P_H)$나 지나치게 작은 $\ln(P_H)$은 기대를 형성하는 데에 영향을 주지 않는다고 보아 평균값보다는 중간값을 이용해 기대를 형성한다고 가정하였다.

[가정 3]을 바탕으로 다음과 같은 절차를 통해 59세 미만의 $HOHage_i$인 i들의 $\ln(P^{59}_{H,})$를 추정하고자 한다. 먼저 2010~2014년의 표본 중 $HOHage_i$가 59세인 부분 표본(subsample)을 정하고 이 부분 표본에 있는 자료로 $\ln(P_{H,i})$에 대하여 다음과 같은 중위수 회귀식을 추정한다.

$$q^{0.5}_{P_H} = \delta_0 + \delta_1 \ln(M) + \delta_2 \ln(t) + \delta_3 \ln^2(M) + \delta_4 \ln(M)\ln(t) + \delta_5 \ln^2(t) + \delta_6 \ln^3(M) + \delta_7 \ln^2(M)\ln(t) + \delta_8 \ln(M)\ln^2(t) + \delta_9 \ln^3(t) \tag{9}$$

식 (9)는 $\ln(P_{H,i})$에 대한 축약형 모형으로 볼 수 있다. 식 (9)를 추정한 후 59세 미만의 i들의 기대 주택 가격의 대수값 $\ln(\hat{P}^{59}_{H,i})$은 식 (9)에 $\ln(M)$ 대신 $\ln(\widehat{M}^{59}_i)$를, t 대신 $Year^{59}_i$를 대입해 구한 $\hat{q}^{0.5}_{P_H,i}$와 실제 $\ln(P_{H,i})$를 비교해 큰 값으로 취한다.

$$\ln(\hat{P}^{59}_{H,i}) = \max\left\{\hat{q}^{0.5}_{P_H,i},\ \ln(P_{H,i})\right\} \tag{10}$$

설문 당시 집을 보유하고 있지 않은 경우에는 $\ln(\hat{P}^{59}_{H,i}) = \hat{q}^{0.5}_{P_H,i}$로 정하고 설문 당시 $HOH_{age,i} = 59$인 경우 $\ln(\hat{P}^{59}_{H,i}) = \ln(P_{H,i})$로 정한다.

이렇게 $\ln(\hat{P}^{59}_{H,i})$와 $\ln(\widehat{M}^{59}_i)$의 산포도는 [그림 7]과 같다. 횡축이 $\ln(\widehat{M}^{59}_i)$이다. 현재의 젊은 세대들이 현재의 노년의 상태를 자신들의 노년에 대한 기대 형성의 준거로 삼는다면 [그림 7]은 현재의 노년층의 실제 산포도와 유사할 것이다. 실제로 표본에 속한 1955년 또는 그 이전 출생

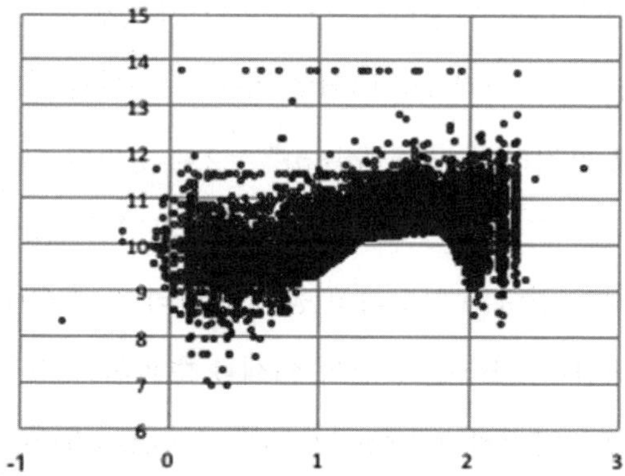

[그림 7] $\ln(\hat{P}^{59}_{H,i})$와 $\ln(\hat{M}^{59}_{i})$의 산포도

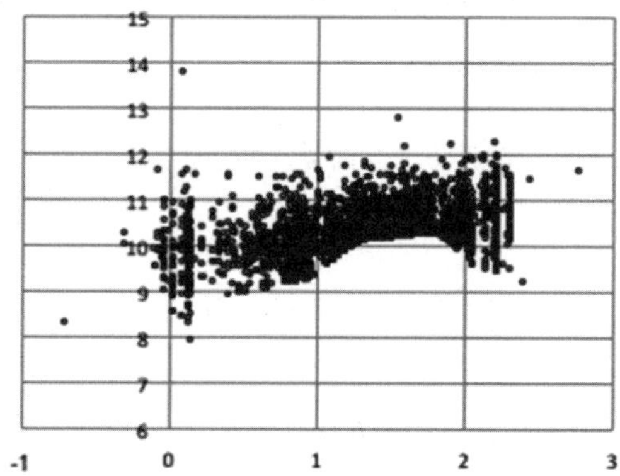

[그림 8] 실제 $\ln(M_i)$와 $\ln(P_{H,i})$의 산포도

자들(2014년 현재 만 59세) 중 집을 소유하고 있는 사람들의 실제 $\ln(M_i)$와 $\ln(P_{H,i})$의 산포도([그림 8])와 [그림 7]은 특징적인 면에서 매우 유사함을 볼 수 있다.

[가정 4: $NChildren^{59}$와 Edu^{59}] 모든 i에 대해 $Edu_i^{59} = Edu_i$로 가정한다. 즉, 가구 i는 설문에 응답한 시점의 자신의 교육 수준 이상의 교육을 받

을 계획을 갖지 않는다고 가정한다. 설문 응답 시점에 가구주 연령이 34세[8]보다 작은 가구들 중 자녀가 1명 이하인 가구는 59세가 되기 이전에 2명의 자녀를 갖는다고 가정하여 $NChildren_i^{59} = 2$로 정한다. 가구주 연령이 34세보다 작은 가구들 중 응답 시점에 2명 이상의 자녀를 갖고 있는 가구는 더 이상의 자녀 계획이 없다고 가정하고 응답 시점의 자녀 수($NChildren_i$)를 $NChildren_i^{59}$로 정한다. 가구주 연령이 34세를 초과하는 경우에도 추가적인 자녀 계획이 없다고 가정하고 $NChildren_i^{59} = NChildren_i$로 정한다.

모든 i에 대해 $\left(y_i, t_i, HOHage_i, \ln(\widehat{M}_i^{59}), \ln(\widehat{P}_{H,i}^{59}), NChildren_i^{59}, Edu_i^{59}\right)$를 구하고 나면 식 (4)의 $\ln(M_i^{59})$와 $\ln(P_{H,i}^{59})$를 각각 $\ln(\widehat{M}_i^{59})$와 $\ln(\widehat{P}_{H,i}^{59})$로 대체하여 식 (3)을 다음과 같이 다시 쓸 수 있다.

$$\sum_{i=1}^{n}\ln\left(\Pr[y_i|Cohort_i, Trend_i, \widehat{M_i^{59}}, \widehat{P_{H,i}^{59}}, NChildren_i^{59}, Edu_i^{59}]\right)$$
$$= \sum_{i=1}^{n}\sum_{j=1}^{J} y_i \ln\left(\Lambda(a_j - \mu_{i,j}(\beta)) - \Lambda(a_{j-1} - \mu_{i,j-1}(\beta))\right), \quad (11)$$

여기서, $\mu_{i,j}(\beta) = \beta_0 + \beta_{Cohort}Cohort_i + \beta_{Trend}Trend_i + \beta_{M,j}\ln(\widehat{M}_i^{59})$
$+ \beta_{H,j}\ln(\widehat{P}_{H,i}^{59}) + \beta_{NChild,j}NChildren_i^{59} + \beta_{Edu,j}Edu_i^{59}$.

모형의 추정은 통상적인 순서형 로짓 모형과 다르지 않게 순서형 로짓 모형을 추정할 수 있는 일반적인 통계 패키지를 이용하여 최우추정법을 이용하여 모형을 추정한다. 하지만 그런 패키지들에서 얻어지는 계수들의 표준오차는 신뢰할 수 없다. 식 (11)의 추정에 이용하는 회귀변수들이 실제로 관측된 변수들이 아니라 생성된 회귀변수(generated regressor)들이기 때문이다. 생성된 회귀변수들을 이용해 모형을 추정할 경우 계수추정값들의 표

8 표본에 속한 가구들의 가구주 연령별 자녀 수의 분포를 구한 결과 중간값이 1 이하인 가구주 연령 중 최대 연령이 34세였다.

준오차를 구할 때 회귀계수들의 생성과정에서 발생하는 오차를 추가로 고려해야 한다.

회귀변수를 생성하는 과정에서 발생한 추가적인 오차를 고려하기 위해서 생성된 회귀변수들의 점근분포를 이용하는 방법(예컨대 Wooldridge(2002, 117-8))을 사용할 수 있는데 본 연구에서 이용한 생성된 회귀변수는 생성과정이 복잡하고 $\widehat{P_{H,i}^{59}}$ 를 생성하기 위해 또 다른 생성된 회귀변수인 $\widehat{M}_i^{59}$ 를 이용하는 등, 통상적인 생성된 회귀변수와는 다른 특성을 갖는 관계로 이 방법을 사용하지 않고 부트스트랩을 이용하였다. 본 연구에서 이용한 부트스트랩 방법의 상세한 내용은 부록에 기술하고자 한다.

설명변수를 w와 z로 구분하여 표기하자. w는 본 분석에서 $Cohort$나 $Trend$처럼 문턱값에 영향을 주지 않는다고 가정된 변수들이다. 따라서 이 변수들의 계수 γ에는 인덱스 j가 없다. 반면 z는 문턱값의 개별 이질성을 결정하는 것으로 가정된 변수들로서 본 연구의 M^{59}, P_H^{59}, Edu^{59}, $NChildren^{59}$ 등이다. 이 변수들의 계수 δ는 j의 함수가 된다.

표기의 편의상 $\Lambda(a_j - w'\gamma - z'\delta_j) = \frac{1}{1+\exp(-(a_j - w'\gamma - z'\delta_j))}$ 를 $\Lambda_j(w, z)$로 간략히 표기하자. 따라서, 주어진 (w, z)를 갖는 가구가 j보다 크거나 같은 응답을 할 확률은 $\Pr[y \geq j|w,z] = 1 - \Lambda_{j-1}(w, z)$이다. 이 확률에 대한 w와 z의 한계효과(marginal effect)는 다음과 같다.

$$\frac{\partial}{\partial w}\Pr[y \geq j|w,z] = \Lambda_{j-1}(w,z)(1-\Lambda_{j-1}(w,z))\gamma \qquad (12)$$

$$= (1-\Pr[y \geq j|w,z])\Pr[y \geq j|w,z]\gamma$$

$$\frac{\partial}{\partial z}\Pr[y \geq j|w,z] = (1-\Pr[y \geq j|w,z])\Pr[y \geq j|w,z]\delta_{j-1} \qquad (13)$$

$(1-\Pr[y \geq j|w,z])\Pr[y \geq j|w,z] \in (0, 0.25)$]이므로 $\frac{\partial}{\partial w}\Pr[y \geq j|w,z]$

와 $\frac{\partial}{\partial w}\Pr[y \geq j|w,z]$의 부호는 각각 γ와 δ_{j-1}의 부호와 같고 그 크기(magnitude)는 γ와 δ_{j-1}의 크기의 1/4을 넘지 못한다. 한계효과가 식 (12)와 (13)처럼 $\Pr[y \geq j|w,z]$의 함수로 간단히 표현되는 것은 로지스틱 분포의 확률밀도함수의 특징에 기인한 것으로, 로짓 모형이 프로빗 모형에 비해 갖는 이점으로 볼 수 있다. 식 (12)과 (13)을 다음과 같이 준탄력성 형태로 쓸 수도 있다.

$$\frac{\partial \ln(\Pr[y \geq j|w,z])}{\partial w} = (1-\Pr[y \geq j|w,z])\gamma. \tag{14}$$

$$\frac{\partial \ln(\Pr[y \geq j|w,z])}{\partial z} = (1-\Pr[y \geq j|w,z])\delta_{j-1}. \tag{15}$$

연구의 목적에 따라서는 (w, z) 중 특정한 변수가 다른 변수의 한계효과에 주는 영향에 관심을 가질 수도 있다. 예를 들어, 자녀 수의 변화가 $\Pr[y \geq j|w,z]$에 주는 영향이 소득 계층에 따라 어떻게 다른지 알고 싶을 수 있다. $\Pr[y \leq j-1|w,z]$ 방정식에서 두 변수 x_1과 x_2의 계수를 각각 $\beta_{j-1,1}$와 $\beta_{j-1,2}$라고 하면 다음이 성립한다.

$$\frac{\partial^2}{\partial x_1 \partial x_2}\Pr[y \geq j|w,z] \tag{16}$$

$$= 2(1-\Pr[y \geq j|w,z])\Pr[y \geq j|w,z]\left(\frac{1}{2}-\Pr[y \geq j|w,z]\right)\beta_{j-1,1}\beta_{j-1,2}$$

따라서, $\Pr[y \geq j|w,z] > \frac{1}{2}$이면 $\frac{\partial^2}{\partial x_1 \partial x_2}\Pr[y \geq j|w,z]$의 부호는 $\beta_{j-1,1}\beta_{j-1,2}$의 부호와 반대이고, $\Pr[y \geq j|w,z] < \frac{1}{2}$이면 $\frac{\partial^2}{\partial x_1 \partial x_2}\Pr[y \geq j|w,z]$의 부호는 $\beta_{j-1,1}\beta_{j-1,2}$의 부호와 같다.

총 가구의 수를 N라고 하고 이들 중 특성변수 벡터 $x = (w, z)$를 관심 변

수 x_1과 기타 변수 x_{-1}로 구분해 보자. 즉, $x=(x_1, x_{-1})$. x의 결합확률밀도함수를 $f(x)$라고 부르자. $\Pr[y \geq j|x]$를 x의 특성을 갖는 가구들이 주택연금을 가입할 확률이라고 간주하면 사회 전체의 주택연금 가입 가구 수 D는 다음과 같다.

$$D = N\int \Pr[y \geq j|x]f(x)dx = N\Pr[y \geq j] \tag{17}$$

따라서 무조건부 확률 $\Pr[y \geq j]$을 추정할 필요가 있다. $\Pr[y \geq j]$의 추정량으로 $\Pr[\widehat{y \geq j}] = \frac{1}{n}\sum_{i=1}^{n}\Pr[\widehat{y_i \geq j}|x_i] = \frac{1}{n}\sum_{i=1}^{n}\Pr[y_i \geq \widehat{j|x_{1,i}, x_{-1,i}}]$ 을 이용할 수 있다.

분석의 목적상 $\Pr[y \geq j|x_1, x_{-1}]$이 아니라 특성 벡터 중 x_1에 대한 부분 모집단 가구의 주택연금 선호 정도인 $\Pr[y \geq j|x_1]$를 구해야 할 수도 있다.

$$\Pr[y \geq j|x_1] = \int \Pr[y \geq j|x_1, x_{-1}]f(x_{-1}|x_1)dx_{-1} \tag{18}$$

$$= \frac{1}{f(x_1)}\int\cdots\int \Pr[y \geq j|x_1, x_2, \cdots, x_K]f(x_1 x_2, \cdots, x_k)dx_2 dx_3 \cdots dx_K$$

따라서 모형의 추정결과인 $\widehat{\Pr}[y \geq j|x_1, x_{-1}]$와 $f(x_{-1}|x_1)$의 비모수 추정을 통하여 추정할 수 있다. Gaussian kernel을 이용하면 $f(x_{-1}|x_1)$의 추정량은 다음과 같다.

$$\hat{f}(x_{-1}|x_1) = \frac{\hat{f}(x_1, x_{-1})}{\hat{f}(x_1)} = \frac{\hat{f}(x_1, x_2, \cdots, x_K)}{\hat{f}(x_1)}. \tag{19}$$

$$= \frac{\frac{1}{n}\sum_{i=1}^{n}\frac{1}{h_1}\phi\left(\frac{x_{1,i}-x_1}{h_1}\right)\prod_{k=2}^{K}\frac{1}{h_k}\phi\left(\frac{x_{k,i}-x_k}{h_k}\right)}{\frac{1}{n}\sum_{i=1}^{n}\frac{1}{h_1}\phi\left(\frac{x_{1,i}-x_1}{h_1}\right)}$$

$\phi(\cdot)$는 표준정규분포의 밀도함수이다. 식 (19)를 이용하면

$$\int \widehat{\Pr}[y \geq j|x_1, x_2, \cdots, x_K]\hat{f}_t(x_1, x_2, \cdots x_K)\,dx_2 \cdots dx_K$$
$$= \frac{1}{n}\sum_{i=1}^{n}\frac{1}{h_1}\phi\left(\frac{x_{1,i}-x_1}{h_1}\right)\int\cdots\int \widehat{\Pr}[y \geq j|x_1, x_2, \cdots, x_K]\prod_{k=2}^{K}\phi\left(\frac{x_{k,i}-x_k}{h_k}\right)d\left(\frac{x_k}{h_k}\right).$$

$\dfrac{x_k - x_{k,i}}{h_k} = v_k$라고 정의하자. 변수의 치환과 $\phi(\cdot)$의 대칭성을 이용하면

$$\int\cdots\int \widehat{\Pr}[y \geq j|x_1, x_2, \cdots, x_K]\prod_{k=2}^{K}\phi\left(\frac{x_{k,i}-x_k}{h_k}\right)d\left(\frac{x_k}{h_k}\right)$$
$$= \int\cdots\int \widehat{\Pr}[y \geq j|x_1, x_{2,i}+h_2v_2, \cdots, x_{K,i}+h_Kv_K]\prod_{k=2}^{K}\phi(v_k)dv_k.$$

$K-1$ 변량 표준정규분포에서 임의추출한 $\{(v_{2,r}, v_{3,r}, \cdots, v_{K,r}), r = 1, \ldots, R(\gg n)\}$을 이용해 몬테카를로 적분을 하면

$$\int\cdots\int \widehat{\Pr}[y \geq j|x_1, x_{2,i}+h_2v_2, \cdots, x_{K,i}+h_Kv_K]\prod_{k=2}^{K}\phi(v_k)dv_2 \cdots dv_K$$
$$\approx \frac{1}{R}\sum_{r=1}^{R}\widehat{\Pr}[y \geq j\,|\,x_1, x_{2,i}+h_2v_{2,r}, x_{3,i}+h_3v_{3,r}, \cdots, x_{K,i}+h_Kv_{K,r}].$$

따라서

$$\widehat{\Pr}[y \geq j|x_1] = \frac{\frac{1}{n}\sum_{i=1}^{n}\frac{1}{h_1}\phi\left(\frac{x_{1,i}-x_1}{h_1}\right)\left(\frac{1}{R}\sum_{r=1}^{R}\widehat{\Pr}[y \geq j|x_1, x_{2,i}+h_2v_{2,r}, x_{3,i}+h_3v_{3,r}, \cdots, x_{K,i}+h_Kv_{K,r}]\right)}{\frac{1}{n}\sum_{i=1}^{n}\frac{1}{h_1}\phi\left(\frac{x_{1,i}-x_1}{h_1}\right)}.$$

x_{-1} 중 이산변수가 있다면 해당 변수의 h는 0을 이용하거나 Li and

Raccine(2006, Ch.4)에서 제시한 이산형 변수용 kernel함수와 bandwidth를 이용할 수도 있다. 필요한 경우 이와 유사한 방식으로

$$\widehat{\Pr}[y \geq j|x_1,x_2] = \frac{\frac{1}{n}\sum_{i=1}^{n}\frac{1}{h_1}\phi\left(\frac{x_{1,i}-x_1}{h_1}\right)\frac{1}{h_2}\phi\left(\frac{x_{2,i}-x_2}{h_2}\right)\left(\frac{1}{R}\sum_{r=1}^{R}\widehat{\Pr}[y \geq j|x_1,x_2,x_{3,i}+h_3v_{3,r},\cdots,x_{K,i}+h_Kv_{K,r}]\right)}{\frac{1}{n}\sum_{i=1}^{n}\frac{1}{h_1}\phi\left(\frac{x_{1,i}-x_1}{h_1}\right)\frac{1}{h_2}\phi\left(\frac{x_{2,i}-x_2}{h_2}\right)}$$

를 이용하여 특성변수 중 (x_1,x_2)만의 부분 모집단 선호 정도인 $\Pr[y \geq j|x_1,x_2]$를 추정할 수도 있다. 이제 우리는 이 식을 이용해 $\Pr[y \geq j|M^{59},P_H^{59}]$를 추정하여 기대소득과 기대자산이 연금가입 확률에 미치는 영향에 대해 분석한다.

한편, x_1의 $\Pr[y \geq j|x_1]$에 대한 한계효과 $\partial\Pr[y \geq j|x_1]/\partial x_1$는 다소 복잡하다. $\Pr[y \leq j-1|x_1,x_{-1}]$ 함수의 x_1의 계수를 $\beta_{j-1,1}$이라고 하고 $f(x_1,x_{-1})$이 미분가능하다고 가정하면,

$$\frac{\partial\Pr[y \geq j|x_1]}{\partial x_1} = \int\frac{\partial\Pr[y \geq j|x_1,x_{-1}]}{\partial x_1}f(x_{-1}|x_1)dx_{-1} + \int\Pr[y \geq j|x_1,x_{-1}]\frac{\partial}{\partial x_1}\left(\frac{f(x_1,x_{-1})}{f(x_1)}\right)dx_{-1}.$$

이를 정리하면

$$\frac{\partial}{\partial x_1}\Pr[y \geq j|x_1] = \beta_{j-1,1}\left(\Pr[y \geq j|x_1] - \int(\Pr[y \geq j|x_1,x_{-1}])^2\frac{f(x_1,x_{-1})}{f(x_1)}dx_{-1}\right) + f(x_1)\int\Pr[y \geq j|x_1,x_{-1}]\frac{\partial f(x_1,x_{-1})}{\partial x_1}dx_{-1} - \frac{\partial f(x_1)}{\partial x_1}\frac{\Pr[y \geq j|x_1]}{(f(x_1))^2}. \quad (20)$$

또는 준탄력성 형태로

$$\frac{\partial \ln(\Pr[y \geq j|x_1])}{\partial x_1} = \beta_{j-1,1}\left(1 - \frac{\int (\Pr[y \geq j|x_1, x_{-1}])^2 f(x_1, x_{-1}) dx_{-1}}{\Pr[y \geq j|x_1] f(x_1)}\right) \tag{21}$$

$$+ \frac{f(x_1)\int \Pr[y \geq j|x_1, x_{-1}] \frac{\partial f(x_1, x_{-1})}{\partial x_1} dx_{-1}}{\Pr[y \geq j|x_1]}$$

$$- \frac{\partial f(x_1)}{\partial x_1} \frac{1}{(f(x_1))^2}$$

한편 공변량 (x_1, x_{-1}) 중 x_1에 대한 하위 모집단의 주택연금 가입 가구 $D(x_1)$는 $Nf(x_1)\Pr[y \geq j|x_1] = N\int \Pr[y \geq j|x_1, x_{-1}] f(x_1, x_{-1}) dx_{-1}$이다. 이로부터 다음이 성립한다.

$$\frac{\partial \ln(D(x_1))}{\partial x_1} = 1 - \frac{\int (\Pr[y \geq j|x_1, x_{-1}])^2 f(x_1, x_{-1}) dx_{-1} + \int \Pr[y \geq j|x_1, x_{-1}] \frac{\partial f(x_1, x_{-1})}{\partial x_1} dx_{-1}}{\Pr[y \geq j|x_1]} \tag{22}$$

$\partial f(x_1, x_{-1})/\partial x_1$와 $\partial f(x_1)/\partial x_1$의 비모수 추정량으로 식 (23)과 (24)을 이용할 수 있다. 따라서 식 (20)~(22)도 비모수 추정이 가능하나, 본 연구에서 실제 추정하지는 않는다.

$$\frac{\partial \hat{f}(x_1, x_{-1})}{\partial x_1} = \frac{1}{n}\sum_{i=1}^{n}\left(\frac{x_{1,i} - x_1}{h_1^3}\right)\phi\left(\frac{x_{1,i} - x_1}{h_1}\right)\prod_{k=2}^{K}\frac{1}{h_k}\phi\left(\frac{x_{k,i} - x_k}{h_k}\right). \tag{23}$$

$$\frac{\partial \hat{f}(x_1)}{\partial x_1} = \frac{1}{n}\sum_{i=1}^{n}\left(\frac{x_{1,i} - x_1}{h_1^3}\right)\phi\left(\frac{x_{1,i} - x_1}{h_1}\right). \tag{24}$$

5. 결론

본 소절에서는 주택연금 제도의 활용에 관한 제언으로 마무리하려고 한다. 우리나라 60대와 70대의 고령층 자산분포에 따르면, 주택자산가격(평균값)은 각각 1억 5,955만 원과 1억 414만 원이고, 금융자산(중위값)은 각각 3,432만 원과 650만 원이다. 송인호(2015)의 실증분석 결과에 따르면, 금융자산이 증가할 경우 다른 연령대에 비해 60대 이상 가구주의 총소비 지출 대비 주거비 비중이 가장 크게 줄어드는 것으로 나타난다. 이러한 결과는 60대 이상의 연령층에게서 금융자산의 증가가 주거비를 제외한 소비여력을 확대하는 데에 효과가 크게 나타남을 보여준다. 이러한 결과는 60대 이상의 가구주에게 노후생활 전체에 걸쳐서 생활비 지출의 안정성을 제도적으로 마련해 줄 필요가 있음을 시사한다. 이러한 점을 고려할 때, 우리나라 주택금융공사에서 제공하고 있는 주택연금 3종 세트는 의미가 있는 정책이라고 할 수 있다.[9] 주택연금이 장기간 은행대출상품이라는 점을 인식하여 주택연금의 지속가능성을 위한 점검은 매우 필요하다고 할 수 있다. 일본의 경우 주택연금상품이 인기가 없는 것은 주택연금상품을 다루고 있는 시중은행들이 중장기적인 주택가격의 하락 위험을 회피하기 때문이라는 점을 주목할 필요가 있다. 주택연금이 고령화의 대응전략으로서 장기적으로 활

9 '3종세트'는 연령별·자산수준별 맞춤형 주택연금을 표방하면서 고령층의 '부채감소·노후대비·주거안정'을 목적으로 한 것으로 주택연금담보 대출 상환용 주택연금, 주택연금 사전예약 보금자리론, 우대형 주택연금 등 세 가지 정책을 동시에 출시한 것을 의미한다. 주택연금담보 대출 상환용 주택연금이란 주택담보대출 상환을 위해 연금지급한도의 70%까지 일시인출이 가능한 상품으로 현행 주택담보대출에 대한 부담을 완화하기 위해 개발된 상품이다. 주택연금 사전예약 보금자리론은 장기 주택마련 대출인 보금자리론을 받는 40~50대가 주택연금가입을 사전 예약할 경우, 보금자리론 금리를 우대하기로 한 것이다. 우대형 주택연금은 부부기준 1.5억 원 미만의 소형 주택보유자에게 지급되는 주택연금으로, 일반 주택연금보다 최대 15% 수준의 높은 월지급금을 지급할 수 있도록 한 것이다.

용될 수 있도록 정부의 리스크 관리와 활성화 방안이 조화롭게 운영될 필요가 있다.

통계청의 2010년 가계금융조사에 따르면 우리나라 60세 이상 노인의 40.1%가 자가주택을 소유하고 있다. 그런데, 고가의 주택은 소유하고 있지만 소득화할 수 있는 기회가 없는 노인의 경우 평균소득 측면에서 볼 때 고소득층이라고 단정지을 수 없음에도 불구하고 현재 주택가격에 의한 제한에 따라 소득세법상의 고가주택으로 분류되는 9억 원 이상의 주택을 소유한 계층은 소득이 부족하여도 주택연금을 이용하지 못하고 있는 실정이다. 따라서 주택은 있으나 소득이 부족한 계층에게 안정적인 노후생활을 보장하기 위한 주택연금의 취지에 맞도록 주택가격에 대한 제한을 한정 기간 동안 폐지하는 것을 검토해 볼 필요가 있다. 미국의 HECM의 경우 주택가격을 인정하는 한도만 있을 뿐 주택가격으로 가입을 제한하는 것은 없다.

우리나라의 경우 아직도 뿌리 깊은 상속문화로 인해 부모가 가입하려고 해도 자녀가 반대하는 경우가 많고, 주택 소유에 대한 보수적인 정서 등으로 신규 고객 발굴에 어려움이 있다. 따라서 부모의 주택을 자녀에게 물려주든, 평생 동안 주택연금을 받아 요긴하게 쓰다가 상속인이 채무를 상환하거나 또는 나머지를 상속인에게 현금으로 물려주든 대물림은 마찬가지라는 발상의 전환을 유도하는 등의 전략적 홍보활동이 필요하다. 또한 잠재고객 발굴수단으로써 주택연금 취급 금융기관으로의 마케팅 및 우호적인 관계 설정도 중요하다.

한편, 현재 주택연금 관련 연구가 미진한 실정인데 그 이유 중 하나는 연구 수행을 위한 관련 데이터들이 부족하기 때문이다. 따라서 주택연금 R&D 활성화를 위해서 주택연금 사업주체가 관련 데이터들을 학계, 연구기관 등에 적극적으로 제공하고, 아울러 전문가들의 관심을 유도할 수 있도록 유관

학술기관과의 업무 제휴가 필요할 것으로 보인다.

참고문헌

한국주택금융공사. 2016.《통계연보》.

국회입법조사처. 2016.《주택연금제도의 주요 쟁점과 개선방향》.

국민연금연구원a. 〈국민연금 통계월보〉 2016.3.

국민연금연구원b. 〈국민연금 통계월보〉 2016.6.

한국개발연구원. 2015.《인구고령화와 주택시장》.

이창무. 2015. 〈APC 모형에 기초한 장기주택수요 추정〉.《인구 고령화와 주택시장》. KDI.

조만. 2015. 〈인구 고령화와 주택가격:소득 및 인구요인의 영향에 대한 국제비교〉.《인구 고령화와 주택시장》. KDI.

전영준. 2015. 〈고령화와 주택시장:일반균형모형을 이용한 접근〉.《인구 고령화와 주택시장》. KDI.

여윤경. 2006. 〈역모기지의 노후소득 효과〉.《소비자학연구》 제17권(1호).

김안나. 2007. 〈주택연금제도의 노인빈곤완화 효과 분석〉.《한국사회복지정책연구원》 제30집.

유지연. 2010. 〈주택연금의 노후소득보장 효과 분석: 소득증가와 빈곤완화 효과를 중심으로〉. 성균관대학교 석사학위논문,

이충기·박상수. 2013. 〈인구고령화와 주택연금 수요 분석: 일반화된 순서형 프로빗 모형을 적용하여〉.《경제학연구》 제62집 제2호: 27-58.

Chernozhukov, V., I. Fernandez-Val, and A. Galichon, *Quantile and Probability Curves without Crossing, Econometrica*, 78(3), 2010. pp. 1093-1125.

Chernozhukov, V., I. Fernandez-Val, and A. Galichon, *Improving Estimates of MonotoneFunctions by Rearrangement, Biometrika*, 96(3), 2009. pp. 559–575.

De Nardi, M., E. French, and J. B. Jones. 2010. "Why Do The Elderly Save? The Role of Medical Expenses." *Journal of Political Economy* 118(1): 39-75.

Li, Q. and J. S. Racine. 2006. *Nonparametric Econometrics: Thepry and Practice*. Princeton University Press.

Nakakima, M. and I. A. Telykova. 2012. "Home Equity in Retirement." Mimeo, UCSD.

Wooldridge, J. 2002. Econometric Analysis of Cross Section and Panel Data. MIT Press.

제6장
사회경제적 환경변화에 따른 교통부문 불평등 현황과 향후 과제*

이재민

I. 교통부문 현황과 추이

1. 정부의 교통투자와 스톡

교통부문 사회간접자본(social overhead capital, SOC)은 국가경제에 중요한 역할을 수행하는 근본적인 토대가 되는 기초로서 제조업 및 서비스업과 같은 산업 생산성에 직접적인 영향을 미치고 있으며 일반 국민들의 사회경제 생활에 필수적인 요소이다. 우리나라와 같은 수출중심의 경제구조를 보유하고 있는 국가는 수출입 상품의 운송, 보관 및 하역에 교통부문 사회간접자본이 지대한 영향을 미치고 있다.

정부는 이러한 교통부문 SOC의 중요성을 파악하여 1994년 교통세(현재 교통에너지환경세)란 목적세와 교통시설특별회계를 도입하여 교통 SOC 투자에 공을 들이게 되었다. 교통에너지환경세 및 교통시설특별회계 도입 이

* 본 논문은 2014년도 정부(교육부)의 재원으로 한국연구재단의 지원을 받아 수행된 연구임(NRF-2014S1A3A22044238).

전에는 교통부문 투자가 집중적으로 이루어지지 못하여서 운송 및 물류체계에 심각한 문제를 야기하여 국가경쟁력에 근본적인 한계를 드러내고 있었다. 그러나 교통에너지환경세 및 교통시설특별회계 도입으로 우리나라 교통부문 투자는 비약적으로 발전하여 큰 성과를 이루게 되었다.

1994년 중앙정부의 교통부문 투자금액은 약 4.5조 원 수준이었지만 그 이후 교통부문 투자금액이 증가하기 시작하여 2015년에는 약 19조 원에 육박하고 있었다. 국내총생산 대비 교통투자금액 비중은 1994년에는 약

[표 1] 중앙정부의 교통부문 투자 추이 (단위: 조원, %)

구분	도로	철도 및 지하철	항만	공항 및 물류	광역교통	소계	GDP	GDP 대비 투자 비중
1994	2.8	1.0	0.4	0.3	-	4.5	366.1	1.2
1995	3.3	1.2	0.5	0.4	-	5.4	428.9	1.3
1996	4.2	1.3	0.6	0.4	-	6.5	481.1	1.4
1997	5.2	1.6	0.9	0.6	-	8.3	530.3	1.6
1998	5.9	2.3	1.0	1.0	0.1	10.3	524.5	2.0
1999	7.1	2.4	1.0	1.0	0.2	11.7	576.9	2.0
2000	7.5	2.9	1.0	0.7	0.2	12.3	635.2	1.9
2001	8.1	2.8	1.0	0.3	0.3	12.5	688.2	1.8
2002	8.1	3.3	1.3	0.3	0.2	13.3	761.9	1.7
2003	8.4	3.6	1.7	0.4	0.3	14.4	810.9	1.8
2005	6.9	3.5	1.8	0.4	0.5	13.1	919.8	1.4
2006	6.5	3.4	1.8	0.4	0.6	12.6	966.1	1.3
2007	7.5	4.4	1.8	0.3	-	14.0	1,043.3	1.3
2008	8.0	5.3	1.7	1.3	-	16.3	1,104.5	1.5
2009	9.4	6.4	1.8	1.2	-	18.8	1,151.7	1.6
2010	7.7	5.3	1.5	1.2	-	15.7	1,265.3	1.2
2011	7.2	5.4	1.4	1.2	-	15.2	1,332.7	1.1
2012	7.6	6.1	1.3	1.2	-	16.2	1,377.5	1.2
2013	8.9	6.9	1.3	1.3	-	18.4	1,429.4	1.3
2014	8.4	6.8	1.3	1.4	-	17.9	1,486.1	1.2
2015	9.0	7.3	1.3	1.4	-	19.0	1,558.6	1.2
연평균 증감률	5.65	10.06	5.73	7.28	-	7.06	7.14	-

자료: 국토연구원(2016)

1.2% 수준을 유지하다가 계속 증가하여 1998년 및 1999년에는 약 2.0% 수준에 도달하였으며 그 이후 감소하는 추세를 유지하여 2015년에는 약 1.2% 수준에 머물고 있다. 명목수준으로 교통 SOC 투자금액의 연평균 증가율은 약 7.06%로서 국내총생산 증가율(7.14%)과 유사한 수준을 보이고 있으며 모드별로 살펴보면 철도의 연평균 증가율이 약 10.06%로 가장 높은 수준을 보이고 있다.

교통부문 집중적인 투자로 인하여 교통 SOC 스톡 수준도 크게 증가하였는데 도로연장은 2000년에 비해 2014년에 약 20% 증가하였으며 철도의 전철화율 및 복선화율도 약 2배 수준으로 증가하였다. 그리고 여객 및 화물의 항공수송실적은 2000년에 비해 2014년에는 각각 94% 및 55% 증가하였고 항만하역능력은 약 138%나 증가하였다.

그리고 증가된 교통 SOC 스톡으로 인해 국내 여객 및 화물의 수송 실적도 증가하고 있는데 2015년 여객 부문에서 약 310억 명을 수송하였으며 2014년 화물 부문에서 17억 톤을 수송하였다. 2014년 여객 기준으로 공로(도로)의 수송분담율이 87.4%로 가장 높았으며 지하철, 철도, 항공, 해운이 각각 8.3%, 4.1%, 0.1%, 0.1% 수준이었으며 2014년 화물 기준으로 공로(도로)의 수송분담율이 90.6%이었고 해운, 철도, 항공이 각각 7.1%, 2.2%, 0.1% 수준이었다.

국제 여객 및 화물의 수송실적을 살펴보면 2015년 현재 여객과 화물의 수송실적은 각각 6,405만여 명과 12억 2,030만 톤 수준이었다. 여객부문은 항공의 수송실적이 압도적으로 높은 수준이었고 반대로 화물부문은 해운의 수송실적이 압도적으로 높았다.

그러나 이러한 수송실적 자료들은 일정 부분 한계가 존재한다. 특히 계절적 요인, 명절 및 공휴일 등으로 인해 수송실적이 영향을 받을 수 있으므

[표 2] 교통 SOC 스톡 현황 (단위: km, %)

구분		1999	2000	2005	2007	2009	2011	2013	2014
도로	고속국도	2,041	2,131	2,968	3,368	3,775	3,912	4,112	4,139
	일반국도	12,418	12,413	14,224	13,832	13,819	13,797	13,843	13,950
	지방도 등	73,076	74,230	85,101	85,819	87,387	88,221	88,459	87,584
	계	87,534	88,775	102,293	103,019	104,983	105,930	106,414	105,673
철도	고속철도	-	-	240	240	240	368.5	368.5	368.5
	일반철도	3,119	3,123	3152	3,157	3,137	3,242	3,178	3,242
	계	3,119	3,123	3392	3397	3377	3,610.5	3,546.5	3,610.5
	전철화율	-	30.3	47.1	53.5	-	71.6	73.5	73.5
	복선화율	-	39.8	39.9	41.3	-	59.7	63.8	63.1
항공	수송(천 명)	37,895	41,967	46,841	53,751	51,575	63,630	73,340	81,426
	수송(천 톤)	2,113	2,384	2,989	3,455	3,141	3,519	3,499	3,694
항만	하역능력 (천 톤)	416,254	430,437	650,331	672,871	758,615	915,430	1,017,190	1,024,977

자료: 국토연구원(2017)

[표 3] 국내 여객 및 화물수송실적 (단위: 천인, 천 톤, %)

구분			2011	2012	2013	2014	2015
여객	철도	수송량	1,118,621	1,149,340	1,224,820	1,263,472	1,269,417
		분담율	3.8	3.9	4.1	4.1	4.1
	지하철	수송량	2,358,758	2,410,931	2,476,394	2,526,167	2,522,900
		분담율	8	8.2	8.2	8.3	8.1
	공로	수송량	25,943,079	25,982,998	26,327,678	26,678,513	27,176,017
		분담율	88	87.7	87.5	87.4	87.6
	해운	수송량	14,266	14,538	16,063	14,271	15,381
		분담율	0.1	0.1	0.1	0.1	0
	항공	수송량	20,981	21,602	22,353	24,648	27,980
		분담율	0.1	0.1	0.1	0.1	0.1
화물	철도	수송량	40,012	40,309	39,822	37,379	37,094
		분담율	2.5	2.3	2.3	2.2	-
	공로	수송량	1,439,625	1,568,354	1,546,407	1,512,701	-
		분담율	89.6	90.7	90.7	90.6	-
	해운	수송량	125,588	119,057	117,860	117,920	128,611
		분담율	7.8	6.9	6.9	7.1	-
	항공	수송량	281	265	253	283	288
		분담율	0.1	0.1	0.1	0.1	-

자료: 국토교통통계누리(http://stat.molit.go.kr/portal/main/portalMain.do)

[표 4] 국제 여객 및 화물수송실적 (단위: 천인, 천 톤, %)

구분			2010	2011	2012	2013	2014	2015
여객	해운	수송량	2,761	2,660	2,881	2,737	2,646	2,617
		분담율	6.4	5.9	5.7	5.1	4.5	4.1
	항공	수송량	40,061	42,649	47,703	50,987	56,779	61,434
		분담율	93.6	94.1	94.3	94.9	95.5	95.9
화물	해운	수송량	966,193	1,069,556	1,108,538	1,123,205	1,184,641	1,216,782
		분담율	99.7	99.7	99.7	99.7	99.7	99.7
	항공	수송량	3,327	3,238	3,209	3,246	3,411	3,519
		분담율	0.3	0.3	0.3	0.3	0.3	0.3

자료: 국토교통통계누리(http://stat.molit.go.kr/portal/main/portalMain.do)

로 이를 조정하여 수송실적의 변화를 살펴보아야 할 것이다. 정경옥·이장호(2006)에 따르면 여객과 화물분야 수송실적을 자료를 이용하고 계절적 요인을 제거하기 위하여 BOK-X-12-ARIMA 프로그램을 이용하여 기준연도 대비 비교연도의 수송실적을 지수화하였다. 구체적으로 국내 여객은 지하철, 항공, 해운 고속버스로 구분하여 산정하였고 국내화물은 철도, 항공, 해운으로 구분하여 산정하였다. 그리고 국제여객과 국제화물은 항공과 해운으로 구분하여 산정하였다.

최근 업데이트된 교통산업 서비스 지수를 살펴보면 국내여객은 2000년에 비해 2014년에 약 20% 증가된 수치로 나타나서 수송실적이 증가하는 추세임을 알 수 있다. 그러나 국내화물은 2000년에 비해 2014년이 약 10% 이상 감소한 실적을 나타내고 있었다. 이는 도로화물의 경우에 광역자치단체에서 제공받아서 자료의 신뢰성에 의문이 있어서라고 정경옥·이장호(2006)은 전하고 있다. 이외에도 도로화물은 영업용 화물수송실적보다 비영업용 화물수송실적이 더 큰 비중을 차지하고 있는데 이러한 추세가 서비스 지수에 포함되지 않아서일 것으로 짐작된다.

국제여객과 국제화물 서비스 지수는 2000년에 비해 거의 2배 이상 증가

[표 5] 교통산업 서비스 지수 현황

구분		국내여객지수	국내화물지수	국제여객지수	국제화물지수
1995	1분기	96.4	112.4	78.1	68.9
	2분기	97.5	104.3	77.7	70.3
	3분기	98.3	100.5	80.9	70.9
	4분기	95.7	103.7	83.7	71.9
2000	1분기	97.8	97.4	95.2	98.0
	2분기	100.2	103.9	101.2	99.7
	3분기	101.1	97.3	102.7	101.1
	4분기	100.9	101.5	100.9	101.3
2010	1분기	107.5	87.8	162.8	166.3
	2분기	108.6	89.8	165.8	171.4
	3분기	109.4	83.7	175.6	166.8
	4분기	113.0	89.0	179.1	176.1
2011	1분기	113.3	84.1	176.9	183.3
	2분기	119.8	81.6	174.7	181.7
	3분기	119.6	80.7	197.1	185.8
	4분기	121.3	81.7	197.2	190.7
2012	1분기	120.1	89.6	200.0	185.7
	2분기	119.2	88.2	206.4	190.3
	3분기	119.9	89.1	207.9	190.6
	4분기	121.2	90.4	195.4	191.5
2013	1분기	122.0	86.1	212.9	193.7
	2분기	124.1	87.1	211.9	190.2
	3분기	126.1	89.7	219.6	192.9
	4분기	125.7	85.9	221.0	198.3
2014	1분기	125.0	89.6	226.2	207.6
	2분기	122.6	86.5	230.9	205.4
	3분기	126.4	87.2	210.5	209.2
	4분기	126.2	87.0	238.7	211.7

자료: 국토연구원(2017)

된 양상을 나타내고 있었는데 2000년대 이후 우리나라의 공항 및 항만 건설로 인해 수송실적이 크게 증가한 것으로 보인다.

2. 교통산업 현황

한국표준산업분류 제9차 개정안에 따르면 교통산업은 대분류 기호 H로 구분되며 중분류 49, 50, 51, 그리고 52로 각각 육상 및 파이프라인 운송업, 수상운송업, 항공운송업, 그리고 창고 및 운송 관련 서비스업으로 구분될 수 있다. 육상 및 파이프라인 운송업은 철도 운송업, 육상여객 운송업, 도로화물 운송업, 소화물전문 운송업, 택배 및 늘찬배달업, 파이프라인 운송업 등으로 구분되며 수상운송업은 해상운송업과 내륙수상 및 항만 내 운송업으로 구분된다. 항공운송업은 정기항공 및 부정기항공 운송업으로 구분되며 창고 및 운송관련 서비스업은 보관 및 창고업, 화물취급업, 기타 운송관련 서비스업 등으로 구분할 수 있다.

교통산업의 실적 현황을 살펴보면 2000년에 전체 교통산업의 매출액과 부가가치가 각각 54조 원과 25조 원에서 2015년에는 각각 141조 원과 62조원으로 연평균 각각 6.59%와 6.09%의 증가율을 보이고 있었다. 가장 큰 증가세를 보이고 있는 산업은 창고 및 운송 관련 서비스업으로 매출액과 부가가치가 각각 9.86%와 7.53%의 증가세를 나타내고 있었다. 또한 2000년에는 각각 24만여 개의 업체와 81만여 명의 근로자가 교통산업에 종사하고 있었는데 2015년에는 이 수치가 각각 37만여 개와 110만여 명으로 증가하였다.

이러한 외형적 성장과 별도로 업체당 및 종사자당 부가가치를 살펴보면 2000년 전체 교통산업의 업체당 및 종사자당 부가가치는 각각 1억 415만 원과 3,125만 원 수준으로 나타났다. 2015년에는 각각 1억 6,734만 원과 5,592만 원으로 연평균 3.21%와 3.96%의 증가세를 보이고 있었다.

그러나 세부산업별로 증가세는 상이한데 항공운송업과 창고 및 운송관

[표 6] 교통산업 실적 현황 (단위: 개, 명, 백만 원)

구분		총계	육상 및 파이프라인 운송업	수상 운송업	항공 운송업	창고 및 운송 관련 서비스업
2000	기업체수	243,719	240,721	421	7	2,570
	종사자수	812,326	702,333	22,905	18,512	68,576
	매출액	54,121,009	23,624,291	17,709,683	7,312,739	5,474,296
	부가가치	25,383,987	14,909,624	3,591,846	2,828,562	4,053,955
2005	기업체수	324,401	309,232	443	9	14,716
	종사자수	991,071	848,368	21,830	19,776	101,097
	매출액	86,734,172	38,829,081	26,218,545	10,421,227	11,265,319
	부가가치	36,471,140	21,417,077	4,797,708	3,523,052	6,733,304
2011	기업체수	346,079	327,736	472	34	17,837
	종사자수	1,084,531	917,132	25,025	30,400	111,974
	매출액	136,161,780	56,034,425	41,557,073	20,351,101	18,219,180
	부가가치	48,286,186	27,953,995	4,314,458	6,337,189	9,680,545
2015	기업체수	368,190	348,971	662	32	18,525
	종사자수	1,101,823	919,707	28,217	35,059	118,840
	매출액	140,915,527	59,562,966	37,917,264	20,997,457	22,437,840
	부가가치	61,614,665	34,005,821	7,340,070	8,222,889	12,045,885

자료: 통계청 국가통계포털(http://kosis.kr/)

련 서비스업의 업체당 부가가치는 동기간 동안에 감소하고 있었다. 전체적인 매출액 및 부가가치 증가율이 업체수 증가율에 미치지 못하여서 동산업의 업체당 생산성은 악화되고 있는 것으로 판단된다. 그러나 종사자수당 부가가치는 동기간 동안에 모든 산업이 증가하고 있는 것으로 나타났다. 이는 동 기간에 업체수 증가율에 비해 종사자수 증가가 작은 편으로 동 산업의 규모가 감소하는 것으로 보인다. 특히 창고 및 운송관련 서비스업의 업체수 증가율에 비해 종사자수, 매출액 및 부가가치 증가율이 작은 것으로 나타났는데 이는 동 산업의 영세성이 더욱 심화되는 것으로 보인다. 항공운송업의 경우에는 저비용 항공사 등의 산업진입으로 인해 업체당 생산성이 감소하고 있지만 종사자당 생산성은 증가하는 것으로 나타났다.

[표 7] 교통산업 업체당 및 종사자당 부가가치 현황 (단위: 백만 원/개, 인)

구분		총계	육상및파이프라인운송업	수상 운송업	항공 운송업	창고및운송관련서비스업
2000	업체당 부가가치	104	62	8,532	404,080	1,577
	종사자당 부가가치	31	21	157	153	59
2001	업체당 부가가치	102	64	8,754	402,879	459
	종사자당 부가가치	31	22	167	142	54
2002	업체당 부가가치	104	65	7,066	443,876	458
	종사자당 부가가치	32	22	140	183	60
2003	업체당 부가가치	103	63	9,232	417,062	437
	종사자당 부가가치	34	23	190	173	61
2004	업체당 부가가치	111	65	11,712	543,175	462
	종사자당 부가가치	36	23	244	195	67
2005	업체당 부가가치	112	69	10,830	391,450	458
	종사자당 부가가치	37	25	220	178	67
2006	업체당 부가가치	113	71	8,864	351,428	361
	종사자당 부가가치	37	26	176	175	64
2007	업체당 부가가치	121	73	12,995	362,644	384
	종사자당 부가가치	39	27	247	181	65
2008	업체당 부가가치	136	76	21,622	250,675	481
	종사자당 부가가치	44	27	384	125	78
2009	업체당 부가가치	119	78	6,611	233,992	494
	종사자당 부가가치	39	28	127	133	80
2011	업체당 부가가치	140	85	9,141	186,388	543
	종사자당 부가가치	45	30	172	208	86
2012	업체당 부가가치	143	88	8,668	174,140	554
	종사자당 부가가치	46	32	161	187	87
2013	업체당 부가가치	143	88	8,141	180,309	574
	종사자당 부가가치	47	33	181	183	91
2014	업체당 부가가치	149	89	10,712	196,080	624
	종사자당 부가가치	51	34	241	187	100
2015	업체당 부가가치	167	97	11,088	256,965	650
	종사자당 부가가치	56	37	260	235	101

자료: 통계청 국가통계포털(http://kosis.kr/)

3. 가계교통비 현황

교통부문의 3 경제주체 즉, 정부, 기업 및 소비자 관점에서 현황을 살펴볼 때 소비자의 교통서비스 이용실적 현황을 나타내는 자료들이 매우 부족한 편이다. 교통 서비스의 소비자는 가계 혹은 화주기업을 들 수 있는데 가계 및 화주기업의 교통서비스 이용실적을 주기적으로 발표하지는 않고 있다. 이러한 교통서비스 이용실적과 별도로 가계의 교통비 지출 현황을 살펴볼 수 있는데 통계청의 가계동향조사 원자료에서 교통비 지출 내역을 살펴볼 수 있다.

2015년 우리나라 가계의 전체 교통비 지출수준은 약 30만 7,652원이며 가장 큰 비중을 차지하는 항목은 운송기구 연료비로서 약 11만 1,877원 수

[표 8] 가계교통비 현황

(단위: 원, %)

구분	전체 가계 교통비	자동차 구입	기타 운송기구 구입	운송기구 유지 및 수리	운송기구 연료비	기타 개인교통 서비스	철도운송	육상운송	기타운송	기타 교통관련 서비스
2003	198,399	33,282	878	11,754	94,876	7,656	3,674	24,543	19,106	2,631
2004	208,758	35,102	1,024	12,195	98,977	8,116	4,515	25,846	20,776	2,207
2005	225,351	44,015	1,336	14,167	103,596	7,798	5,060	25,858	20,822	2,697
2006	243,810	55,972	1,091	14,841	109,168	8,033	5,385	25,156	21,005	3,160
2007	249,987	56,795	1,233	15,308	111,049	8,426	5,976	25,493	22,230	3,475
2008	261,932	54,833	1,273	15,006	124,441	7,797	6,328	25,871	23,367	3,017
2009	265,737	74,516	1,338	15,530	110,580	9,608	5,786	23,764	21,973	2,641
2010	271,093	66,357	1,300	16,577	117,671	13,298	5,588	21,649	26,000	2,654
2011	294,594	77,028	1,044	17,571	129,047	12,913	5,316	20,181	27,966	3,527
2012	301,694	76,005	1,610	17,994	134,112	12,081	5,193	20,319	30,965	3,415
2013	307,540	77,582	1,431	19,468	137,101	11,297	5,008	20,318	32,030	3,305
2014	333,964	100,671	2,138	19,579	136,316	12,182	5,173	19,442	34,474	3,988
2015	321,587	103,042	1,716	19,840	120,384	13,253	4,938	18,450	35,975	3,991
2016	307,652	98,379	1,552	19,548	111,877	12,929	4,941	16,774	37,807	3,845
연평균 증감률	3.43	8.69	4.48	3.99	1.28	4.11	2.31	-2.89	5.39	2.96

자료: 통계청 국가통계포털(http://kosis.kr/)

[그림 1] 가계교통비 비중

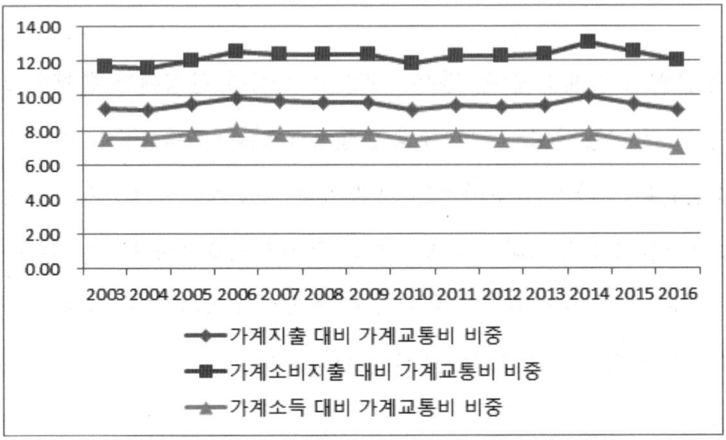

준이다. 교통비 항목 중 가장 큰 증가세를 보이고 있는 것은 자동차 구입 관련 비용이며 연료비의 증가수준은 높은 편은 아니다. 그리고 육상운송 관련 비용은 감소 추세를 보이고 있는데 이는 2004년 이후 대중교통체계 개편에 따른 효과인 것으로 보인다. 전체 가계지출 및 소비지출의 연평균 증가율이 각각 3.51%와 3.17%인 것을 감안하면 교통비 지출은 다른 가계부문 지출과 유사한 것으로 보인다. 그리고 소득, 가계지출, 가계소비지출 대비 교통비 비중은 2016년 현재 각각 6.99%, 9.15%, 12.07% 수준이다. 가계소비지출 대비 교통비 비중만 증가하였으며 가계지출 및 소득 대비 교통비 비중은 미약하게 감소추세를 보이고 있다.

II. 가계부문 교통비 불평등

1. 선행연구 검토

가계부문의 교통비에 대한 연구로는 이재훈·한상용(2008)의 연구를 들 수 있는데 1995년부터 2007년의 통계청 가계동향조사 원자료를 이용하여 교통비 지출의 소득분배효과를 소득불평등과 양극화의 관점에서 분석하였다. 특히 교통비 지출 이전과 이후의 소득분배가 어떠한 양상을 띠고 있는지를 RS 지수(Reynolds and Smolensky Index)와 PO 지수(Pechman and Okner Index)를 이용하여 분석하였다. 이들에 연구에 의하면 전체 교통비 지출로 인하여 2000년까지는 소득불평등도가 악화되었지만 2005년부터는 소득불평등도가 개선되고 있다고 하였다.

이외에도 김형섭·전봉걸(2009)은 휘발유 가격 변화로 인한 가계 교통비 지출이 어떠한 영향을 받는지를 소득계층별로 구분하여 분석하였다. 토빗 모형을 이용하여 가계소득 및 휘발유 가격 변화로 인한 가계 교통비 지출의 변화가 소득계층별로 어떠한 양상을 띠고 있는지를 분석하였다.

김범수·이재민(2015)은 한국의 가계교통비 지출구조를 빈곤구조에 포커스를 맞추어서 분석하였는데 통계청 가계동향조사 원자료와 빈곤지수 및 TIP 곡선을 이용하여 설명하고 있다. 이들의 연구에 따르면 교통비 지출은 다른 소비지출에 비하여 빈곤수준과 정도가 매우 높은 수준이었으며 노인가구 및 1인 가구의 교통비 지출 역시 빈곤수준과 정도가 높게 나타났다. 만약 저출산 및 고령화가 지속될 경우 교통비 지출의 빈곤구조가 심화될 것으로 분석되었다.

2. 연구방법론 및 자료설명

본 연구에서는 최근 노인가구와 1인 가구의 비중이 높아지고 있으며 이로 인해 전반적인 교통비 지출의 불평등 구조가 어떻게 변화하는지를 살펴 보고자 한다. 특히 2000년대 이후 대도시 지역에서 교통수요관리 정책의 일환으로 다양한 대중교통 활성화 정책을 시행하고 있다. 환승할인, 버스전용차로제, 대중교통전용지구 지정 등의 정책을 통하여 대중교통 활성화를 유도하고 승용차 이용을 억제하는 정책을 펴고 있다.

그러나 이러한 정책들이 주로 도시권에서 행해지고 있어서 도시권이 아닌 지역에서는 혜택을 보지 못하고 있다. 이러한 정책으로 인하여 도시부 및 비도시부의 가계 교통비 지출이 상이할 것이며 도시부 및 비도시부의 후생수준에 영향을 미칠 것으로 사려된다.

따라서 본 연구에서는 노인가구와 1인 가구를 중심으로 도시부 및 비도시부의 가계 교통비 지출의 형평성을 분석하고자 한다. 노인가구와 1인 가구로 연구의 초점을 맞춘 이유는 저출산 고령화로 인하여 우리나라 가계구조에서 이들 가구의 비중이 급격히 증가할 것으로 예상되기 때문이다.

본 연구에서는 2016년 통계청 가계동향조사의 월별 교통비 지출 원자료를 이용할 것이다. 특히 노인가구와 1인 가구의 교통비 지출 불평등도를 분석할 것이며 도시부 및 비도시부의 노인가구와 1인 가구의 교통비 지출 수준을 비교하고자 한다.

첫 번째 개별 그룹의 불평등도는 변이계수와 지니계수를 이용하여 개별 그룹의 교통비 지출 불평등도를 분석할 것이다. 이들 지수가 높게 나타나면 개별 그룹내의 교통비 지출 수준이 불평등함을 시사한다. 따라서 이들 수치를 이용하여 개별 그룹의 불평등도를 비교할 수 있다.

[그림 2] 일반화된 로렌츠 곡선과 일반화된 로렌츠 우위

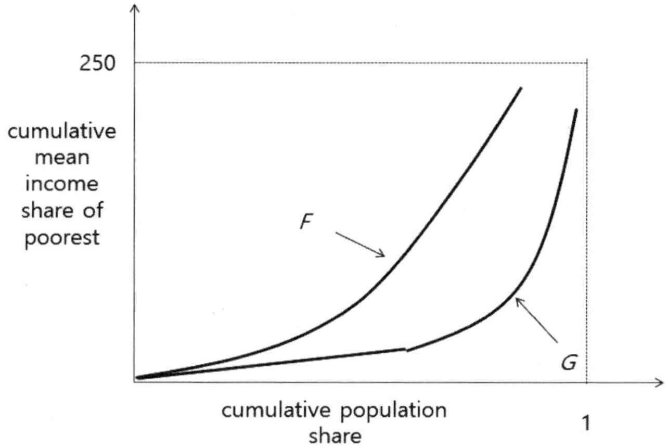

둘째 개별 그룹 간의 후생수준의 우위를 비교하기 위해서 일반화된 로렌츠 우위(generalized Lorenz dominance) 개념을 이용할 것이다. 2개 그룹(F와 G)의 분포가 존재할 때 F와 G의 일반화된 로렌츠 곡선이 [그림 2]와 같은 관계를 나타낼 때 F는 G에 비해 일반화된 로렌츠 우위(generalized lorenz dominance)라고 정의한다(Jann, 2016; Maasoumi & Heshmati, 2005; Davidson & Duclos, 2000).[1] Jann(2016)은 Stata를 이용하여 두 개 분포의 일반화된 로렌츠 커브의 차이가 확률적으로 의미 있는지를 검증하는 방법을 제공하여 본 연구에서는 이를 적용할 것이다.

통계청 마이크로데이터에서 제공하고 있는 2016년 연기준 가계동향조사의 월평균 가계교통비 지출금액은 약 21만 원 수준이다.[2] 1인 가구의 평균 교통비 지출금액은 약 14만 원 수준이며 도시부는 15만 원 수준이며 비도시부는 약 12만 원 수준이다. 노인가구의 경우에 평균 교통비 지출금액은

1 일반화된 로렌츠 우위는 2계 확률적 우위(second order stochastic dominance)와 동일한 개념이다(Jann, 2016; Foster & Shorrocks, 1988).

2 가계마다 구성원수가 차이가 존재하여 가계구성원의 수, 지위 및 연령에 따라 가중치를 부여하였는데 OECD-modified scale을 이용하였다(김범수·이재민, 2015).

[표 9] 가계교통비 현황 (단위: 원)

구분		평균	중위수	표준편차	관측치 개수
1인 가구	도시부	150,749	496,279	68,957	1,542
	비도시부	118,214	38,972	311,716	509
	소계	142,674	60,557	457,620	2,051
노인가구	도시부	71,517	40,409	196,082	1,277
	비도시부	63,165	30,458	151,357	518
	소계	69,107	37,142	184,290	1,795
전체	도시부	211,333	124,940	471,274	7,051
	비도시부	200,271	115,791	437,356	1,896
	소계	208,989	123,579	464,291	8,947

자료: 통계청 마이크로데이터(http://kostat.go.kr)

약 7만 원 수준이며 도시부 및 비도시부는 각각 7만 원 및 6만 원 수준이다.

3. 분석결과

가. 1인 가구 불평등도 분석

도시부 및 비도시부의 1인 가구의 교통비 지출구조를 분석하기 위하여 우선 변이계수(coefficient of variation)와 지니계수(Gini coefficient)를 비교하고자 한다. 도시부 1인 가구의 교통비 지출의 변이계수는 3.292로서 비도시부 1인 가구의 그것(2.637)보다 크게 산정되었다. 그러나 도시부 1인 가구 교통비 지출의 지니계수는 0.645로서 비도비수 1인 가구 교통비 지출 지니계수, 0.693보다 작게 산정되었다. 변이계수와 지니계수만으로는 도시부 및 비도시부의 1인 가구 교통비 지출의 불평등도를 비교하기 어려운 점이 존재한다.

앞절에서 제시한 바와 같이 도시부 및 비도시부의 1인 가구의 교통비 지출구조를 비교분석하기 위하여 일반화된 로렌츠 우위를 검증하고자 한다.

〈표 10〉 1인 가구의 가계교통비 불평등도 지수 분석

구분		변이계수	지니계수
1인 가구	도시부	3.292	0.645
	비도시부	2.637	0.693

〈표 11〉 비도시부 및 도시부 1인 가구의 일반화된 로렌츠 곡선 추정치와 격차

분위	비도시부 (A)	도시부 (B)	도시부 및 비도시부 격차(B-A)	분위	비도시부 (A)	도시부 (B)	도시부 및 비도시부 격차(B-A)
5	9.788	72.64***	62.85***	55	10,197***	18,349***	8,153***
	(8.626)	(20.52)	(22.26)		(789.9)	(732.0)	(1,077)
10	159.3***	473.0***	313.7***	60	12,900***	22,781***	9,881***
	(44.02)	(57.41)	(72.35)		(978.9)	(924.5)	(1,346)
15	461.2***	1,142***	681.0***	65	16,256***	28,174***	11,918***
	(82.42)	(86.58)	(119.5)		(1,280)	(1,107)	(1,692)
20	921.4***	2,051***	1,130***	70	20,548***	34,418***	13,870***
	(125.5)	(130.9)	(181.4)		(1,613)	(1,256)	(2,044)
25	1,525***	3,239***	1,714***	75	25,974***	41,698***	15,724***
	(175.3)	(186.7)	(256.1)		(2,127)	(1,492)	(2,598)
30	2,381***	4,766***	2,385***	80	33,559***	50,409***	16,850***
	(275.1)	(246.7)	(369.5)		(2,844)	(1,751)	(3,340)
35	3,453***	6,607***	3,154***	85	43,083***	61,050***	17,966***
	(333.8)	(317.9)	(460.9)		(3,329)	(2,080)	(3,925)
40	4,707***	8,830***	4,123***	90	54,818***	74,429***	19,610***
	(409.9)	(393.0)	(567.8)		(3,880)	(2,451)	(4,589)
45	6,216***	11,462***	5,247***	95	70,560***	91,589***	21,029***
	(516.5)	(492.8)	(713.9)		(4,728)	(2,876)	(5,534)
50	8,020***	14,623***	6,603***	100	118,214***	150,749***	32,535*
	(618.6)	(612.0)	(870.2)		(13,806)	(12,637)	(18,717)

주: 괄호 안의 수치는 표준오차(standard error)이며 ***,**,*는 1%, 5%, 10% 수준에서 통계적으로 유의함을 의미함.

도시부 및 비도시부 1인 가구들의 일반화된 로렌츠 곡선을 유도하고 분위별로 로렌츠 곡선의 차이를 산정한 후에 이들 차이가 통계적으로 유의한 지를 검증할 수 있다.

[그림 3] 도시부 및 비도시부 1인 가구의 일반화된 로렌츠 곡선

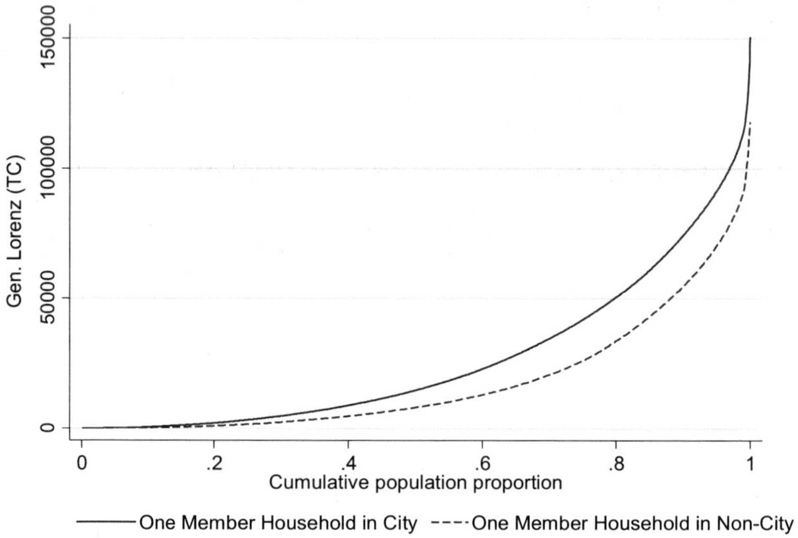

[그림 4] 도시부 및 비도시부 1인 가구의 로렌츠 곡선 격차

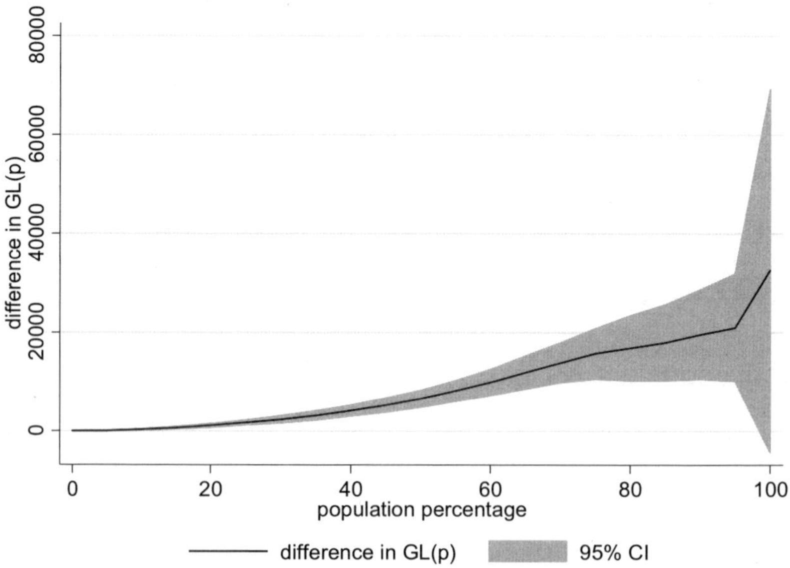

모든 분위별로 도시부 1인 가구의 일반화된 로렌츠 곡선 추정치가 비도시부 1인 가구의 일반화된 로렌츠 곡선 추정치보다 크고 그 차이가 통계적으로 유의함을 알 수 있다. 따라서 도시부 1인 가구 교통비 지출이 비도시부 1인 가구 교통비 지출에 비해 일반화된 로렌츠 우위에 있으며 불평등도가 낮은 수준임을 알 수 있다. 따라서 도시부 1인 가구의 교통비 지출이 비도시부 그것에 비해 2계 확률적 우위(second-order stochastic dominance)에 있음을 알 수 있다. 그림에서도 도시부 1인 가구의 일반화된 로렌츠 곡선 추정치가 비도시부 1인 가구의 일반화된 로렌츠 곡선 추정치보다 상위에 있으며 그 격차 역시 0보다 크다는 것을 알 수 있다.

나. 노인가구 불평등도 분석

도시부 및 비도시부의 노인가구의 교통비 지출구조를 분석하기 위하여 우선 변이계수(coefficient of variation)와 지니계수(Gini coefficient)를 비교하였다. 도시부 노인가구의 교통비 지출의 변이계수는 2.742로서 비도시부 노인가구의 그것(2.396)보다 크게 산정되었다. 그러나 도시부 노인가구 교통비 지출의 지니계수는 0.580으로 비도시부 노인가구 교통비 지출 지니계수, 0.617보다 작게 산정되었다. 1인 가구분석과 마찬가지로 변이계수와 지니계수만으로는 도시부 및 비도시부의 노인가구 교통비 지출의 불평등도 수준에 대해 결론내리기 어렵다.

[표 12] 노인가구의 가계교통비 불평등도 지수 분석

구분		변이계수	지니계수
노인가구	도시부	2.742	0.580
	비도시부	2.396	0.617

도시부 노인가구의 일반화된 로렌츠 곡선 추정치가 비도시부 노인가구의 일반화된 로렌츠 곡선 추정치보다 크고 5%와 100%를 제외한 모든 분위에서 그 차이가 통계적으로 유의함을 알 수 있다. 그림에서도 도시부 노인가구의 일반화된 로렌츠 곡선 추정치가 비도시부 노인가구의 일반화된 로렌츠 곡선 추정치보다 상위에 있으며 그 격차 역시 0보다 크다는 것을 알 수 있다.

따라서 도시부 노인가구 교통비 지출이 비도시부 노인가구 교통비 지출

[표 13] 비도시부 및 도시부 노인가구의 일반화된 로렌츠 곡선 추정치와 격차

분위	비도시부 (A)	도시부 (B)	도시부 및 비도시부 격차(B-A)	분위	비도시부 (A)	도시부 (B)	도시부 및 비도시부 격차(B-A)
5	12.10	44.02**	31.91	55	8,239***	11,210***	2,971***
	(9.351)	(18.07)	(20.34)		(571.9)	(457.3)	(732.2)
10	158.4***	309.6***	151.1***	60	10,183***	13,723***	3,540***
	(38.01)	(39.37)	(54.72)		(671.1)	(538.7)	(860.6)
15	421.3***	750.1***	328.8***	65	12,536***	16,646***	4,110***
	(68.02)	(68.06)	(96.23)		(856.1)	(623.4)	(1,059)
20	813.6***	1,367***	553.8***	70	15,421***	20,092***	4,672***
	(106.9)	(95.11)	(143.1)		(1,034)	(739.8)	(1,271)
25	1,330***	2,134***	804.0***	75	18,867***	23,974***	5,107***
	(144.6)	(125.9)	(191.8)		(1,210)	(825.5)	(1,465)
30	2,006***	3,084***	1,078***	80	22,959***	28,509***	5,550***
	(209.8)	(166.4)	(267.7)		(1,431)	(970.2)	(1,729)
35	2,871***	4,214***	1,343***	85	27,869***	33,930***	6,061***
	(270.2)	(203.0)	(337.9)		(1,656)	(1,111)	(1,994)
40	3,932***	5,567***	1,635***	90	34,039***	40,306***	6,268***
	(339.5)	(263.8)	(429.9)		(1,978)	(1,241)	(2,335)
45	5,159***	7,173***	2,014***	95	42,115***	48,574***	6,459**
	(401.0)	(316.9)	(511.1)		(2,314)	(1,534)	(2,776)
50	6,567***	9,029***	2,462***	100	63,165***	71,517***	8,353
	(469.8)	(383.6)	(606.5)		(6,646)	(5,486)	(8,618)

주: 괄호 안의 수치는 표준오차(standard error)이며 ***,**,*는 1%, 5%, 10% 수준에서 통계적으로 유의함을 의미함.

[그림 5] 도시부 및 비도시부 노인가구의 일반화된 로렌츠 곡선

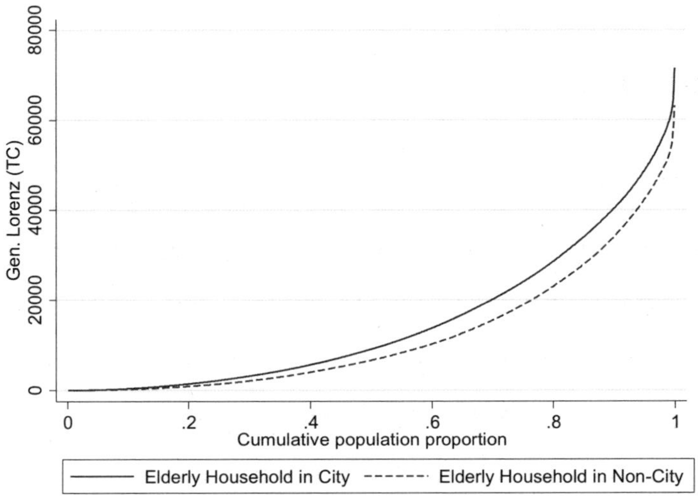

[그림 6] 도시부 및 비도시부 노인가구의 로렌츠 곡선 격차

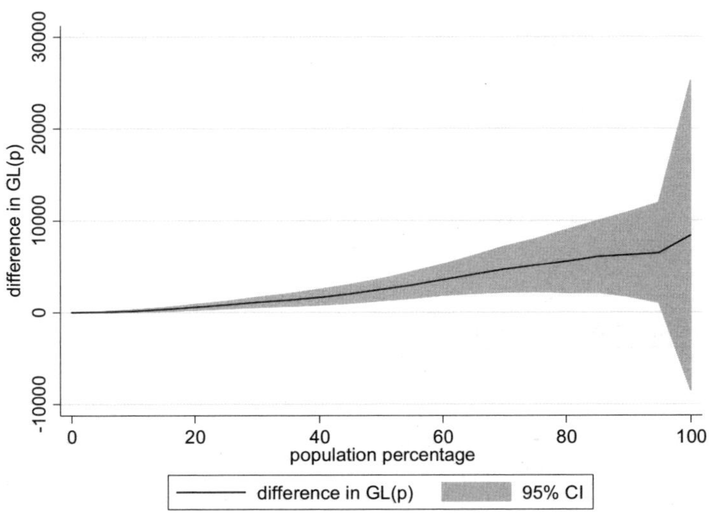

에 비해 일반화된 로렌츠 우위에 있으며 불평등도가 낮은 수준임을 알 수 있다. 또한 도시부 노인가구의 교통비 지출이 비도시부 그것에 비해 2계 확률적 우위(second-order stochastic dominance)에 있음을 알 수 있다.

III. 교통산업부문 불평등

1. 선행연구 검토

교통산업의 불평등도를 체계적으로 분석한 연구는 드문 편이다. 이재민·홍갑선(2006)은 화물자동차 운송업, 택시 운송업, 전세버스 운송업의 양극화와 불평등도를 Wolfson의 양극화 지수와 지니계수를 이용하여 분석하였다. 분석결과에 따르면 화물자동차 운송업은 우리나라 전체 양극화 및 불평등도 정도보다 높은 수준을 보이고 있었으며 택시운송업과 전세버스 운송업의 그것은 우리나라 평균에 비해 크게 높지 않은 수준을 보이고 있었다.

이재민·강상욱(2007)은 화물자동차 운송업과 택시 운송업의 유가보조금이 소득분배에 어떠한 영향을 미치고 있는 지를 지니계수, RS 지수(Reynolds-Smolensky Index), PO 지수(Pechman-Okner Index), 이전소득 역진성 지수, 순위재설정 효과 등을 이용하여 분석하였다. 분석결과에 의하면 화물자동차 및 택시 운송업에서 유가보조금이 소득 불평등도를 완화하고 있으며 저소득층에 유리한 역진적인 성격이 있음을 보이고 있다.

2. 연구방법론 및 자료설명

교통산업의 불평등도를 분석하기 위하여 앞장에서 이용한 방법론을 적용하고자 한다. 즉 개별 그룹의 불평등도를 비교하기 위하여 변이계수와 지니계수를 이용할 것이며 개별 그룹 간의 후생수준 우위를 비교하기 위하여 일반화된 로렌츠 우위 개념을 적용할 것이다.

교통산업의 불평등도를 분석하기 위하여 본 연구에서는 한국교통연구원 화물운송시장정보센터에서 제공하는 화물운송시장실태조사 자료를 이용할 것이다. 화물운송시장실태조사 자료는 화물운송 차주를 중심으로 매 분기별로 설문조사를 수행하여 화물운송시장에 대한 DB 구축, 시장분석 및 평가를 위한 기초자료를 수집하는 데 목적이 있다. 이 조사는 매 분기별로 수행하는 것으로 약 2,000여 화물차주를 대상으로 업종, 차주구분, 주요 운송품목, 매출액, 지출액 등을 조사하고 있다. 본 연구에서는 2006년 4/4분기 자료를 이용하여 분석할 것이다.

화물운송시장은 다른 시장과 달리 운송차주 중심으로 운영되고 있는데 대부분의 운송차주가 차주명의를 본인으로 하지 않고 다른 운송기업 명의로 하여 운송사업을 영위하는 지입제가 성행하고 있다. 개인 지입차주들은 명의상의 차주인 운송기업으로부터 관리비용인 임대료를 지불하고 운송기업들로부터 물량을 공급받아 운송사업을 영위하고 있다.

구체적으로 운송업체는 화주와 접촉하여 물량을 확보하여 지입차주에게 안정적인 물량을 제공하고 세금, 보험료 등의 대납, 약속어음 등 유가증권 할인, 각종 행정대행 처리, 교통사고 사후관리 등 지입차주가 수행해야 할 업무를 대행하고 그 대가로서 지입료를 수취하고 있다. 이러한 지입제에 대하여 운송업의 비효율적인 관행이라는 여러 비판이 있었지만 화주, 운송기업 및 지입차주의 필요성에 따라 계속하여 유지되고 있다.

본 연구에서는 지입차주와 본인명의 차주의 매출액 자료를 이용하여 그룹간의 불평등도를 비교하고자 한다. 그리하여 지입차주와 본인명의 차주간에 어떠한 차이가 있는 지를 밝혀낼 것이며 이를 통해 정책적 시사점을 제공하고자 한다.

[표 14] 자주별 월평균 매출액 현황 (단위: 만 원)

구분	평균	중위수	표준편차	관측치 개수
지입차주	778	750	266	1,230
본인명의 차주	394	350	192	498
소계	667	600	302	1,728

지입차주의 월평균 매출액은 약 778만 원 수준으로 본인명의 차주 월평균 매출액, 약 394만 원보다 높은 수준이다. 전체 차주들의 월평균 매출액은 약 667만 원 수준이다. 지입차주 관측치 개수는 1,230명이고 전체 관측치의 약 71%이며 본인명의 차주는 498명이고 전체 관측치의 약 29%를 점유하고 있다.

3. 분석결과

지입차주와 본인명의 차주의 매출액 구조를 분석하기 위하여 우선 변이계수(coefficient of variation)와 지니계수(Gini coefficient)를 비교하고자 한다. 지입차주의 매출액의 변이계수는 0.342로서 본인명의 차주의 그것(0.487)보다 작게 산정되었다. 그리고 지입차주의 매출액의 지니계수는 0.193으로 본인명의 차주 매출액의 지니계수, 0.249보다 작게 산정되었다. 변이계수와 지니계수 정보를 이용할 때 본인명의 차주의 불평등도가 더 높은 것이 아닌가 짐작된다.

하지만 좀 더 세밀한 분석을 위하여 앞 장에서 제시한 바와 같이 지입차주 및 본인명의 차주 매출액 구조를 비교분석하기 위하여 일반화된 로렌츠 우위를 검증하고자 한다. 지입차주 및 본인명의 차주 매출액의 일반화된 로렌츠 곡선을 유도하고 분위별로 로렌츠 곡선의 격차를 산정한 후에 이들 차이가 통계적으로 유의한지를 검증할 것이다.

[표 15] 차주별 월평균 매출액 불평등도 지수 분석

	변이계수	지니계수
지입차주	0.342	0.193
본인명의차주	0.487	0.249

[표 16] 지입차주 및 본인명의 차주의 일반화된 로렌츠 곡선 추정치와 격차

분위	지입차주(A)	본인명의 차주(B)	본인명의 차주 및 지입차주 격차(B-A)	분위	지입차주(A)	본인명의 차주(B)	본인명의차주 및 지입차주 격차(B-A)
5	13.60***	7.438***	-6.164***	55	319.1***	147.4***	-171.7***
	(0.640)	(0.193)	(0.669)		(4.290)	(3.302)	(5.413)
10	34.99***	16.63***	-18.36***	60	359.4***	167.1***	-192.3***
	(1.312)	(0.554)	(1.424)		(4.783)	(3.655)	(6.020)
15	59.87***	27.05***	-32.81***	65	403.2***	187.1***	-216.1***
	(1.521)	(0.932)	(1.784)		(5.286)	(3.655)	(6.427)
20	86.85***	39.40***	-47.46***	70	448.2***	208.5***	-239.7***
	(1.902)	(1.216)	(2.257)		(5.286)	(4.387)	(6.870)
25	116.1***	51.90***	-64.21***	75	496.3***	232.1***	-264.2***
	(2.331)	(1.216)	(2.629)		(6.153)	(5.108)	(7.997)
30	146.1***	65.43***	-80.68***	80	546.3***	257.1***	-289.2***
	(2.331)	(1.662)	(2.862)		(6.153)	(5.154)	(8.026)
35	176.5***	80.34***	-96.18***	85	596.5***	284.6***	-311.9***
	(2.775)	(1.992)	(3.416)		(6.423)	(5.709)	(8.594)
40	209.1***	95.34***	-113.8***	90	651.1***	314.3***	-336.9***
	(3.062)	(1.992)	(3.653)		(6.705)	(6.204)	(9.135)
45	244.0***	112.2***	-131.7***	95	710.2***	346.5***	-363.7***
	(3.265)	(2.842)	(4.329)		(7.194)	(6.804)	(9.902)
50	280.1***	129.7***	-150.3***	100	778.0***	394.1***	-383.9***
	(3.766)	(2.842)	(4.718)		(7.585)	(8.600)	(11.47)

주: 괄호 안의 수치는 표준오차(standard error)이며 ***,**,*는 1%, 5%, 10% 수준에서 통계적으로 유의함을 의미함.

지입차주의 일반화된 로렌츠 곡선 추정치가 본인명의 차주의 일반화된 로렌츠 곡선 추정치보다 크고 모든 분위에서 그 차이가 통계적으로 유의함을 알 수 있다. 그림에서도 지입차주의 일반화된 로렌츠 곡선 추정치가 본인명의 차주의 일반화된 로렌츠 곡선 추정치보다 상위에 있으며 그 격차 역

[그림 7] 본인명의 차주 및 지입차주의 일반화된 로렌츠 곡선

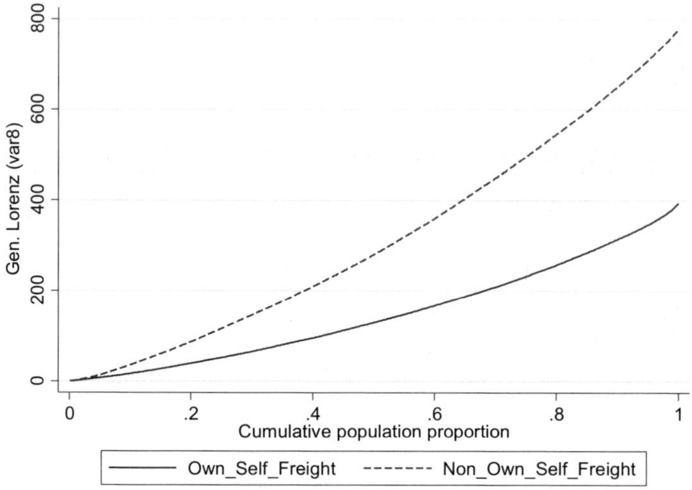

[그림 8] 본인명의 차주 및 지입차주의 로렌츠 곡선 격차

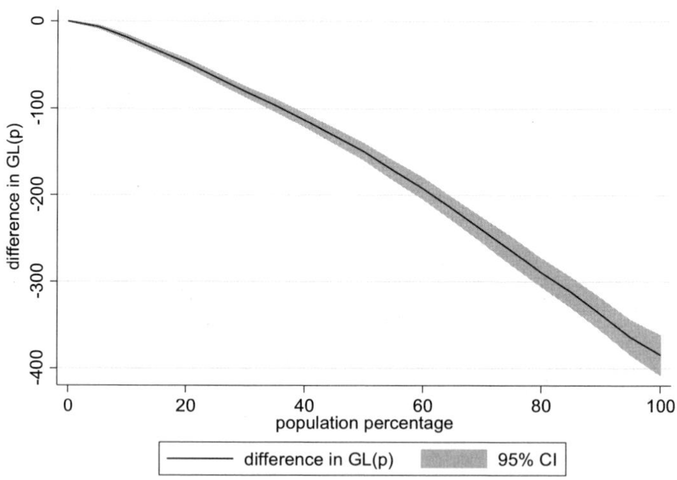

시 0보다 크다는 것을 알 수 있다. 따라서 지입차주 매출액이 본인명의 차주 매출액에 비해 일반화된 로렌츠 우위에 있으며 불평등도가 낮은 수준임을 알 수 있다. 또한 지입차주 매출액이 본인명의 차주 그것에 비해 2계 확률적

우위(second-order stochastic dominance)에 있음을 알 수 있다.

Ⅳ. 향후 정책방향과 과제

본 연구에서는 통계청 가계동향조사의 원자료와 한국교통연구원 화물운송시장정보센터에서 제공하는 화물운송시장실태조사 자료를 활용하여 가계 교통비 지출의 불평등도와 차주 매출액의 불평등도를 분석하였다.

가계 교통비 지출의 불평등도를 분석한 결과에 의하면 도시부 1인 가구의 교통비 지출이 비도시부 1인 가구 교통비 지출에 비해 불평등도가 낮은 수준으로 판명되었다. 그리고 도시부 노인가구 교통비 지출이 비도시부 노인가구 교통비 지출에 비해 불평등도가 낮은 수준임을 알 수 있다. 따라서 도시부 1인 및 노인가구가 비도시부 1인 및 노인가구에 비해 후생수준이 높다는 것을 확인하였다. 이는 2000년대 이후 도시부 지역의 대중교통 활성화 정책으로 인해 1인 및 노인가구의 교통복지 수준을 높이고 있다는 것을 확인할 수 있었다.

그리고 지입차주와 본인명의 차주의 매출액 불평등도를 비교한 결과에 의하면 지입차주의 불평등도가 낮아서 후생수준이 높다는 것을 알 수 있었다. 따라서 화물운송사업에 만연해 있는 지입제도가 화물차주에게 편익을 주기 때문에 많은 화물차주가 지입제도를 선택한다는 것을 알 수 있다.

최근 사회경제적 변화로 교통분야에서는 많은 변화가 있을 것으로 짐작된다. 저출산 고령화로 인하여 노년층 인구가 증가할 것이며 1인 가구도 증가할 것으로 예상된다. 따라서 노년층과 같은 교통약자를 위하여 교통복지 차원의 교통수요정책을 확대해 나가야 할 것이다. 그리고 저성장 기조와 인구구조 변화에 따라 복지예산 수요가 증가할 것이며 이로 인해 교통 분야 투자예산이 감소할 가능성이 높다. 그러므로 투자예산 축소를 감안하여 수요대응형 교통정책을 펴나가야 할 것이다.

또한 지역별 및 계층별 상이한 교통투자수요가 존재하는데 이에 대응하는 정책이 필요할 것이다. 예를 들어 수도권 지역의 인구집중은 더욱 심화될 것으로 판단되며 이에 대응하는 투자정책이 필요할 것이다. 그러나 낙후지역 및 인구희박지역의 경우에 대체교통수단이 부재한 이유로 교통투자의 지속적 유지도 필수적인 요청이다. 또한 건설 위주의 투자가 아니라 교통안전과 유지보수를 고려한 투자정책의 입안이 필요할 것이다. 특히 1인가구 증대와 전자상거래의 폭발적 증가는 물류분야 투자가 필요할 것이며 화물운송분야에 대한 패러다임 변화가 필요할 것이다.

참고문헌

김범수·이재민. 2015. 〈우리나라 가계 교통비 빈곤구조 분석〉. 《경제연구》 제33권 제3호: 131-150.

김형섭·전봉걸. 2009. 〈유류가격 변화와 가계소득 계층별 교통비 지출〉. 《한국경제연구》 제26권: 117-150.

국토연구원. 2016. 《교통 투자재원 안정적 확보방안 연구》. 국토연구원.

국토연구원. 2017. 《주요국 사회간접자본 성능평가제도 분석 및 국내 정책적 시사점 연구》. 기획재정부.

정경옥·이장호. 2006. 《교통산업 서비스지수 산정체계 구축 연구》. 한국교통연구원.

이재민·홍갑선. 2006. 《교통부문 양극화 현상과 정책 방향》. 한국교통연구원.

이재민·강상욱. 2007. 《운송업부문 유가보조금 제도의 효과분석 및 정책방향》. 한국교통연구원.

이재훈·한상용. 2008. 《교통비 지출 구조 및 영향 분석》. 한국교통연구원.

Davidson, R. & Duclos, J-Y. 2000. "Statistical Inference for Stochastic Dominance and for the

Measurement of Poverty and Inequality." *Econometrica* Vol. 68 No. 6: 1435-1464.

Foster, J. E. & Shorrocks, A. F. 1988. "Poverty Orderings and Welfare Dominance." *Social Choice and Welfare* Vol. 5 Issue 2: 179-198.

Jann, B. 2016. "Estimating Lorenz and Concentration Curves in Stata." University of Bern Social Sciences Working Paper No. 15.

Maasoumi, E. & Heshmati, A. 2005. "Evaluating Dominance Ranking of PSID Incomes by Various Household Attributes." IZA Discussion Paper Series No. 1727.

국토교통통계누리. http://stat.molit.go.kr/portal/main/portalMain.do

통계청 국가통계포털. http://kosis.kr/

통계청 마이크로데이터. http://kostat.go.kr

제7장

고령사회의 노인돌봄*

장기요양보험제도 8년의 성과와 과제

공선희

I. 서론

인구고령화로 75세 이상 후기 고령층이 증가하면서 노인 돌봄(social care for older people)이 중요한 사회정책적 과제가 되고 있다. 노인 돌봄은 이제까지 비공식적 가족의 영역에서 주로 해결해왔지만 전통적 가족구조와 관계가 크게 변화하고 있기 때문이다. 한국은 특히 세계적으로 유례없이 빠른 고령화 속도로 인해 향후 15년 이내에 돌봄이 필요한 후기 노인(old-old) 혹은 최고령층(old-oldest) 노인이 크게 증가할 것으로 전망된다. 이에 따라 2008년 7월부터 노인장기요양보험(Long-term Care Insurance, 이후 LTCI) 제도가 도입되어 증가하는 돌봄의 수요에 대응하고 있다.[1]

장기요양보험은 장기적인 돌봄(Long-Term Care)으로 인한 노인과 그

* 본 논문은 2014년도 정부(교육부)의 재원으로 한국연구재단의 지원을 받아 수행된 연구임(NRF-2014S1A3A22044238).

1 현재 장기요양보험 수급자는 65세 이상 노인과 치매나 뇌졸중 등 노인성 질환이 있는 65세 미만 성인에 국한된다.

가족의 경제·사회적 부담을 사회구성원이 공동 부담하는 사회보험(social insurance) 방식의 보편적 사회보장제도이다. 노인장기요양보험의 정책적 의의는 첫째, 증가하는 노인인구와 급속한 고령화 속도에 대응해서 세대 간 위험 부담을 분산하려는 정책적 조치로서 노인 돌봄을 국가와 사회의 책임으로 인정한 조치라는 점이다. 둘째, 의료보험과 마찬가지로 전 국민 대상의 사회보험으로서, 소득수준에 상관없이 65세 이상 노인 가운데 돌봄이 필요하다고 인정된 노인은 누구든지 서비스 이용 신청이 가능한 보편주의 정책이라는 점이다. 과거 빈곤노인만을 대상으로 했던 선별적이고 시혜적인 복지 패러다임에서 벗어난 보편적 성격의 제도라는 의미가 있다. 셋째, 연금과 고용, 의료, 산업재해에 이은 제 5의 사회보험으로서, 노령(age)이라는 근대사회의 사회적 위험(social risks)과 함께 노년기의 장기적 돌봄(Long-Term Care)을 21세기 고령사회의 새로운 사회적 위험(new social risks)으로 인정하고 있다는 점이다. 넷째는 가족의 돌봄에 대한 부담을 줄이고 이들을 지원함으로써 돌봄의 탈가족화(de-familialization)를 실현하고 노인과 그 가족의 삶의 질 향상에 기여할 수 있는 제도라는 점이다.

한국과 동일한 사회보험방식의 노인돌봄제도를 독일은 1995년에 도입하였고 일본 또한 2000년 개호보험을 도입했다. 이들 두 나라는 한국보다 높은 고령화 수준이며 LTCI 또한 한국보다 높은 고령화수준에서 도입되었다. 독일과 일본은 사회·경제·정치적 환경변화에 대응해서 LTCI 제도의 개혁과 문제점을 해결하고자 시도해왔다. 이러한 시도는 사회보험의 재정과 적용 대상의 확대, 서비스의 질을 향상시키기 위한 노력의 일환으로 볼 수 있다.

한국에서도 2008년 도입 이후 LTCI에 대한 제도개선 노력이 지속되었다. LTCI는 한국의 복지정책의 역사에서 중대한 전기를 마련한 제도임에도 불구하고, 여러 가지 문제점이 그동안 제기되었기 때문이다(선우덕 외, 2016; 이윤경, 2010; 정경실, 2010; 조영훈 외, 2013). 우선, 장기요양보험은 꾸준히 서비스 이용자를 확대해왔지만 제도가 도입된 지 8년이 지났지만 여전히 대상자는 2016년 노인인구의 7% 수준에 불과하다. 일본과 독일의 LTCI 수급자 규모가 도입 초기에 13-14%였음을 고려하면 우리의 정책 대상 규모가 작다고 할 수 있다. 두 번째는 홈케어 서비스(Home Care Services) 비용의 15%, 시설입소의 경우 20%의 비교적 높은 이용자 부담률로 인해 소득수준에 따른 서비스 접근의 차이를 가져오고 있다. 보편주의 원칙에도 불구하고 이러한 제도적 특성으로 인해 빈곤층 노인은 서비스 접근이 상대적으로 어려운 상황이고 서비스의 이용을 억제하는 효과로 작용하고 있다. 세 번째는 공적 LTCI의 도입으로 새로운 서비스 시장이 광범위하게 개방되면서 서비스 공급자가 급증했다. 진입 장벽이 상대적으로 낮아 서비스공급자(service provider)의 운영주체에서 민간부문의 영리적 개인사업자가 70-80%의 높은 비율을 차지한다. 반면, 법인단체나 지방정부의 참여는 미미한 수준이다. 이는 노인시설 운영에 영리단체를 원천적으로 배제한 일본과 좋은 대조를 이룬다. 그동안 절대적으로 부족했던 서비스기관들이 단기간에 확충되는 획기적 변화가 나타났지만, 공급자 관리와 감독 기능의 미비로 서비스 질은 통제되지 못하고 있다. 이와 같이 정책 대상(수급자)의 협소함, 서비스 접근의 계층적 차이, 영리적 개인사업자의 서비스 시장 지배 등이 현재 LTCI의 문제점으로 제기되고 있다. 이에 본 연구는 LTCI의 제도적 특징을 살펴보고 지난 8년간의 시행과정에서 나타난 문제점을 분석하고 향후 나아갈 방향을 모색하고자 한다.

II. 인구고령화와 가족변화

우선, LTCI가 도입된 인구·사회적 배경을 먼저 살펴보고자 한다. 이는 현재 LTCI 급여와 서비스의 적절성을 평가하고 개선 방안을 모색하는 데 중요한 자료가 될 것이다.

1. 인구고령화 추세

한국사회는 현재 노인인구 비율 14%인 고령사회(aged society)를 목전에 두고 있다. 2000년 고령화 사회(aging society, 노인인구 비율 7% 이상)에 진입한 지 불과 17-18년 만의 변화이고, 더구나 이보다 더 빨리 노인인구가 20%를 넘어서는 초고령사회(super-aged society)가 8년 후인 2026년 도래할 것으로 전망된다. 이처럼 빠른 고령화 속도는 세계적으로 유례가 없을 뿐만 아니라 노인인구 자체의 고령화를 동반함으로써 75세 이상 후기 노인(old-old)의 비중이 늘어나고 돌봄의 사회적 수요도 급격히 늘어날 것이다(그림 1).[2]

[그림 1] 한국의 고령화 추세: 1980-2060 (단위: 천 명, %)

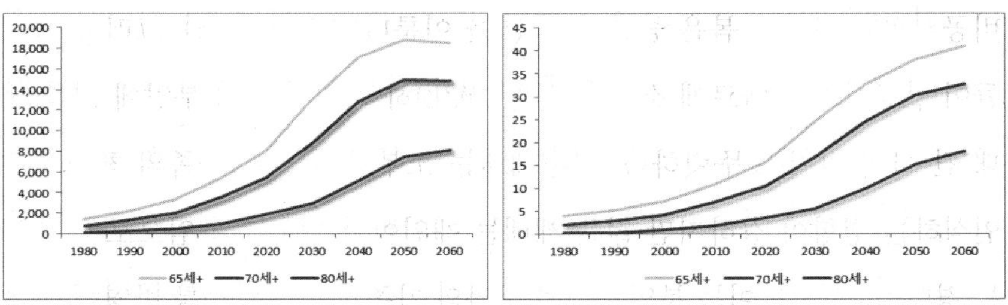

2 2015년 현재 노인인구 비율은 13.2%로 656만 9천 명 정도이고 10년 전에 비해 220만 명 정도가 증가했다. 통계청(2016 고령자통계).

[표 1] 노인 연령집단별 고령화: 1980-2060 (단위: 천명, %)

	1980	1990	2000	2010	2020	2030	2040	2050	2060
65+	1,456 (3.8)	2,195 (5.1)	3,395 (7.2)	5,366 (10.8)	8,134 (15.6)	12,955 (24.5)	17,120 (32.8)	18,813 (38.1)	18,536 (41.0)
70+	832 (2.2)	1,294 (3.0)	2,014 (4.3)	3,488 (7.0)	5,473 (10.5)	8,874 (16.8)	12,878 (24.7)	15,043 (30.4)	14,925 (33.0)
80+	178 (0.5)	302 (0.7)	483 (1.0)	923 (1.9)	1,885 (3.6)	2,992 (5.7)	5,117 (9.9)	7,463 (15.1)	8,212 (18.1)

주: 2015년 인구센서스 조사 결과를 기초로 한 중위 추계임.
자료: 통계청, 장래인구추계.

특히, 700만 명이 넘는 거대 인구집단인 베이비붐 세대(1955-63년 출생)가 2020년을 기점으로 고령층에 진입하고 2030년 이후부터는 75세 이상 후기노년층에 진입하게 된다. 이에 따라 2030년 70세 이상 노인은 16.8%에 이르며 2040년에는 25% 정도에 이른다. 80세 이상 노인인구도 10% 정도에 이를 것으로 추계된다.

2. 가족의 변화와 돌봄 부족

LTCI 같은 공적 돌봄제도의 확립 이후에도 가족 돌봄(family care)은 여전히 중요한 역할을 수행한다. 즉, 돌봄의 혼합경제(mixed economy of care)에서 비공식적인 가족 돌봄은 중요한 한 축을 이룬다(공선희, 2015). 그러나 최근 들어 한국가족은 빠르게 소가족화(小家族化)하고 있고, 부모부양에 대한 세대 간 의식 차이도 뚜렷하다. 고령세대는 노부모 부양을 가족의 책임으로 인식하는 경향이 강하지만 젊은 세대는 개인이나 사회의 책임으로 간주하는 경향이 강하다. 이는 부양의식의 약화와 가족자원의 감소를 반영하는 것으로 볼 수 있다. 따라서 노부모 부양과 돌봄을 둘러싸고 세대 간 긴장과 갈등의 심화를 피하려면 국가와 사회의 적절한 개입이 필요하다.

[그림 2] 고령자 가구 추이: 1985-2015 (단위: 천 가구)

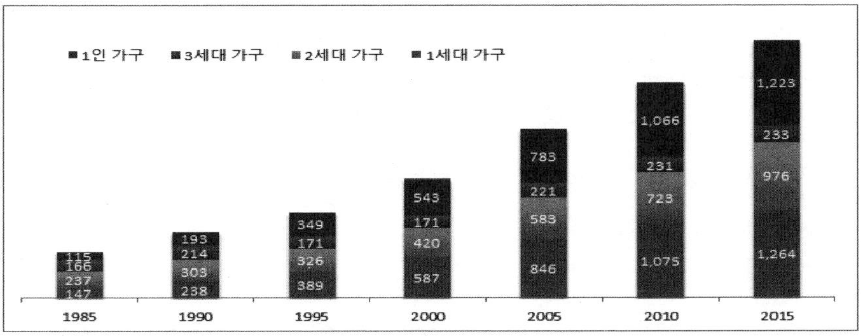

주: 고령자 가구란 가구주의 연령이 65세 이상인 가구.
자료: 통계청, 2016 고령자통계.

최근 한국의 가족구조에서 가장 두드러진 변화는 1인 가구의 증가일 것이다. 고령세대에서도 1인 가구의 증가가 두드러지고 1세대 가구도 빠르게 증가하고 있다(그림 2). 반면, 노인 2세대 가구나 3세대 가구는 지난 30년간 약간 증가하거나 거의 변화가 없었다. 따라서 2015년 고령자 가구에서 1인 가구(독거노인)와 1세대 가구를 합하면 70% 정도에 해당한다(통계청, 2016 고령자통계).

이와 함께 여성들의 경제활동 참여가 증가하고 젠더 역할(gender roles)에 대한 고정관념이 변화하면서 돌봄의 탈가족화(de-familialization)[3]에 대한

[표 2] 한국 여성의 연령별 경제활동참여율 (단위: %)

연도	20-24세	25-29세	30-34세	35-39세	40-44세	45-49세	50-54세	55-59세	60-64세	평균
2000	56.3	53.7	47.3	57.7	61.9	63.3	54.1	50.3	45.5	48.8
2005	57.2	63.0	48.6	57.3	64.0	61.6	57.4	48.1	42.9	50.1
2010	48.7	66.2	52.9	54.3	64.2	64.2	60.2	52.3	40.4	49.4
2015	50.8	68.6	59.8	54.1	62.9	68.6	66.0	57.3	47.5	51.8

자료: 통계청, 경제활동인구연보, 각 년도.

3 탈가족화란 가족 내 관계나 역할에 상관없이 복지국가 급여를 통해 사회적으로 적절한 수준의 생활을 보장받을 수 있는 정도를 의미한다. 에스핑 앤더슨(Esping-Anderson)의 '탈상품화'가 가족영역에 적용된 것으로 볼 수 있다.

[그림 3] 한국 여성의 연령별 경제활동참여율 (단위: %)

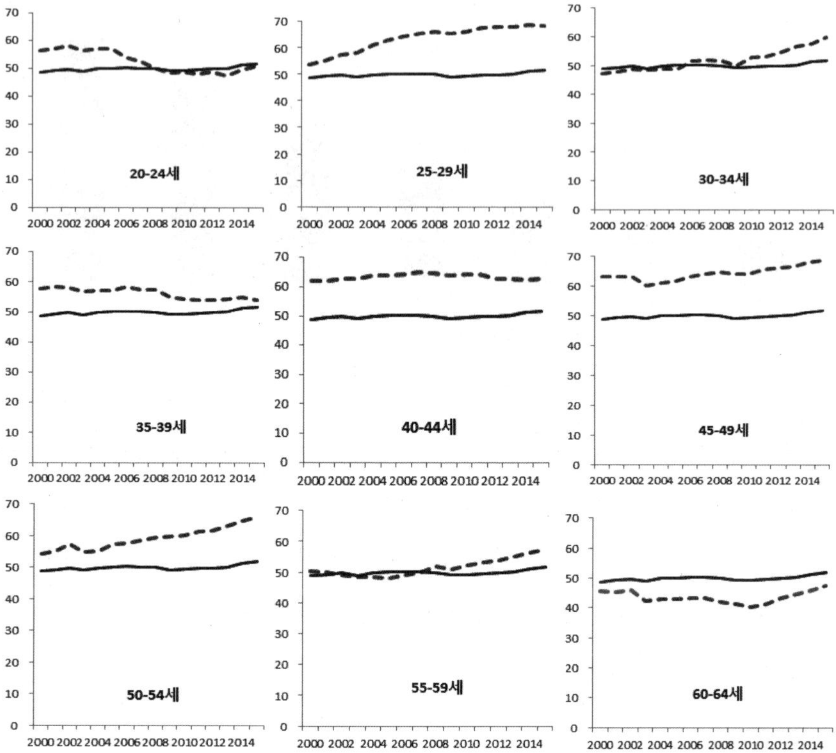

주: 실선(—)은 여성의 경제활동참가율 평균을, 점선(- -)은 해당 연령집단의 참가율을 나타냄.
자료: 통계청, 경제활동인구연보, 각 년도.

요구는 더욱 높아지고 있다. 여성의 경제활동참여율은 2000년 48.8%에서 2016년 52.1%로 증가했고, 노부모 돌봄제공의 주된 연령집단인 40-50대 중년층 여성의 경제활동참여율은 전체 평균보다 10%p. 높은 60% 수준에 이른다(표 2). 20대 이후 여성들의 연령별 경제활동참여율을 살펴보면, 최근으로 올수록 40대 후반과 50대 여성의 경제활동참여가 증가하는 추세에 있고, 60대 초반 여성들도 비록 평균보다는 낮지만 꾸준히 증가하고 있다(그림 3). 이들 여성들의 경제적 활동 증가는 노인에 대한 가족의 돌봄제공 여력

(caregiving capacity)을 감소시킬 수 있다(공선희, 2013).

III. 장기요양보험제도의 현황

1. 서비스 적용 대상과 범위

노인장기요양보험 제도는 고령이나 노인성 질병으로 일상생활을 혼자서 수행하기 어려운 노인 등에게 신체적 돌봄과 가사지원을 제공하고 노인의 건강증진 및 생활안정을 도모하여 그 가족의 부담을 덜어줌으로써 국민의 삶의 질을 향상시키기 위한 목적으로 만들어졌다(노인장기요양보험법 제1조). 이 제도는 전 국민을 대상으로 하지만 실질적인 서비스이용자(수급자)는 장기요양등급판정위원회(LTC needs certification committee)의 심사를 통해서 장기요양 인정을 받은 사람에 국한된다(표 3).

[표 3] 장기요양보험 적용 대상과 범위

구분	적용 대상
장기요양보험 대상	전 국민 (건강보험가입자와 그 피부양자 + 의료급여 수급권자)
보험료 납부자	국민건강보험 가입자(건강보험료 부과체계 활용) (보험료율: 2015년 건강보험료의 6.55%)
장기요양 급여 신청대상	65세 이상 노인 (혹은 65세 미만 노인성 질환자)
장기요양 급여 수급자	장기요양인정 신청자 중 6개월 이상 독립적 일상생활이 어려운 노인 등으로서 장기요양등급판정위원회에서 장기요양인정을 받은 자

자료: 국민건강보험공단, 2015 노인장기요양보험통계연보.

장기요양보험 서비스의 이용은 노인이 국민건강보험공단을 통해 서비스 신청을 하는 것에서 시작된다(장기요양인정 신청). 신청 이후 국민건강보험공단의 직원이 방문하여 노인의 신체기능과 인지기능, 환경, 서비스 욕구 등을 종합적으로 조사한 후, 이를 토대로 장기요양등급판정위원회에서 서비스가 필요한 정도를 결정한다(등급판정). 판정기준에 따라 장기요양의 등급(1~5등급)을 최종적으로 판정하여 고지한다.

2. 노인 장기요양 수급자

2008년 7월 제도 도입 이후 장기요양보험의 서비스를 이용하는 노인은 꾸준히 증가했다. [표 4]를 보면, 노인장기요양 인정자 수는 2008년 214천 명에서 2016년 6월 489천 명으로 2배 이상 증가했다. 노인인구 대비 이러한 인정률은 각각 4.2%와 7.2%이다. 즉, 10% 미만의 노인들이 실질적으로 장기요양보험 서비스를 이용하고 있는 것이다.

노인장기요양 인정률은 지난 8년간 3.0%p. 증가했고, 노인 가운데 서비스를 이용하겠다고 신청한 비율도 2008년 7.0%(35만 8천 명)에서 2016년 12% 정도(81만 6천 명)로 증가했다. 신청 대비 인정률은 60% 정도에 그치고

〈표 4〉 노인장기요양보험 인정자 추이: 2008-2016 (단위: 천 명, %)

구분	2008	2009	2010	2011	2012	2013	2014	2015	2016
65세 이상 노인인구	5,086	5,286	5,448	5,644	5,921	6,192	6,462	6,719	6,836
신청자 (인구 대비 신청률)	358 (7.0)	522 (9.9)	622 (11.4)	617 (10.9)	646 (10.9)	685 (11.1)	736 (11.4)	789 (11.7)	816 (11.9)
판정자 (인정자+ 등급 외)	265	390	465	478	495	535	585	630	650
인정자 (판정 대비 인정률)	214 (80.8)	286 (73.5)	315 (67.8)	324 (67.8)	341 (69.0)	378 (70.7)	424 (72.5)	467 (74.2)	489 (75.2)
신청 대비 인정률	59.8	54.8	50.6	52.5	52.8	55.2	57.6	59.2	59.9
노인인구 대비 인정률	4.2	5.4	5.8	5.7	5.8	6.1	6.6	7.0	7.2

주: 연도말 기준(사망자 제외), 2016년은 6월말 기준, 인정률 = 인정자/판정자
자료: 국민건강보험공단, 노인장기요양보험통계연보, 각 연도.
국민건강보험공단, 2016년 상반기 노인장기요양보험 주요통계.

있어 상당수의 노인들이 서비스를 받는 데까지 이르지 못함을 알 수 있다. 판정 대비 인정률도 2011년 이후 꾸준히 증가하고는 있지만 70-80% 정도에 그친다. 이는 20-30%의 등급 외(外) 노인들이 있음을 반증하는 것이며, 이들 등급 외 노인들의 돌봄 욕구도 기능악화를 방지하는 차원에서라도 적절히 다뤄질 필요가 있다.

현재 장기요양보험은 노인의 돌봄 욕구를 1등급부터 5등급까지 분류하여 서비스를 제공한다. 1등급은 일상생활에 타인의 도움이 절대적으로 필요한 중증노인들이 여기에 해당한다(표 5). 2등급과 3등급, 4등급으로 갈 수록 돌봄의 필요성이 낮은 경미한 수준에 해당한다. 그러나 5등급은 경증의 치매(Dementia) 노인을 위한 특별등급으로서 2014년 7월에 신설되었다. 기존의 3등급이 3등급과 4등급으로 나뉘고, 경증의 치매 노인을 위한 5등급이 신설된 것이다.

[표 5] 장기요양인정 등급

구분	기능 상태
Long-term Care Grade 1	일상생활에서 전적으로 다른 사람의 도움이 필요한 상태
Long-term Care Grade 2	일상생활에서 상당 부분 다른 사람의 도움이 필요한 상태
Long-term Care Grade 3	일상생활에서 부분적으로 다른 사람의 도움이 필요한 상태
Long-term Care Grade 4	일상생활에서 일정 부분 다른 사람의 도움이 필요한 상태
Long-term Care Grade 5	경증 치매환자 (법 제2조에 의한 노인성질병에 한정함)

자료: 국민건강보험공단, 2015 노인장기요양보험통계연보.

등급별 인정자 추이를 보면, 중증노인에 해당하는 1-2등급의 비율은 꾸준히 하락하고, 경증노인에 해당하는 3-4등급 비율이 높아진다(그림 4). 5등급의 경증 치매노인의 경우에는 2014년 10,456명(2.5%)에서 2016년 6월 24,115명(4.9%)으로 2년 사이에 두 배 이상 증가했다(표 6). 신설된 등급으로 해당 노인이 다른 등급에 비해서 적지만 이러한 빠른 증가속도는 치매질

[그림 4] 등급별 노인장기요양 인정자 추이: 2008-2016 (단위: 천 명)

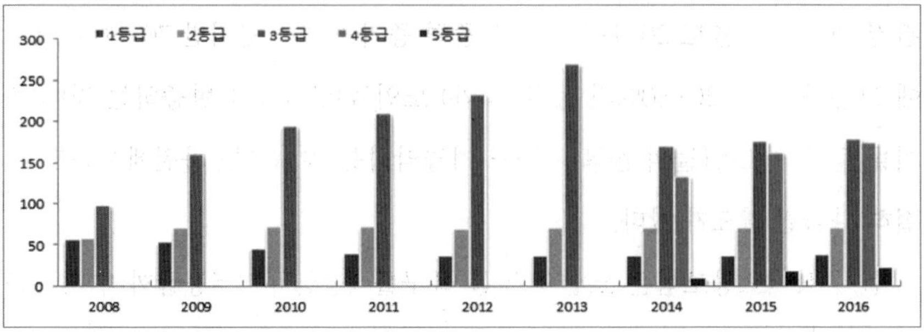

주: 연도말 기준(사망자 제외), 2016년은 6월 말 기준임.
자료: 국민건강보험공단, 노인장기요양통계연보, 각 연도.
국민건강보험공단, 2016년 상반기 노인장기요양보험 주요통계.

[표 6] 등급별 노인장기요양 인정자 추이: 2008-2016 (단위: 명, %)

구분	2008	2009	2010	2011	2012	2013	2014	2015	2016
1등급	57,396 (26.8)	54,368 (18.9)	46,994 (14.9)	41,326 (12.7)	38,262 (11.2)	37,283 (9.9)	37,665 (8.9)	37,291 (8.0)	38,863 (7.9)
2등급	58,387 (27.2)	71,093 (24.8)	73,833 (23.4)	72,640 (22.4)	70,619 (20.7)	71,824 (17.0)	72,100 (17.0)	71,260 (15.2)	72,081 (14.7)
3등급	98,697 (46.0)	161,446 (56.3)	195,167 (61.8)	210,446 (64.9)	232,907 (68.1)	269,386 (71.2)	170,329 (40.1)	176,336 (37.7)	179,093 (36.7)
4등급	-	-	-	-	-	-	134,032 (31.6)	162,763 (34.8)	175,376 (35.8)
5등급	-	-	-	-	-	-	10,456 (2.5)	19,472 (4.2)	24,115 (4.9)
합계	214,480 (100.0)	286,907 (100.0)	315,994 (100.0)	324,412 (100.0)	341,788 (100.0)	378,493 (100.0)	424,572 (100.0)	467,752 (100.0)	489,528 (100.0)

주: 연도 말 기준(사망자 제외), 2016년은 6월말 기준.
자료: 국민건강보험공단, 노인장기요양보험통계연보, 각 연도.
국민건강보험공단, 2016년 상반기 노인장기요양보험 주요통계.

환에 대한 사회적 대처의 필요성이 절실함을 보여준다고 할 수 있다.

3. 서비스의 종류: 시설급여와 재가급여

현재 노인장기요양 서비스는 서비스제공 장소에 따라 크게 시설서비스

(institutional care services)와 재가서비스(home care services)로 구분된다. 시설서비스는 입소자가 10인 이상일 경우 노인요양시설(Aged Care Facility)로, 5-9인의 경우는 노인요양공동생활가정(Senior Congregate Housing)으로 구분된다. 이들 기관들은 노인복지법 및 노인장기요양법(Long-term Care Insurance Act)에 따라 시설 및 인력 배치 기준을 준수하여야 하며, 지방자치단체의 허가를 받아야 한다. 국가와 지방정부는 충분한 수의 장기요양기관(LTC Institution)이 지역에 제공될 수 있도록 시설 설치를 지원할 책임이 있다.

재가서비스(Home Care Services)의 종류에는 방문요양(Home-Visit Care), 방문목욕(Home-Visit Bath), 방문간호(Home-Visit Nursing), 주야간 보호(Day and Night Care), 단기보호(Short-term Stay), 복지용구(Welfare Medical Device) 제공이 있다. 그리고 예외적으로 특별현금급여(Cash Benefit)가 제공되는데, 이는 도서벽지 등에 거주하는 노인이 가족으로부터 돌봄을 받을 경우에 등급에 상관없이 월 15만 원이 지급된다. 한국이나 일본과 달리, 독일의 경우에는 수발보험에서 수급자의 81.5%가 압도적으로 현금 급여(cash benefit)

[표 7] 장기요양보험 급여 종류별 지출 추이 (단위: 억 원, %)

구분	2008	2009	2010	2011	2012	2013	2014	2015
총액	5,549 (100.0)	19,084 (100.0)	25,891 (100.0)	27,877 (100.0)	29,373 (100.)	33,179 (100.0)	38,496 (100.)	43,139 (100.0)
재가급여	1,645 (29.6)	9,850 (51.6)	13,740 (53.1)	13,744 (49.3)	13,296 (45.3)	14,932 (45.0)	17,022 (44.2)	19,685 (45.6)
시설급여	2,628 (47.4)	7,544 (39.5)	10,336 (39.9)	12,210 (43.8)	13,962 (47.5)	15,981 (48.2)	18,867 (49.0)	20,573 (47.7)
가족요양비	5 (0.1)	16 (0.1)	13 (0.0)	10 (0.0)	9 (0.0)	10 (0.0)	11 (0.0)	12 (0.0)
기타	1,269 (22.9)	1,672 (8.8)	1,801 (7.0)	1,911 (6.9)	2,103 (7.2)	2,253 (6.8)	2,593 (6.7)	2,867 (6.7)

주: 기타에는 의사소견서 발급비용과 방문간호지시서 발급비용, 관리운영비 등이 포함됨.
자료: 국민건강보험공단, 노인장기요양보험통계연보, 각 연도.

를 선택하고 있는데, 이는 현금급여를 시행하지 않고 현물급여(benefit in kind)만을 허용하고 있는 한국이나 일본과 다른 대비되는 점이기도 하다. 우리나라의 경우, 현금급여를 시행하면 서비스 인프라의 발달이 지체될 것이라는 우려에서 도입되지 않았고, 여기에 오용의 문제나 가족 부담의 지속도 현금 급여를 채택하지 않은 이유였다. 현금 급여를 도입하고 급여의 상당 부분이 가족소비로 사용되는 독일과 달리, 한국은 LTCI 재정을 통해서 케어 서비스의 인프라가 구축되고 시장이 활성화될 것을 기대한 것이다.

한편, 신체적 돌봄(personal care)과 가사지원 서비스(domestic or home-help service), 기본적 의료서비스가 노인에 대한 장기요양보호로 제공되지만, 현행 LTCI에서는 신체 돌봄을 제외한 전문적인 보건의료서비스는 국민건강보험을 통해 해결하도록 규정하고 있다. 따라서 장기요양보험 내에서는 방문간호나 촉탁의 수준의 제한된 보건의료서비스만 제공된다.

지난 8년간 장기요양보험의 급여 지출 추이를 보면, 우선 2015년 급여비로 지출된 총액은 4조 3,139억 원이며, 이 가운데 재가급여로 1조 9,685억

[그림 5] 재가급여와 시설급여 지출 비교: 2008-2015 (단위: 억 원)

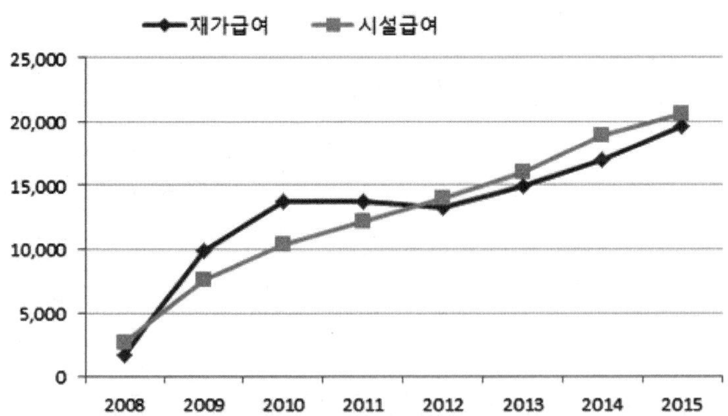

자료: 국민건강보험공단, 노인장기요양보험통계연보, 각 연도.

원이 지출되었고, 시설급여로 2조 573억 원이 지출되었다(표 7). 시설급여 비중이 재가급여보다 더 높게 나타나는데, 이러한 추세는 2012년 이후 지속되고 있음을 알 수 있다(그림 5).

그러나 정책적으로는 재가서비스를 강조하면서도 실제 급여비는 시설서비스에 더 지출되고 있어서 개선이 필요한 부분이다(한국보건사회연구원, 2016: 76). 2008년을 제외하고 도입 초기에는 재가급여 비중이 더 컸음을 알 수 있다. 한편, 특별현금급여(cash benefit)의 형태인 가족요양비의 경우에는 2009년 16억 원에서 2012년 9억 원으로 감소했다가 2015년 12억 원으로 다시 증가했다. 하지만 전체에서 차지하는 비중은 매우 미미하다.

4. 서비스 공급자의 특성

장기요양보험에서 재가서비스와 시설서비스를 제공하는 서비스공급자는 일정한 자격을 갖추도록 규정하고 있다. 사회복지사 자격증을 갖고 있거나 의사나 간호사만이 시설을 운영할 수 있다. LTCI 실시 이후 가장 큰 변화 가운데 하나는 노인요양서비스를 제공하는 이러한 서비스기관들의 급증이라고 할 수 있다. 지난 8년간 노인인구 1천 명당 노인요양시설(침상 기준)은 2008년 13.1개에서 2015년 21.0개로 증가했다. 노인요양공동생활가정(침상 기준)은 같은 기간 0.5개에서 2.8개로 5배 이상이나 증가했다.

이러한 양적인 확장과 더불어 기관운영 주체에 주목할 필요가 있다. 2015년 노인요양시설의 운영 주체는 개인사업자가 전체의 70%를 차지했고, 지방자치단체(2.2%), 법인단체(27.9%) 등으로 구성되었다(표 8). 재가서비스 제공기관의 경우, 개인사업자 비중은 더 높아서 80.9%를 차지하고 나머지가 지방자치단체 0.8%, 법인 17.7% 등을 차지한다. 이와 같이 노인돌

[그림 6] 운영 주체별 장기요양기관 추이: 2008-2016

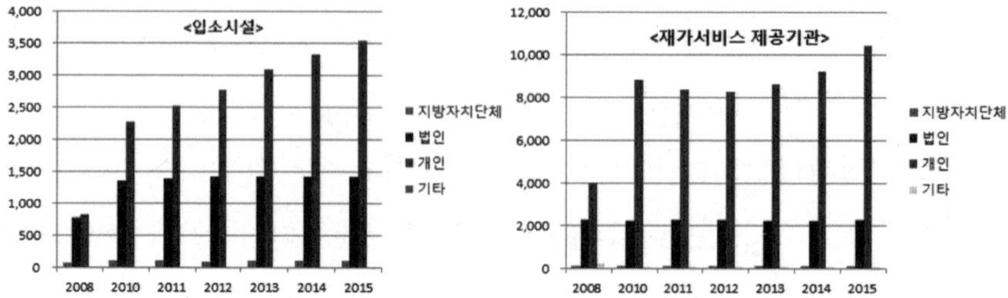

자료: 국민건강보험공단, 노인장기요양통계연보, 각 연도.

[표 8] 운영주체별 장기요양기관 추이: 2008-2016

(단위: 개, %)

구분		2008	2010	2011	2012	2013	2014	2015	2016
재가서비스 제공기관	지방자치단체	109 (1.6)	110 (1.0)	114 (1.1)	104 (1.0)	121 (1.1)	120 (1.0)	109 (0.8)	na.
	법인	2,269 (34.3)	2,227 (19.8)	2,267 (20.9)	2,260 (21.1)	2,240 (20.3)	2,242 (19.2)	2,284 (17.7)	na.
	개인	4,024 (60.8)	8,832 (78.7)	8,412 (77.5)	8,300 (77.4)	8,629 (78.0)	9,245 (79.2)	10,455 (80.9)	na.
	기타	216 3.3	59 0.5	64 0.6	66 0.6	66 0.6	65 (0.6)	69 (0.5)	na.
	계	6,618 (100.0)	11,228 (100.0)	10,857 (100.0)	10,730 (100.0)	11,056 (100.0)	11,672 (100.0)	12,917 (100.0)	13,542 (100.0)
입소시설	지방자치단체	73 (4.3)	105 (2.8)	111 (2.7)	99 (2.3)	109 (2.3)	108 (2.2)	111 (2.2)	na.
	법인	785 (46.2)	1,358 (36.2)	1,401 (34.5)	1,435 (33.2)	1,424 (30.6)	1,425 (29.3)	1,421 (27.9)	na.
	개인	832 (48.9)	2,281 (60.8)	2,534 (62.4)	2,780 (64.3)	3,101 (66.7)	3,324 (68.2)	3,540 (69.6)	na.
	기타	10 (0.6)	7 (0.2)	15 (0.4)	12 (0.3)	14 (0.3)	14 (0.3)	13 (0.3)	na.
	계	1,700 (100.0)	3,751 (100.0)	4,061 (100.0)	4,326 (100.0)	4,648 (100.0)	4,871 (100.0)	5,085 (100.0)	5,139 (100.0)

주: 연도말 기준임. 2016년은 6월말 기준이고 운영주체별 통계는 미공개됨.
자료: 국민건강보험공단, 노인장기요양통계연보, 각 연도.

봄서비스의 제공에서 입소시설이나 재가서비스 모두에서 영리추구형 개인 사업사가 70-80%의 높은 비율을 차지하는 현상은 공적 돌봄제도의 공공성을 재평가해야 할 요인으로 보인다. 더구나 이들 개인사업자가 운영하는 시설의 경우 서비스 평가에서 상대적으로 낮은 점수를 받고 있어 개선이 필요한 것으로 지적되었다. 일본의 경우에는 노인입소시설에 영리단체의 참여를 원천적으로 배제하고 있는 것과 대조를 이룬다. 한국은 2008년 LTCI 도입 당시만 해도 서비스공급 기관들이 서비스수요에 비해 턱없이 부족한 상황이어서 민간의 시장진출을 용이하게 해놓았고, 그 결과 법인단체보다 개인사업자의 진출이 두드러지고 있다. 정부가 운영하는 시설은 전국에 한 곳(서울요양원)에 불과하고 지방정부 운영의 시설은 매우 미미한 수준이다(그림 6).

5. LTCI 재정과 이용자 부담

현재 장기요양보험은 사회보험 방식으로 재원을 조달하며 재원 구성은 장기요양보험료와 국고지원금, 국가부담금, 서비스이용자 부담금 등이다. 국고지원금은 보험료 예상수입의 20%에 해당하며, 국가부담금은 의료급여 수급권자에 대한 국가 및 지방자치단체의 급여 부담금 등을 말한다. 장기요양 보험료는 가입자의 건강보험료와 통합하여 징수되기 때문에 건강보험료의 수준에 따라 장기요양보험료가 결정된다(장기요양보험료=건강보험료×장기요양보험료율 6.55%).[4] 2016년 상반기 장기요양보험료는 1조 5,857억 원 부과되었고 이 가운데 직장가입자가 1조 3,312억 원(사용자부담금 포함)이고 지역가입자에 2,545억 원 부과되었다(표 9).

세대당(직장 사용자부담금 제외) 보험료는 6,573원이며, 직장가입자는 세대당 평균 7,035원이 부과되고 지역가입자는 5,602원 부과되어 직장가입자

4 지역가입자의 경우 100% 본인이 부담하고(세대 단위), 직장가입자의 경우 가입자와 사용자가 50%씩 부담한다. 공무원과 교직원인 직장가입자는 국가와 지방자치단체, 사립학교에서 50%씩 분담한다. 사립학교의 경우에 해당 학교가 30%, 국가가 20% 분담한다.

[표 9] 노인장기요양보험의 보험료 부과 현황 (단위: 억원, 원)

구분		2008	2009	2010	2011	2012	2013	2014	2015	2016 상반기
전체 (억 원)	- 직장	na.	9,152	14,139	16,994	19,114	20,748	22,341	24,019	13,312
	- 지역	na.	2,843	4,176	4,429	4,582	4,673	4,707	4,814	2,545
	합계	4,770	11,995	18,315	21,423	23,697	25,421	27047	28,833	15,857
세대 당 월평균 보험료(원)	- 직장	na.	3,177	4,700	5,383	5,792	6,025	6,305	6,533	7,035
	- 지역	na.	2,968	4,400	4,712	4,916	5,078	5,135	5,279	5,602
1인당 월평균 보험료(원)	- 직장	na.	1,223	1,835	2,146	2,352	2,489	2,652	2,800	3,071
	- 지역	na.	1,374	2,090	2,288	2,442	2,579	2,666	2,794	3,005

주: 1) 결산기준, 2016년도 자료는 잠정치이므로 결산 시 값이 바뀔 수 있음.
2) 월 평균 보험료에서 직장 사용자부담금(50%) 제외.
3) 의료급여 및 기초수급 대상자 제외, 지역세대주에 비가입세대주 포함.
자료: 국민건강보험공단, 노인장기요양보험통계연보, 각 연도.
국민건강보험공단, 2016년 상반기 노인장기요양보험주요통계, 2016.

[그림 7] 월평균 장기요양보험료 (단위: 원)

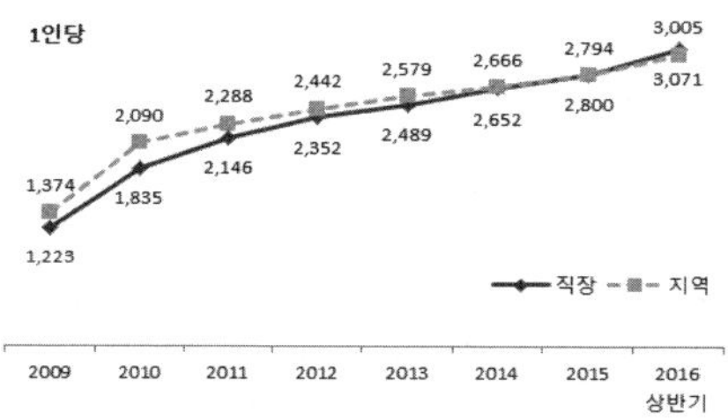

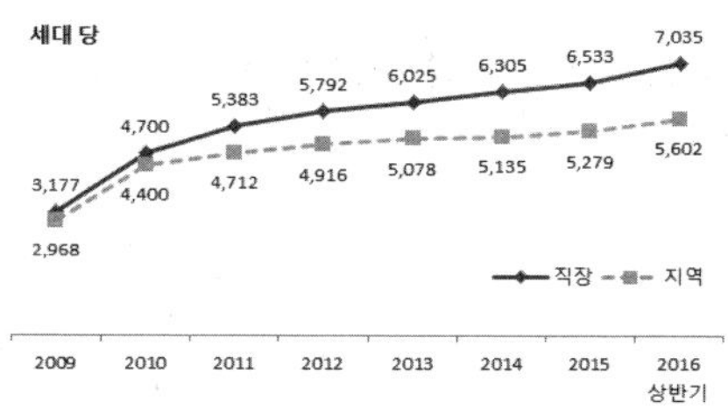

자료: 국민건강보험공단, 노인장기요양보험통계연보, 각 연도.
국민건강보험공단, 2016년 상반기 노인장기요양보험주요통계.

의 보험료가 더 높다. 장기요양보험료는 직장가입자 기준으로 1인당 월평균 2009년 1,223원에서 2016년 상반기에 3,071원으로 2배 이상 인상되었다(그림 6).

한편, 서비스를 이용하는 노인의 부담금은 소득수준에 따라 차이가 있는데, 일반노인의 경우 재가서비스(방문요양, 방문목욕, 주야간보호 등) 비용의 15%, 시설서비스(요양시설이나 요양공동생활가정) 비용의 20%를 부담하여야 한다. 건강보험의 차상위계층(혹은 의료급여 수급자 등)은 본인 부담금의 50%를 절감받고, 기초생활보장 수급자 노인은 본인 부담금이 전액 면제된다. 그러나 노인장기요양보험법의 규정에 따른 급여의 범위 및 대상에 포함되지 않는 비급여 항목(식사재료비, 1인실 추가비용 등)은 공단의 지원 없이 전액 본인이 부담해야 한다. 그리고 장기요양급여의 월 한도액을 초과한 비용도 본인이 부담해야 한다.

Ⅳ. 노인장기요양보험제도의 평가와 과제

1. 서비스 이용 확대

2008년 7월 노인장기요양보험제도가 도입된 이후 운영 성과는 전반적으로 긍정적 평가를 받고 있다(선우덕 외, 2016). 그러나 여전히 서비스를 받는 노인의 규모가 확대될 필요가 있다. 현재의 인정률은 7% 정도인데, 노인의 약 15~30%가 일상생활을 하는 데 어려움이 있는 것으로 나타난다. 독일이나

[그림 8] 장기요양서비스 이용 자격별 수급자 추이

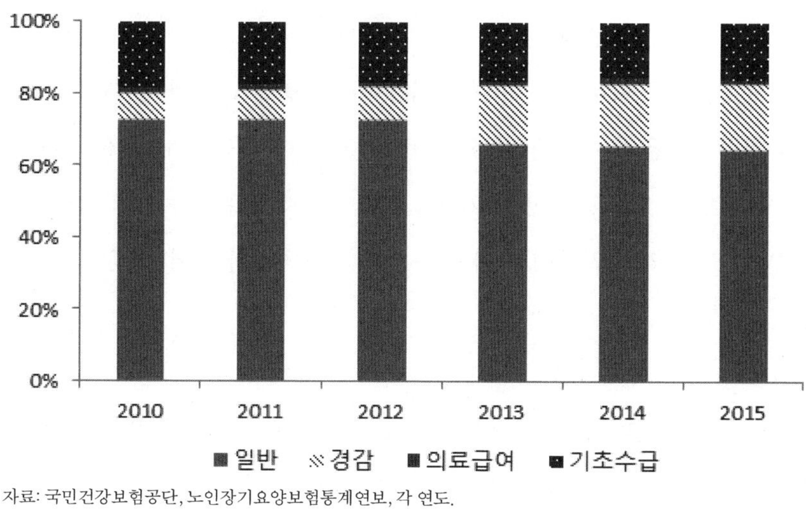

자료: 국민건강보험공단, 노인장기요양보험통계연보, 각 연도.

일본의 경우 노인인구의 15-17% 정도가 공적 돌봄서비스를 이용하고 있는 것으로 나타난다. 고령화율의 차이가 있고 제도의 성숙도가 다르다는 것을 감안하여 적절히 대상을 확대할 필요가 있다.

노인인구 대비 장기요양 서비스 신청자는 꾸준히 증가해서 노인인구의 11%에 도달했으나 이 중 7%만이 최종적으로 수급대상이 되는 것이다(표 4 참조). 신청자 대비 인정률을 보면 신청노인의 60% 정도가 장기요양급여의 혜택을 받고 있고, 나머지 40%는 등급 외 판정을 받았다. 신청 대비 인정률은 2010년 50%까지 하락했다가 2016년 6월 59.9%를 차지하고 있다.

장기요양보험제도의 이용자 확대와 관련하여 지적할 점은 서비스이용자의 이용료 부담률이 다소 높다는 점이다. 따라서 소득수준이 낮은 노인일수록 서비스접근이 용이하지 않다. 현재 장기요양서비스를 이용하려면 재가서비스의 15%와 시설서비스의 20%의 본인부담금을 감당하기 어렵거나 비급여 항목(식사비 등)에 대한 지출이 부담스러운 차상위층 노인들은 이용율이 가장 낮게 나타난다. 이들 비급여 항목은 본인이 전액 부담하도록 되어 있다. 보건사회연구원의 2016년 설문조사에 의하면, 재가서비스 공급기관 운영자들은 본인부담금 수준이 높다는 비율이 높게 나왔다. 이들은 소득수준이 높을수록 서비스를 더 많이 이용한다는 비율도 높아서, 현장에서 파악한 서비스이용의 계층적 격차를 반영하고 있다(선우덕 외, 2016). 현재 한국노인의 높은 상대적 빈곤율(2015년 49.6%)과 가족의 돌봄 여력 약화를 고려하면 상당수의 노인들이 공적 돌봄제도의 혜택에서 벗어나 있다고 볼 수 있다.

일본의 경우, 생활보호대상자를 제외하고 시설과 재가서비스 모두 10%씩 본인이 부담한다. 2015년 8월 이후 고소득층 노인에게는 20%의 본인 부담율을 적용하고 있다. 독일은 한국이나 일본과 달리, 급여의 상한액을 정해놓고 그 이상의 비용을 본인이 전부 부담하는 방식을 택하고 있다. 이러한 비용을 부담하기 어려운 빈곤노인에게는 지방정부의 부조가 제공된다(Naegele and Reichert, 2002). 저소득자인 경우 본인 부담률을 낮게 하는 것이 유럽 대부분의 나라들에서 채택한 방식이지만, 이와 같이 소득수준에 따라 본인부담액에 차등을 두는 국가 외에 독일과 프랑스 등은 소득수준과 상관없이 주거비, 식비 등 일종의 생활비(hotel costs)를 부담하게 한다. 핀란드와 오스트리아, 아일랜드는 소득수준과 무관하게 비용의 80%를 이용자가 부담하며, 스웨덴이나 네덜란드는 본인부담 상한제를 적용한다(선우덕 외, 2016).

2. 가족돌봄 지원 강화

현재 장기요양수급자의 경우 중증 대상자인 1-2등급자와 경증 치매노인의 경우 계속적인 돌봄이나 관찰이 필요한데, 현재의 재가급여로는 충분치 않은 것으로 나타난다(선우덕 외, 2016). 따라서 재가서비스를 이용하는 노인의 상당수는 가족돌봄이 추가적으로 필요한 것으로 나타난다. 즉, 공적 돌봄이 충분히 제공되지 않아서 여전히 가족이 상당한 역할을 보완해야 하는 상황이라고 할 수 있다. 2014년 노인생활실태조사에 의하면, 지역에 거주하는 노인 가운데 장기요양보험 같은 공식적 서비스만을 이용하는 비율은 11.0%이며 가족돌봄만을 받는 경우가 22.6%로 더 높게 나타났다. 공식적 서비스와 비공식적 가족의 돌봄을 모두 활용하는 경우가 66.4%로 가장 높았다. 이는 공식적인 돌봄서비스를 받더라도 가족의 도움이 여전히 필요하다는 점을 보여준다. 따라서 가족에 대한 지원서비스가 더욱 강화될 필요가 있다. 노인들은 대체로 자신이 살던 집과 지역에서 노년을 보내기를 희망한

[그림 9] 지역에 거주하는 노인들의 돌봄 형태(전체/등급별) (단위: %)

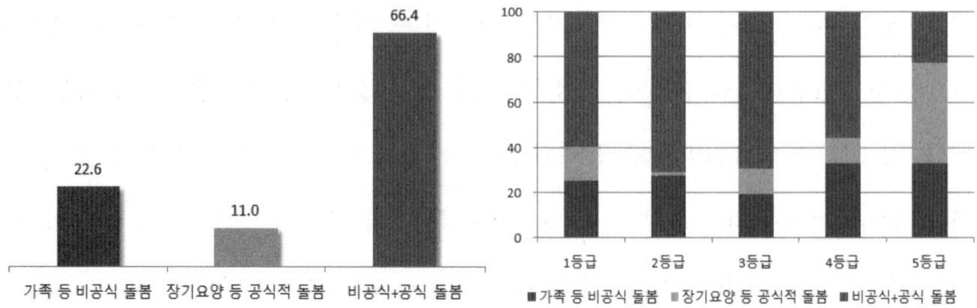

자료: 정경희 등(2014), 2014 전국노인실태조사, 보건복지부. 한국보건사회연구원.

다는 'Aging in Place(AIP)'의 원칙에 따르면, 이러한 가족 지원은 더욱 강화되어야 할 것이다. 또한 많은 고령사회들은 노인의 거주지를 중심으로 돌봄이 제공되는 지역밀착형 커뮤니티 케어(community-based care)를 정책 목표로 삼고 있다.

이와 관련해서 지난 8년간의 장기요양보험 급여의 지출을 보면, 2012년 이후 재가급여보다 시설급여의 지출이 더 큰 것으로 나타난다(그림 5). 홈케어 서비스보다 입소시설에 대한 지출이 더 높게 나타나는 이러한 현상은 지역을 중심으로 한 재가서비스의 제공을 목표로 하는 정책의 관점에서도 개선이 필요하다.

3. 서비스의 다양화

LTC 서비스를 우리와 유사한 제도를 시행하고 있는 독일과 일본의 서비스와 비교해보면, 한국의 공적 돌봄서비스의 종류가 더욱 다양하고 서비스이용자 중심으로 마련될 필요성이 제기된다. 서비스의 종류를 보면, 독일의 경우 일반노인과 치매노인에 대한 서비스가 분화되어 있고, 재가서비스에서 치매특별급여를 추가적으로 지급하고 있어 치매에 대한 서비스가 특화되어 있음을 알 수 있다(표 10).[5] 무엇보다도 독일의 경우, 현금급여가 허용되어 전체 급여의 80% 이상을 차지한다. 이를 통해 노인들은 자신들이 원하는 서비스를 제공하는 공급자와 직접 계약을 맺고 서비스를 공급받는다. 헬스케어에 대한 욕구는 수발보험이 아닌 의료보험을 통해 해결하고, 두 제도는 서로 연계되어 있어 노인들의 소셜케어와 헬스케어 욕구가 통합적으로 충족될 수 있도록 지원한다. 노인들의 경우 소셜케어와 헬스케어 간의 경계가 뚜렷하지 않아 이러한 통합형 서비스가 이용자 중심의 좋은 서비스라고 할 수 있다.

일본의 경우에도, 재가서비스가 매우 다양하게 마련되어 있고 시설서비스에 요양형 의료시설이 포함되어 노인의 소셜케어와 헬스케어 욕구를 통합적으로 대응하려는 노력이 잘 보인다. 특히, 일본은 시정촌의 관리 감독을 받는 지역밀착형 서비스를 체계적으로 제공하고 있는 것이 특징이다. 한국의 LTCI를 독일이나 일본의 제도와 직접적으로 비교하기는 어렵지만, 지역에 기초한 이용자중심의 서비스체계를 구축하는 것이 필요할 것이다.

4. 서비스공급 구조의 개선

LTCI의 도입으로 서비스를 이용하는 노인들이 증가하고 이러한 서비스를 제공하는 기관도 대폭 증가하였다(그림 6). [표 8]에서 보았듯이, 재가시설

5 독일은 2008년 장기요양개혁법에 의해 치매에 대한 강력한 대응방안을 마련했다. 급여를 증액하고, 치매노인을 위한 일반 노인과의 분리형 시설을 권장하고, 일상생활의 대화나 외출 지원 등을 위한 케어 보조자 제도를 신설했다. 지자체마다 케어지원센터(Pflegestutzpunkte)를 설치하여 집에서 케어받는 치매노인을 지원할 수 있도록 했다. 또한 가족돌봄자의 부담을 경감시키기 위해 돌봄휴가제도가 도입되었다. 치매노인을 돌보는 가족을 대신하는 공식적 대체케어자(가족이나 친척 제외)에 대해 연간 1,432 유로가 지급되고 있다. 보사연(2013. 7), 보건복지포럼.

[표 10] 한국과 독일, 일본의 LTC 서비스 비교

	한국	독일	일본
재가 서비스	방문요양 방문목욕 방문간호 주야간보호 단기보호 복지용구	재가서비스(일반/치매) 가족대체케어(일반/치매) 비가족 대체케어 주야간케어(일반/치매) 단기케어 케어용품 케어보조기구	방문개호 방문목욕 방문간호 방문재활 재가요양관리지도 통소개호(주간보호) 통소재활(주간재활) 단기입소생활개호 단기입소요양개호 특정시설입소자생활개호 복지용구 대여&판매 케어매니저(care manager) 지원
시설 서비스	노인요양공동생활가정 노인요양시설	노인요양시설	개호노인복지시설 개호노인보건시설 개호요양형의료시설
현금 급여	특별현금급여(가족요양비, 특례요양비, 요양병원간병비)	재가급여(일반/치매)	없음
기타	없음	주택환경개선 추가 급여	재가개호지원 지역밀착형 서비스 (정기순회. 수시대응형 방문개호, 야간대응형 방문개호, 치매대응형 통소개호, 소규모 다기능형 재가개호, 치매대응형 공동생활개호, 지역밀착형 특정시설 입소자 생활개호, 지역밀착형 복지시설 입소자 생활개호, 복합형 서비스) 주택보수

자료: 한국보건사회연구원(2016: 78); Suwa Sayuri(2015).

은 2008년 6,618개소에서 2016년 상반기 13,542개소로 2배 이상 증가했고, 입소시설은 동기간 1,700개소에서 5,139개소로 3배가 증가했다. 따라서 서비스의 양적 확대와 접근성은 개선되었지만, 서비스 공급기관과 규모에 따라 서비스 질의 차이가 나타나고 도시와 농촌 간의 지역별 편차가 심하게 나타난다. 시설의 운영주체별로 노인요양시설은 개인영리사업자의 시설 비중이 상당히 높다. 2008년에서 2015년 사이에 재가든 시설이든 지방자치단체가 운영하는 기관의 비중은 매우 미미한데, 그마저도 감소하는 추세에 있다. 법인단체가 운영하는 서비스공급기관도 비중이 감소하고 있다. 반면, 개인이 운영하는 민간시설(individual-owned private facilities)은 비

[표 11] 서비스공급 주체별 평가점수 현황 (단위: 점)

	지방자치단체	법인	개인	기타
2011년	89.1	83.1	70.2	71.3
2013년	84.9	77.3	66.0	70.9

자료: 국민건강보험공단, 2013년도 장기요양급여 평가결과.

중도 80%(재가시설)와 70%(입소시설)로 압도적이고 지속적으로 증가해 왔다. 이들 개인사업자가 운영하는 시설들은 영리추구형이므로 비영리법인이나 지자체 운영시설보다 재투자가 거의 이루어지지 않고 시설의 매입과 양도가 비교적 쉽게 이루어져 갑작스런 폐업이나 전업으로 인해 피해가 나타날 수도 있다.

서비스의 질을 관리하는 차원에서 시행하는 국민건강보험공단(보험자)의 시설평가에 따르면, 소규모 시설들의 평가점수가 중 대형 시설보다 낮다. 또한 비영리시설보다 영리시설의 평가점수가 낮게 나타난다. 즉, 영리추구적인 개인사업자의 시설이 질적으로 낮은 수준임을 알 수 있다. 대체로 개인이 운영하는 시설은 소규모이므로 이들에 대한 서비스 관리가 필요함을 시사한다.

이와 관련하여 지방정부는 노인장기요양서비스 기관에 대한 지도감독과 평가를 하도록 하고 있는데, 향후 이러한 지방정부의 관리감독 기능이 더욱 강화될 필요가 있다. 현재 우리나라의 LTCI 제도에서 지방정부의 역할은 매우 미미하게 규정되어 있다. 지방정부는 노인장기요양시설의 설립 및 민간시설의 신고, 지정업무 등 시설 인프라 구축과 관련한 역할을 담당해야 한다(노인장기요양보험법). 그러나 지역의 시설 인프라 구축은 지방정부의 재정자립도와 밀접한 연관이 있으므로 재정자립도가 낮은 상황에서는 기대하기 어렵다. 지방정부는 현재 신규 진입 시설의 신고업무를 처리하고 지정하는 일을 맡고 있는데, 이러한 역할에서 더 나아가 지역의 장기요양서비스

규모를 고려하여 신규 진입을 통제하고 관리하는 역할을 맡아야 할 것이다. 그렇게 되면 현재 도시지역은 노인시설(병상 수)의 과잉 공급 상태이고, 농촌지역은 부족한 상황에 있는데(Sunwoo, 2014), 이러한 지역 간 불균형을 시정하는 데도 지방정부 중심의 행정이 적절할 것이다.

5. 돌봄 인력의 근로조건 개선

2008년 LTCI의 도입으로 돌봄노동자(care worker) 집단이 본격적으로 등장하였다. 돌봄의 탈가족화를 목표로 한 공적 돌봄의 확립으로 가족 이외에 돌봄서비스를 제공하는 서비스가 새로운 일자리로 자리 잡고 있다. 요양보호사는 2010년 국가자격증제도로 전환되었고, 대체로 40-50대의 중년 여성들이 대부분을 차지한다. 이들은 다른 서비스산업과 비교해서 저임금이고 비정규직 노동을 특징으로 한다(Sunwoo, 2014). 노동집약적이고 고용조건이 매우 취약하다(보사연, 2010). 이들의 열악한 근로조건은 높은 이직률과 낮은 직업만족도로 귀결되어 결국 돌봄서비스의 질을 위협하게 된다. 이러한 저임금과 근로조건 악화는 서비스 공급기관들이 가격 경쟁이 심화되면서 인건비를 줄이려는 시도와 연관된다(조영훈 외, 2013). 지난 8년간 돌봄서비스 일자리의 양적 확대에도 불구하고, 근로조건의 개선과제는 여전히 해결되지 않고 있다.

V. 요약 및 결론

본 연구는 통계청과 국민건강보험공단의 노인장기요양보험 관련 통계자료를 활용하여 지난 8년간의 성과와 문제점을 분석하는 데 목적이 있었다. 분석의 결과는 다음과 같이 몇 가지로 요약된다. 첫째, 장기적으로 커뮤니티 베이스의 장기요양서비스 공급체계가 이루어져야겠지만, 단기적으로는 서비스대상자의 확대가 필요하다. 둘째, 서비스대상자 중심의 서비스 제공으로 만족도를 높여야 할 것이다. 셋째, 빈곤층의 접근을 어렵게 하는 사각지대의 해소를 위한 대책이 필요하다. 넷째, 경증 치매자를 위한 등급 신설은 시의 적절한 조치였지만 여전히 수요에 비해 서비스 공급이 부족하다. 다섯째, 시설운영 주체의 공공성을 높여나갈 필요가 있다. 영리적인 개인사업자가 지배하는 현재의 서비스 시장구조는 돌봄서비스의 질적 개선을 이루기 어렵기 때문이다. 여섯째, 돌봄 인력(care workers)의 근로환경을 개선할 필요가 있다. 현재와 같은 저임금 노동집약적 근로조건으로는 돌봄서비스의 질을 향상시키기 어렵기 때문이다. 향후 15년 내에 한국사회는 초고령사회에 진입하고, 75세 이상 후기 노인도 15% 이상 차지할 것으로 전망된다. 노인장기요양보험제도는 가족돌봄을 완전히 대체할 수는 없지만, 현재 여전히 가족들에게 대체로 맡겨져 있는 돌봄의 책임을 분담하기 위해 다각도의 변화가 요구된다.

참고문헌

공선희. 2013. 〈노인들의 가족돌봄에 대한 기대변화와 정책욕구〉. 《한국사회학》 제47집 1호: 277-312.

공선희. 2015. 〈영국의 커뮤니티 케어 정책의 역사적 변천과 쟁점〉. 《한국노년학》 제35집 1호: 79-98.

국민건강보험공단. 《노인장기요양보험통계연보》. 각 년도.

국민건강보험공단. 〈2016년 상반기 노인장기요양보험 주요통계〉.

선우덕 외. 2016.《노인장기요양보험의 운영 성과 평가 및 제도 모형 재설계 방안》. 한국보건사회연구원.

이윤경. 2010. 〈이용자 관점에서의 노인장기요양보험제도의 평가 및 개선방안〉. 한국보건사회연구원, 보건복지포럼(2010. 10).

정경실. 2010. 〈노인장기요양보험제도의 성과와 향후 추진계획〉, 한국보건사회연구원, 보건복지포럼(2010. 10).

조영훈·이상욱·박지영. 2013. 〈노인장기요양보험의 도입과 장기요양서비스 종사자의 근로조건의 변화〉.《한국사회복지행정학》15권 제2호: 193-215.

통계청. 〈2016 고령자통계〉.

통계청. 〈장래인구추계〉(2015년 센서스 기준).

통계청.《경제활동인구연보》. 각 년도.

Hongsoo Kim. 2014. "Long-Term Care Quality Assurance Systems in Korea." International Conference on Long-Term Care Policy of Korea, Germany and Japan.

Naegele, G. and Reichert, M. 2002. "Six years of Long-Term Care Insurance in Germany: An overview". H. Conrad and R. Lutzeler (eds.) *Aging and Social Policy: A German-Japanese comparison.* Monographien aus dem Deutschen Institut für Japanstudien Band 26. 123-138.

Sunwoo Duk. 2014. "Public Long-Term Care Insurance in Korea." International Conference on Long-Term Care Policy of Korea, Germany and Japan.

Suwa Sayuri. 2015. "Dementia Care for the Homebound Elderly in Japan." The 10th Seoul International Gerontology Symposium.

경제학의 관점에서 본
한국의 저출산 고령화 문제

초판 발행 2017년 6월 30일
초판 2쇄 2018년10월 31일

지은이 김범수 외

펴낸곳 고려대학교출판문화원
www.kupress.com
kupress@korea.ac.kr
02841 서울특별시 성북구 안암로 145
02-3290-4230, 4232
Fax 923-6311
찍은곳 (주)동화인쇄공사

ISBN 978-89-7641-936-1 93330

값 13,000원